講座 近代日本と漢学

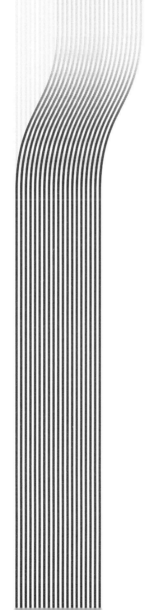

第2巻

漢学と漢学塾

江藤茂博
町泉寿郎 編

戎光祥出版

「講座　近代日本と漢学」刊行にあたって

ここでいう「漢学」という言葉は、「国学」や「洋学（蘭学）」に対しての表現であり、近代の用語である。それが近代以降の用語であるのは、それ以前において漢文漢籍を読解することは、学問そのものだったからだ。もっとも中国の漢籍から学ぶこと自体は、朝鮮半島を経た漢字の伝来から始まったといってもよいだろう。以来、日本人は漢籍から学び続けることになる。しかし、江戸幕藩体制から明治新政府に政権が移った時、天皇制日本は欧化政策による近代化を目論んだために、「漢学」という学問は衰退することになる。江戸時代後半には、各藩にあった「漢学」を学ぶ藩校も、明治期に入ると近代的な教科内容の学校として組み替えられていくか、廃止されていくことになった。

しかし、江戸時代に育った若者たちには、手に入れた「漢学」の読解素養で新時代の知見を手に入れようとするものもいた。新しい帝都には、たくさんの漢学塾が開かれており、地方の若者たちが遊学したのである。もちろん、いち早く英語塾で学ぶものも多かっただろう。しかし、こうした西洋の言語や諸制度に、多くの若者たちが目を向けたことは、近代の私立学校の成立史にはっきりと示されている。やがて世代の推移とともに漢学塾そのものは消滅していき、漢文で書かれた小説を読むものも、漢詩文を作るものも少なくなっていった。明治末年、自然主義文学の流行からより新しい文学の台頭に見るように、明治期の近代的な教育制度のなかで育った世代が若者に成長してきたからだ。

しかも、帝国大学文科大学の制度では、中国の文献を対象とした領域の「漢学」は、ひとつは各国文学としての中国文学に向かわざるを得ないことになる。各国文学とそれを対象にした学問研究が、近代国民国家の成立と共に生みだされたからである。さらに、学問体系が哲学・史学・文学に再編されていくなかでは、「国学」が対象としたものは、哲学（神道）と国史学と国文学に分かれ、「漢学」が対象としたものは、中国哲学と中国史と中国文学に分かれていく。これらを近代史のなかでの学問領域の再編と呼んでもいいだろう。

また、藩校や漢学塾などで学ばれていた、「漢学」の教育的要素は、近代教育制度のなかでは、中等教育に移されていく。その後、幾度も存亡の危機に会うことになる、いわゆる漢文科の登場である。

こうして、江戸時代後半期に「漢学」として明確な輪郭をこの日本に現した、いわば総合的な学問領域は、近代日本の諸社会制度のなかで切り刻まれ、その姿を消すことになる。あるいは、天皇制イデオロギーと結びついて、新たに再編された姿を現すことになる。ここでは、江戸時代から近代までの、日本の「漢学」という領域の軌跡を追うことで、広く学問というものの意味を問いたいと思う。そのための講座本を、何よりも漢学塾から展開してきた二松学舎大学が提供したいと考えた。漢学塾二松学舎の軌跡は、あるいは、創設者三島中洲の人生は、日本の「漢学」が近代社会のなかで揺れ動き、切り刻まれた歴史そのものでもあるからだ。

＊

本講座本は、町泉寿郎を代表者とする「二松学舎大学　文部科学省私立大学戦略的研究基盤形成支援事業（SRF）」によるものである。ここでは、「漢学」が解体・再編された過程を、通時的、共時的かつ多面的にとらえることによって、「漢学」から日本の近代化の特色や問題点を探ることを目的とする。したがって、時間軸としては前近代・近代を分断せず通時的に見ることに努め、内容的には西洋由来の外来思想と東洋の伝統文化がいかなる接点を探ったかを問題とする。また、東アジア諸国を含む国外の多様な分野の研究成果をできる限り取り込んだ。より広い視野を備えた「近代日本漢学」という学問領域の構築と、その普及を目指したい。

二〇一九年一〇月

二松学舎大学学長　江藤茂博

目次

「講座 近代日本と漢学」刊行にあたって 江藤茂博 1
凡例 6

第Ⅰ部 漢学文化と教育
第一章 東アジアの漢学文化と私塾・書院 吾妻重二 8
第二章 昌平坂学問所の教育 前田勉 30
第三章 寺子屋・藩校・漢学塾 江藤茂博 49

第Ⅱ部 近世漢学教育施設の近代
第一章 閑谷学校の近代 竹原伸之 72
第二章 咸宜園教育の変遷と近代 溝田直己 96
第三章 松下村塾の近代 亀田一邦 127

第Ⅲ部 地方の漢学塾
第一章 地方の漢学塾——新潟地方を中心に 町泉寿郎 156

第二章　東海地方の漢学塾　加藤国安　174

第Ⅳ部　漢学塾を前身とする近代学校

第一章　漢学塾と漢学者　神立春樹　202
第二章　二松学舎の漢学教育　町　泉寿郎　222
第三章　泊園書院の近代　吾妻重二　238
第四章　近代の懐徳堂　竹田健二　260

【研究の窓】

渓百年と『経典余師』　安居總子　63
安積艮斎と近代日本の教育　安藤智重　146
四国地方の漢学塾　加藤国安　192
慶応義塾　伊藤晋太郎　279

執筆者一覧　286
あとがき　町　泉寿郎　289

【凡例】

・本講座の編集にあたって、文字の統一や表記、さらに記載内容・考察などは各執筆者に委ねた。したがって、各項目の文責は各項目執筆者に帰属するものである。
・本講座の写真の選択はすべて執筆者による。
・人名や歴史用語には適宜ルビを振った。読み方については、各章の執筆者による。

第Ⅰ部　漢学文化と教育

第一章　東アジアの漢学文化と私塾・書院

吾妻重二

第一節　漢学・漢文・東アジア

日本を含む東アジア地域は、かつて中国文化の影響を大きく受けてきた。その影響はさまざまな領域にわたっているが、最も大きなエレメントとして漢字・漢文がある。「漢字」、および漢字を用いて書かれる「漢文」こそは中国文化の中核をなすものであって、それが中国の圧倒的なプレゼンスとあいまって周縁に伝播し、それぞれの地域・国家の文化をかたちづくるのに寄与したのである。言いかえれば、東アジア――中国（台湾を含む）、韓国・朝鮮、ベトナム、日本・琉球――の伝統文化は漢字・漢文を抜きにしては語れないことになる。その意味で東アジア地域が「漢字文化圏」と呼ばれることがあるのも当然といえる。

ただし、近代以降、西洋文化の影響を強く受けるようになってから、この地域における漢字・漢文の意義は忘れられがちになった。現在、韓国、北朝鮮、ベトナムでは漢字を日常生活の中でほとんど使わなくなり、漢字をふだん使っている日本でも「漢字より英語の方が大切だ」

とはしばしば言われるところである。カタカナによる新外来語も増える一方である。中国古典語による文章、すなわち漢文に至っては、日本はもちろん、本国の中国でもこれを書く人は一部の学者しかおらず、ふだんの生活の中で使われることはめったにない。

このように、東アジアでは「伝統」と「近代」の間に一種の断絶が生じているわけだが、はじめに述べたように、かつてこの地域が漢文を学問用語として用いていたこと、したがってまた漢字・漢文がこの地域の伝統文化をかたちづくってきたことは否定しようもない。また、意識するとしないとにかかわらず、今もなおそれぞれの国語の中に脈々と息づいていることも事実であって、韓国語やベトナム語においても、漢字こそ使わないが、ハングルやラテン文字による表記の中に漢字語（漢字で書くことのできる単語）が大量に含まれていることはよく知られているとおりである。

ここでは、そうした東アジアにおける漢学文化について、学問所を中心に述べる。いうまでもなく、文化は教育を通して学ばれ普及するからであって、文化を知るためにもそれを伝達し講授した場——学校を念頭に置く必要がある。[*1]また、学問所には官立と私立の二つがあるが、紙幅の関係上、ここではもっぱら私立の学校（いわゆる塾、近世中国の用語でいえば書《しょ》院《いん》）に焦点を当てて論じることにする。

＊1　本稿は、吾妻「東アジアの書院について——研究の視角と展望」（『東アジア文化交渉研究』別冊2、関西大学文化交渉学教育研究拠点、二〇〇八年）、および吾妻「東アジアにおける書院と私塾——中国・韓国・ベトナム・日本」（『廣瀬淡窓と咸宜園—近世日本の学校遺産として—』日田市教育庁世界遺産推進室、日田市教育委員会、二〇一三年）をふまえつつ、新たに書き起こしたものである。

第二節　中国の場合

学問所の発生

東アジア世界における民間学校の起源となったのは、紀元前六世紀末頃、中国の孔子（五五二―四七九）が魯《ろ》の曲阜《きょくふ》（現、山東省）に開いた学問所である。孔子はここで三千人ともいわれる弟子を育てた[*2]。これは四世紀初頭に設けられたプラトンのアカデミアより百数十年もさかのぼる頃のことであって、東アジアにおける民間学育が地中海・ヨーロッパ世界に先駆けて始まっていたことは十分注意すべきであろう。

その後、中国では民間の学問所や学校が継続して設けられ、中国の学術・文化もそれにともなって発展していったが、漢代以降、唐代まで、学校教育の対象は一部の上層階級の者たちに限られがちであった。古代から中世にかけて、教育とは一般に特権階級だけが享受しうるものだったのである。

このような閉鎖性が破られ、書院が数多く作られるようになったのは近世、すなわち、宋代（九六〇―一二七九）になってからである。もともと書院とは文字どおり書物を収集・保存する施設の意味であったが、一〇世紀頃から書院は「個人の書斎」の意味となり、庶民階級の勃興と「士人《しじん》」と呼ばれる知識人階級の成長、および書物出版の普及とあいまって、「私

図1　白鹿洞書院　二〇一一年一〇月執筆者撮影

＊2　司馬遷『史記』孔子世家および仲尼弟子《ちゅうじていし》列伝《れつでん》。

＊3　陳元暉・尹徳新・王炳照編著『中国古代的書院制度』（上海教育出版社、一九八一年）、李弘祺、山田明弘訳「書院――近世中国における教育の中心」（吾妻重二編『泊園記

的学問所」としての書院が盛んに作られるようになった。

書院は官立学校とは違い、学問に志すものがみずからの師を自由に選び、講義を聴き、互いに切磋琢磨することのできる場であって、そこにはいわば「教える自由」と「学ぶ自由」があった。なかでも白鹿洞《はくろくどう》書院や岳麓《がくろく》書院がその代表的なものである＊3（図1および2）。

朱熹と白鹿洞書院

白鹿洞書院は廬山《ろざん》（現、江西省）の山麓に立てられた書院である。もともと唐末の九世紀初め、李渤《りぼつ》という隠士《いんし》の私的な別荘兼書斎であったが、唐が滅んだあと、地方政権である南唐王朝において拡充がなされ、「廬山国学《ろざんこくがく》」という官立学校として運営された。南唐が滅んで宋代になってからは引き続き朝廷の庇護を受けるが、北宋の後期になるとそれもなくなり、荒れ果ててしまっていた＊4。

荒廃した白鹿洞書院を再興したのが、ほかならぬ南宋の朱熹《しゅき》（朱子、一一三〇―一二〇〇）であった。当地の知事となった朱熹はその復建を朝廷に要請し、淳熙《じゅんき》七年（一一八〇）三月、書院の再興が成ったのである。このとき、朱熹は孔子を祭る釈奠《しゃくてん》を挙行し、講義を行い、さらに学則である「白鹿洞書院掲示」を定めた＊5。「白鹿洞書院掲示」は「白鹿洞書院学規」とか「白鹿洞書院教条《きょうじょう》」とも呼ばれ、父子・君臣・夫婦・長幼《ちょうよう》・朋友の間の人倫的関係に引き続いて、学問と自己修養、物事への対処の方法を簡潔に説明しており、朱子学を代表するモットーと

念会創立五十周年記念論文集』、関西大学出版部、二〇一一年）。中国近世における書院の発達の意義については、湯浅邦弘編『概説　中国思想史』（ミネルヴァ書房、二〇一〇年）の第五章「宋代」（吾妻執筆）を参照されたい。

＊4　＊3陳元暉ら同書。

＊5　「白鹿洞書院掲示」は『朱文公文集』巻七四所収。三浦國雄『朱子』（講談社、一九七九年）三二五頁に訳注がある。

図2　岳麓書院　鄧洪波撮影

なった。

朱熹による白鹿洞書院の再興は、その後、中国のみならず、東アジアの教育の歴史に巨大な影響を与えた。そのことは「白鹿洞書院掲示」が、韓国の陶山《とうざん》書院や日本の閑谷《しずたに》学校に今なお掲げられていることからも知られる。大坂の懐徳堂《かいとくどう》でも中井竹山《ちくざん》・履軒《りけん》がこれを堂内に掲げていた。*6

そもそも、朱熹はなぜ白鹿洞書院を再興し、書院における講学を進めたのであろうか。その最大の理由は、当時の科挙と官立学校への不満にある。朱熹は「挙業《きょぎょう》」すなわち科挙のための学問を強く批判している。たとえば、

> だいたい科挙の学問というものは人の考え方を誤らせ、心のあり方を損なうものだ。その技術が緻密になればなるほど、弊害はますますひどくなる。*7

という。人格を陶冶して聖人になることを目指す朱熹にとって、出世のための試験勉強はさして価値をもたなかった。

これに関連して、官立学校もまた批判された。当時、官立学校はもっぱら科挙試験のための施設となっていたからである。官立学校とは、都の太学《たいがく》（国子監《こくしかん》）と、府・州・県などの行政区画ごとに設けられた地方官学をいう。朱熹は、

> 官立学校の教官は、教え養うという名義はあるが、学生を教え養っていくという実質を失っている。学生は記録用のノートを持って学校で戯れあい、優秀な者は利益や出世を

---

*6　湯浅邦弘「書院としての懐徳堂」（『東アジア文化交渉研究』別冊2、関西大学文化交渉学教育研究拠点、二〇〇八年）。

*7　「大抵科挙之学、誤人知見、壊人心術。其技愈精、其害愈甚」（『朱文公文集』巻五八、「答宋容之」）。朱熹の科挙および官立学校批判については、吾妻「東アジアの書院について―研究の視角と展望」（『東アジア文化交渉研究』別冊2、関西大学文化交渉学教育研究拠点、二〇〇八年）を参照されたい。

目指すことを覚えるようになる。聖賢の教えを語り、学問の本質をきわめるという点に至っては、ぼんやりとして、どんな心がまえで取り組めばいいかわからないというありさまである。彼らの行動や態度はそれこそ愚かな民と何も変わらず、あまつさえもっとひどい者もいる。ああ、これは教育者の側の過ちである。どうして学生たちの罪であろうか[*8]。

と、手厳しく語っている。

人間教育と書院・語録

官立学校の不振を目の当たりにして朱熹が人間教育の場として推進したのが民間の教育・学問施設、すなわち書院だったのである。そのようなわけで、朱熹は白鹿洞書院のほか、石《せっ》鼓《こ》書院（現、湖南省衡陽《こうよう》市）や岳麓書院（現、湖南省長沙《ちょうさ》市）など、多くの書院復興・設営に協力している。

それればかりか、朱熹は書院で行なった講学の記録を大量に残している。現在に伝わる『朱子語類』全一四〇巻がそうで、『朱子語類』は当時交わされた講学および弟子との問答を筆録したヴィヴィッドな講義・問答録である[*9]。これほど膨大な語録は、中国のみならず、東アジア世界において空前絶後というべきであって、朱熹の書院教育にかける情熱と学生たちの向学心を今に伝えている。朱熹とその門人たちが、民間の学問所でいかに切磋琢磨していた

＊8　「学校之官、有教養之名、而無教之養之実。学者挟筴而相与嬉其間、其傑然者乃知以干禄蹈利為事。至於語聖賢之余旨、究学問之本原、則罔乎莫知所以用其心者。其規為動息、挙無以異於凡民、而有甚者焉。嗚呼、此教者過也、而豈学者之罪哉」（「諭諸生」、『朱文公文集』巻七四）。

＊9　『朱子語類』については、三浦國雄『「朱子語類」抄』（講談社学術文庫、二〇〇八年）が有益である。

が知られるのである。

陸九淵と書院

陸九淵《りくきゅうえん》（陸象山《しょうざん》、一一三九―一一九二）も書院の歴史において見逃すことができない。陸九淵は「心学」の主張者で朱熹の論敵として知られるが、民間で熱心に講学を進めた人物でもあった。彼が江西の貴《き》渓県《けいけん》の象山に精舎（学問所）を作ると、大勢の学生がその学徳を慕って集まり、近くに廬を結んで住みつき、互いに講習したという。[*10] この時、陸九淵の講学の様子は次のように伝えられている。

先生はふだんは方丈におり、毎朝精舎で太鼓がうち鳴らされると、籠に乗って精舎までおいでになり、集まって会釈すると講席についた。容貌はきりっとひきしまり、精神は澄明であられた。一方、学生の方では名前と年齢を書いた小さな札を順番に掲げてあり、それを見て席についたが、静粛で騒ぐ者はいない。先生はまず、みずからの精神を収斂し、徳性を涵養することを説かれたが、学生は虚心に聴講し、みな首を垂れて拝聴した。先生は経典の講義をするだけでなく、いつも人間本来の心を啓発することに主眼を置き、時折り経典の語を引用してそれを証拠だてた。声は清らかに響き、聴く者は感動し、奮い立たない者はなかった。[*11]

陸九淵はこうして象山山中に五年ほど滞在したが、名簿によると、この間の来見者が数千

＊10　『象山先生全集』巻三六「年譜」、淳熙一五年戊申の条。

＊11　『象山先生全集』巻三六「年譜」、淳熙一五年戊申の条に「先生常居方丈、毎旦精舎鳴鼓、則乗山簥至、会揖、陞講坐、容色粋然、精神烱然。学者又以一小牌書姓名年甲、以序掲之、観此以坐、少亦不下数十百、斉粛無譁。首誨以収斂精神、涵養徳性、虚心聴講、諸生皆俛首拱聴。非徒講経、毎啓発人之本心也。間挙経語為証。音吐清響、聴者無不感動興起」とある。

人を超えたというから、その感化力の大きさが知られるというものである。*12

　なお、朱熹と陸九淵は「講会」の発展にも貢献している。講会とは公開講演会もしくは自由討論会のことで、淳熙八年（一一八一）、朱熹が再建なった白鹿洞書院に陸九淵を招き、講演会を開催したことは有名である。この講会はその後、書院の伝統の一つとなり、陽明学勃興の時代にも盛んに行なわれることになった。

王守仁と書院

　明の王守仁《おうしゅじん》（王陽明《ようめい》、一四七二―一五二八）もまた書院で講学を進めた。明代初期、書院は思想界の沈滞により不振であったが、王守仁の登場と陽明学の流行により書院も活況を呈するのである。

　たとえば正徳《せいとく》四年（一五〇九）、貴州の龍場《りゅうじょう》に左遷され「心即理《しんそくり》」の道理を悟った王守仁は、早くも貴陽《きよう》書院を主宰して「知行合一《ちこうごういつ》」の講義を行なっている。*13 正徳一三年（一五一八）、江西の流賊を平定した彼は濂渓《れんけい》書院を修復したが、それは、学徒が集まって射圃（弓道場）に収容しきれなくなったため、濂渓書院を修復してそこに滞在させたのであった。*14 また、嘉《か》靖《せい》三年（一五二四）、会稽《かいけい》（現、浙江省紹興）で、稽山書院を開いた際には江南地方を中心に四方から学生が雲集し、建物の中に収容しきれないほどであった。ぐるりと取り巻いて話を聴く者が三百余人にのぼり、王守仁は彼らのために万物一体や致良知の道理を説き、聴衆に

＊12　『象山先生全集』巻三六「年譜」、淳熙一五年戊申の条に「居山五年、閲其簿、来見者踰数千人」という。

＊13　『王陽明全集』巻三三「年譜」、正徳四年の条。

＊14　『王陽明全集』巻三三「年譜」、正徳一三年の条。

感銘を与えたという。

現在伝わる『伝習録』三巻は、分量は多くないが、王守仁と弟子との間の問答を記録したもので、真実を探求しようとする熱意にあふれている。

王守仁の門人もまた、各地に書院を建てて王守仁を祀り、講学と講会を熱狂的に進めた。このほか、当時、心学の開拓者で王守仁に匹敵する影響力をもった湛若水《たんじゃくすい》（一四六六—一五六〇）も書院によった。彼らの活動につき、現代中国の学者らは次のように説明している。

明初の百年間、書院は不振な状態にあったが、成化年間（一四六五—一四八七）以降、次第に興起し、嘉靖年間（一五二二—一五六六）以降、大いに発展した。その直接の原因は王守仁、湛若水ら理学の巨匠による講学の影響である。王、湛らは書院で講学し、書院の数を格段に増やしただけでなく、南宋時期の書院講学の風潮を継承、発揚し、書院の「講会」の制度を発展させ、きわめて特色ある書院を数多く出現させた。[*15]

このほか、明末の万暦《ばんれき》三二年（一六〇四）、無錫《むしゃく》に建てられた東林《とうりん》書院も講会を通して政治運動を展開している。[*16]ただし、これは政府当局批判を含むものであったため、忌避や弾圧の対象にもなった。

清代における書院

開国当初、清朝政府は書院の政治結社化を警戒していたが、統治が安定した雍正《ようせい》一一年

＊15　＊3陳元暉ら同書、六六頁。

＊16　林友春『書院教育史』（学芸図書出版社、一九八九年）二二二頁以下。

（一七三三）に至って書院開設を奨励し、各省の大都市に書院を作らせた。これを「省会《しょうかい》書院」という。書院はもともと官立学校に対抗して作られたものであるから、省会書院の設立は書院の変質を物語るものであるが、これは国家が民間の書院を無視できなくなったことを示すもので、書院をコントロールして国家教学のもとに一元化しようとする意図をもっていた。*17 国家の援助により、書院は規模が拡大し、カリキュラムや試験方式も科挙制度に沿って整備される。そのため、書院は科挙の予備校化してしまったとも指摘されている。*18

　しかし、清朝において新しい学知の発信地となったのも、やはり書院であった。一八世紀以降の清朝考証学の発展は書院と密接な関係があるのである。なかでも盧文弨《ろぶんしょう》（一七一七―一七九五）や姚鼐《ようだい》（一七三一―一八一五）によって担われた南京の鍾山《しょうざん》書院、阮元《げんげん》（一七六四―一八四九）が建てた杭州の詁経精舎《こけいせいしゃ》と広州の学海堂《がっかい》、王先謙《おうせんけん》（一八四二―一九一七）の主宰した岳麓書院はとりわけ有名である。

　このように、中国の近世時期、朱子学、陽明学、考証学といった時代をリードする新しい学問・思想が誕生したのが、官立ではなく私立の学問所であったことは記憶にとどめておくべきである。同じことは日本や韓国についてもいえると思われる。

＊17　清朝における省会書院については、鄧洪波『中国書院史』（東亜文明研究叢書三〇、国立台湾大学出版中心、二〇〇四年）六〇一頁以下を参照。

＊18　明清時代、書院が科挙の予備校としての傾向を強めたことについては、李兵『書院教育与科挙関係研究』（台大出版中心、二〇〇五年）が最も詳細に論じている。

第三節　韓国の場合

韓国における書院の成立

次に、韓国における民間教育施設について見てみよう。

韓国では一〇世紀の高麗時代に書院の語が現われるが、それは書物の収集・保存をつかさどる施設の意味にすぎず、中国における原義と同じであった。[*19] ついで朝鮮王朝初期の一五世紀頃にはごく私的な講学施設が地方に建てられた。ただし、それはまだ個人の書斎ふうの施設のことであって、書院とは呼ばれていなかったようである。[*20]

しかし、一六世紀に入ると、講学施設として書院が俄然脚光を浴びるようになる。その韓国における書院の嚆矢が白雲洞《はくうんどう》書院である。

白雲洞書院は中宗《ちゅうそう》三六年（一五四三）、周世鵬《しゅうせいほう》が、朝鮮に朱子学を伝えた高麗時代の名儒・安珦《あんきょう》を祀る祠堂を立てたことに始まり、その名も朱熹の白鹿洞書院にちなむ。そして明宗《めいそう》五年（一五五〇）、この地の郡守であった李滉《りこう》（李退渓《たいけい》、一五〇一―一五七〇）が朝廷に申請して「紹修《しょうしゅう》書院」の額を賜わり、さらに書籍、学田（書院田）、奴婢を下賜された。朝鮮最初の賜額《しがく》書院、すなわち国家公認の書院となったのである（現、慶尚北道栄州市、図3）。

周世鵬は院規も作成し、それによれば、学生の入学資格は科挙の第一段階である小科、す

図3　紹修書院　二〇〇七年八月執筆者撮影

＊19　梅根悟監修『朝鮮教育史』（世界教育史大系5、講談社、一九七五年）一一八頁。

＊20　＊19同書、一二一頁。

＊21　梅根悟監修『朝鮮教育史』（世界教育史大系5、講談社、一九七五年）一二六頁。

＊22　『退渓先生年譜』巻一、

なわち成員進士試合格者に優先権があったが、ほかの儒林の子弟も入学を許された。[*21]

陶山書院（現、慶尚北道安東市、図4）は明宗一二年（一五五七）、李滉（退渓）が陶山の南に小さな「陶山書堂」を建てて学問の場としたのが始まりで、その年譜に次のように伝えている。

先生は陶山にやってくると、いつも玩楽斎（陶山書堂の三間のうちの一室）にいて書物を左右に置き、俯しては読み、仰いでは思い、昼も夜も努め励んだ。……その後、学生たちが精舎の西に居室を作って住むようになり、これに「亦楽斎《えきらくさい》」と名づけた。『論語』の「朋有り、遠方より来たる、亦た楽しからずや」の意味を取ったものである。[*22]

こうして、李滉の学徳を慕って多くの学生が集まり、講学・学問の場が自然にできあった。李滉は宣祖《せんそ》三年（一五七〇）に死去するが、宣祖八年（一五七五）、李滉を祀る祠廟を含む書院が造営され、賜額書院「陶山書院」が成立する。[*23] この書院に寄宿する学生は、成人であるとないとにかかわらず、学問の基礎が成ってはじめて入学を許したという。[*24]

このほか李滉は迎鳳《げいほう》書院、伊山《いざん》書院、易東《えきとう》書院、研経《けんけい》書院などの設営にもかかわっており、朝鮮における書院隆盛の形勢を作った。[*25]

科挙批判と書院

李滉らが目指したのは、科挙の勉強とは違う、みずからの徳性と知識を磨く学問であった。

嘉靖三十九年、六十歳の条に「先生毎至陶山、常居玩楽斎、左右図書、俯読仰思、夜以継日。……其後、学徒於精舎之西、築室以処、名曰亦楽、取論語自遠方来之義也」とある。

＊23　『退渓先生年譜』巻一、万暦三年の条、梅根悟監修『朝鮮教育史』（世界教育史大系5、講談社、一九七五年）一三〇頁。

図4　陶山書院　二〇〇九年一一月執筆者撮影

李滉は、

　今の士人は、科挙の勉強をすべて廃止することはできまいが、聖賢の「おのれのための学問」や「心を正し修身を修める道」を見れば、内外・本末・軽重・緩急の違いは天と地ほども明白なはずである。[*26]

といい、書院の学生に対し、「あくせくとして、科挙・利禄のことばかり考える」（汲汲焉遑遑焉、惟科挙利禄之為謀）のをやめて、真の君子となるため学問に励むよう力説している。[*27] これが朱子学の理想を受け継ぐものであったことはいうまでもない。

　このような科挙批判をより明確に主張したのは、李滉と並ぶ大儒、李珥《りじ》（李栗谷、一五三六―一五八四）であり、その「隠屏精舎学規」において、

　聖賢の書、性理学の説でなければ、書院の中で読んではならない（史書は読むのを許す）。科業をなそうとする者は、必ず他所へ行って勉強せよ。[*28]

と明言している。また、李珥は、寄宿生の資格について、学ぶ意志があり、推薦人の保証があれば、「士族庶類」を問わずに受け入れるとしている。[*29]

　こうして一六世紀中頃、朝鮮において、官学としての太学（成均《せいきん》館）や郷校に対する、在野の私的な学問教育の場として書院が勃興したのである。中国に五〇〇年あまり遅れてのことであった。

＊24　『退渓先生文集』巻四一、「伊山院規」、山内弘一「朝鮮儒教と書院（其之二）」（『国文学解釈与研究』第七号、上智大学、二〇〇四年）一一八頁。

＊25　李滉と書院の関係については、渡辺学『近世朝鮮教育史研究』（雄山閣、一九六九年）二〇三頁以降が考察している。

＊26　『退渓先生文集』巻四二、「迎鳳書院記」。

＊27　＊26同書、「易東書院記」。

＊28　『栗谷先生全書』巻一五、「隠屏精舎学規」。

＊29　『栗谷先生全書』巻一五、「隠屏精舎学規」に「入斎之規、勿論士族庶類、但有志於学問者、皆可許入。斎中先入者、僉議以為可入、然後乃許入」という。

書院と特権化

このように、朝鮮の書院は儒学の理想を追求する漢学の拠点として始められ、一七世紀中頃から一八世紀にかけて急増する。しかし、後世のそれは、学派の創設者や功臣・名臣として一族の祖先を祀る「祠宇書院」が多くを占めるようになる。

もともと朝鮮の書院は白雲洞書院の例に見られるように、祠廟として始まり、それを核として教育施設を増設したものが多かった。さらに、一族の祖先を祀る家廟に教育施設を付設して書院となった「門中書院」も増えていった。[*30] そのため朝鮮時代後期には、書院は講学・教育施設としての機能を失い、もっぱら祭祀の施設になっているという批判が生まれる。たとえば、実学者として知られる丁若鏞《ていじゃくよう》（一七六二―一八三六）は次のように述べている。

書院の制度は中国の南唐王朝に始まり、宋に至って広まっていった。岳麓書院や石鼓書院、嵩陽書院、睢陽書院などは、書籍を賜わるとともに額号を賜り、すべて学生の自己修養の場となった。古人を祀って報恩の誠を表わすためではなかったのである。……ところが今や、書院は祠廟となり、学問所というかつての姿ではなくなってしまった。[*31]

と、その変質を嘆いている。

韓国の書院研究者もまた、韓国の書院の機能が、講学や自己修養から祭享中心へと移行していったと指摘し、教育施設としてよりも、両班士林の郷村における拠点としての意義に着目している。[*32]

＊30　山内弘一「朝鮮儒教と書院（其之一）」（『国文学　解釈与研究』第六号、上智大学、二〇〇三年）。

＊31　丁若鏞『牧民心書』巻七、礼典、祭祀に「書院之制、創於南唐、至宋漸広。若岳麓書院、石鼓書院、嵩陽書院、睢陽書院、或御賜書籍、並賜額号、要皆為学者蔵修之所、非為祠祀古人、以表崇報之誠也。……今也書院為祠廟、非復学宮之旧観也」とある。

＊32　鄭萬祚、篠原啓方訳「韓国書院の研究動向とその成果」（吾妻重二編『泊園記念会創立五十周年記念論文集』、関西大学出版部、二〇一一年）。

つまり韓国における書院は、初期段階はともかく、両班階級の矜持を自己確認するための施設となり、教育施設としては十分にその機能を発揮しえなかったことになるであろう。

第四節　日本の場合

私塾・漢学塾

日本の学校もまた当初、中国をモデルにしていた。それは奈良時代の吉備真備が作った「二教院《にきょういん》」や平安時代の空海が作った「綜芸種智院《しゅげいしゅちいん》」の例からもわかる。中国に留学した彼らは中国の進んだ文化を目の当たりにして、こうした教育施設を作ったのである。*33

しかし、民間の教育施設が発達したのはやはり近世、すなわち江戸時代を待たなければならない。

私塾は江戸時代を通じて全国にほとんどくまなく普及した。私塾とは要するに私的に設けられた小タイプの学問所の意味であり、日本の場合、武士を対象とする昌平坂《しょうへいざか》学問所・藩校などの官学と、初等教育を行なう卑近な手習所《てならいじょ》（寺子屋）の中間に位置する施設である。

日本の私塾のほとんどが漢学塾であったことにも注意したい。これは漢文が当時の学問用語であったことからして当然であって、辻本雅史は、

近世の学問は漢文でなければ表現できない学知であった。

---

*33 石川謙『日本学校史の研究』（小学館、一九六〇年）参照。

*34 辻本雅史「素読の教育文化」（中村春作編・小島毅監修『訓読から見なおす東アジア』東京大学出版会、二〇一四年）。

*35 辻本雅史『教育の社会文化史』（放送大学教材、二〇〇四年）五七頁。

*36 以下の記述は海原徹『近

といっている。[*34] 和文ではなく、漢文こそが正統な学問用語であり文章だったのである。

有名な漢学塾としては、林羅山《らざん》の林家《りんけ》家塾、松永尺五《せきご》の春秋館、中江藤樹《とうじゅ》の藤樹書院、伊藤仁斎《じんさい》の古義堂《こぎどう》（図5）、荻生徂徠《おぎゅうそらい》の蘐園《けんえん》塾、三宅石庵《せきあん》・中井甃庵《しゅうあん》の懐徳堂《かいとくどう》、菅茶山《ちゃざん》の廉《れん》塾、広瀬淡窓《たんそう》の咸宜園《かんぎえん》、池田草庵《そうあん》の青谿《せいけい》書院、藤澤東畡《とうがい》の泊園《はくえん》書院などを挙げることができる。もちろん、幕末になると洋学塾や国学塾も作られるようになるが、主流はあくまで漢学塾であった。そのことは藩校についてもいえるのであって、辻本は「二百数十の藩校のうち儒学を不要視した藩校は皆無であった」といっている。[*35]

私的性格

次に、日本の私塾の特色について考えてみよう。[*36] 日本の私塾が中国の書院をモデルにしたことはほぼ間違いなく、[*37] 官学に対する民間の講学施設として発達したわけだが、日本の場合は私的性格が特に強いと思われる。その最大の理由は、江戸時代、科挙制度が導入されなったことにあろう。

科挙とは国家による全国統一の筆記試験であり、これを通して中央政府が官僚を登用するのであって、中央集権体制のもとではじめて実施しうる制度であった。ところが日本は各地の藩主がみずからの領域を自治する封建制であったから、科挙を導入することは幕藩体制のもとではありえなかった。

世私塾の研究』（思文閣出版、一九八三年）序章によるところが多い。

＊37　吾妻重二「江戸初期における学塾の発展と中国・朝鮮――藤原惺窩、姜沆、松永尺五、堀杏庵、林羅山、林鵞峰らをめぐって」（『東アジア文化交渉研究』第二号、関西大学文化交渉学教育研究拠点、二〇〇九年）。

図5　古義堂　左手前の土蔵造りの書庫のみが江戸時代の建築　二〇〇八年一月執筆者撮影

三輪執斎《みわしっさい》が、

士庶の学を好むもの、其徳人を服するに足れるもの、又皆ひそかに学舎をたて、其徒をいざなふ。*38

といい、辛島塩井《からしまえんせい》が私塾を「学政」すなわち中央政府の文教政策とは別のところで発達してきたとし、

浪人儒者等一家私塾等ニテ門人ヲ仕立ルヿハ銘々思々ノ偏好ニテモスム様ナモノ。*39

といっているのは重要な説明で、私塾は学徳にすぐれた個人が政府の方針とは無関係にめいめい勝手に作ったもので、当局側の統制を受けず、「士庶」すなわち武士や庶民の階級を問わずさまざまな身分の者が主宰していた。

日本の私塾のプライベートな性格はまた、政府（幕藩当局）との政治的結びつきをもたないということを意味する。幕府の官許や庇護を受けた私塾としては、林羅山に始まる林家家塾（のちの昌平坂学問所）や懐徳堂が目につく程度で、中国や韓国・朝鮮とはかなり違う様相を示している。*40

つまり幕藩側政府当局は、私塾に対してほとんど無関心であり、基本的に自由放任の態度で接していた。当局の手によって塾が強制的に閉鎖されるという、中国や韓国ではしばしば見られた事件が、幕末期における一部の例外を除いてほとんどなかったのもそのためであろう。

---

*38　三輪執斎「執斎先生雑著」巻二、井上哲次郎・蟹江義丸編『日本倫理彙編』第二巻（東京・金尾文淵堂、一九一一年）四九一頁。

*39　辛島塩井「学政或問」、『日本教育史資料』（文部省、一八九〇—一八九二年）第八冊、一頁。

*40　林家家塾は、寛永七年（一六三〇）将軍家光から塾の敷地を賜わり、寛永九年（一六三二）には尾張藩主の徳川義直から「先聖殿」の額を賜わるなど、将軍家から手厚い庇護を受けていた。また、懐徳堂は享保一一年（一七二六）、三輪執斎の斡旋により幕府から官許を賜わった。巻二、井上哲次郎・蟹江義丸編『日本倫理彙編』第二巻（東京・金尾文淵堂、一九一一年）。

第五節　近世東アジア各国の学校について

以上をふまえつつ、近世東アジアにおける民間の学校について整理しておく。

近世東アジアの民間学校

まず、中国でも「私塾」の語は使われていたが、それは初学者教育の場だったことに注意したい。近年の研究者は私塾を「私人もしくは私人グループによって維持された低ランクの、〝養正啓蒙《ようせいけいもう》〟を主旨とする基礎教育活動およびその組織形式」と定義し、これが普及した明代における私塾を「社学」、「義学」、「家塾」の三タイプに分類している[*41]。

またベトナムについて述べておけば、民間の学校は「郷学」とか「漢文を教える先生の教室 LỚP ÔNG ĐỒ」と呼ばれることが多かったようである。ベトナムでは高次の講学を担う民間の学問所は未発達で、民間では教師の家に出かけて行って漢字・漢文の初等教育を受けるのが普通だった。なお、ベトナム語にも「書院 THƯ VIỆN」の語はあるが、それは図書館の意味であり、中国におけるもとの原義を残している[*42]。

ベトナムが中国の領土であった北属期はもちろん、一一世紀以降のいわゆる独立民族王朝時代にも漢学文化の影響が強かったことはいうまでもない。そして一五世紀中葉、朱子学による科挙制度の確立にともなって漢学がいっそう広く普及することになった[*43]。

＊41　劉暁東『明代的塾師与基層社会』（北京・商務印書館、二〇一〇年）一頁、二九頁。

＊42　嶋尾稔「ベトナムの伝統的私塾に関する研究のための予備的報告」（『東アジア文化交渉研究』別冊2、関西大学文化交渉学教育研究拠点、二〇〇八年）、DINH Knac Thuan「ベトナム教育史概説」（二ノ宮聡訳、『東アジア文化交渉研究』第三号、関西大学文化交渉学教育研究拠点、二〇一〇年）一〇六頁。また、関西大学非常勤講師の佐藤トゥイウェン氏の教示による。

＊43　ひとまず吾妻「東アジアの儒教と文化交渉　覚え書き」（『現代思想』三月号〔第四二巻四号、特集＝いまなぜ儒教か、青土社、二〇一四年〕）を参照されたい。

	日　本	中　国	朝　鮮	ベトナム
講学・研究（高次）	私塾	書院 shūyuàn	書院 서원	未発達
初等教育（低次）	手習所 （寺子屋）	私塾 sīshú	書堂 서당	LỚP ÔNG ĐỒ （漢文の教室） 郷学

表1　東アジアにおける民間の講学施設

書院と私塾、書堂そのほか

このように、同じ民間の学問所ではあれ、中国ではレベルの高低によって「書院」と「私塾」が設けられていた。朝鮮でも「書院」と「書堂」に区別されていて、書院と私塾・書堂との間にはかなりはっきりした境界線が存在する。ところが日本の場合そのような明確な区別はないのであって、塾と呼ばれようが書院と呼ばれようが大きな違いはなく、まとめて「私塾」として一括することができる。ちなみに、中国の私塾や朝鮮の書堂、ベトナムの「郷学」「LỚP ÔNG ĐỒ」に相当する教育施設は、日本では手習所（寺子屋）である。以上をまとめると表1のようになる。

上述したように、私塾という語は中国や朝鮮の用法からすると初等教育の施設を意味するが、日本の場合必ずしもそうではなかった。日本における私塾は、規模はともあれ、中国や朝鮮の書院に相当する高レベルの教学を含む講学施設だったのである。

また、そのような違いにかかわらず、これら東アジアの学問所で学ばれたのが四書・五経を中心とする中国古典であったことは留意しておく必要がある。

なお、琉球に関していえば、漢学は一四世紀、明から移住した久米村の人々を中心に伝習されていたが、学問所が普及するのは薩摩の侵攻後の一七世紀頃からである。すなわち、首里に国学が創建され、これを頂点として各地に村学校が設けられるのである。これらはいわば官学であるが、私塾も設けられて漢学が学ばれていた。*44

第六節　漢文の学問世界

以上、東アジア諸国の伝統文化を担った学問所を中心に考察してきた。状況は各国によって違いがあるが、近世時期において学問所が急速に発展したことがわかる。このような学問・教育環境の整備と普及を通して、漢文を中心とする学問世界がかたちづくられたのである。

しめくくりにあたって、漢文と各国の学問の関係につき象徴的な事項に触れておきたい。たとえば、水戸藩が編纂したぼう大な歴史書『大日本史』が漢文で書かれていることである。幕末時期にベストセラーとなった頼山陽『日本外史』も漢文である。日本の歴史をなぜ和文でなく、漢文で書いたのであろうか――いうまでもない、当時の知識人は漢文を普通に書くことができ、また、漢文を普通に読むことができたからである。

もう一つ、見やすい例として前野良沢《りょうたく》・杉田玄白《げんぱく》訳『解体新書』（安永三年〈一七七四〉刊行）

＊44　那覇市史編集委員会『那覇市史』通史篇第一巻（那覇市役所、一九八五年）四九七頁以下、上里賢一「琉球の漢学」（『新しい漢字漢文教育』第二六号、一九九八年）。

を挙げることもできる。この書はオランダ語の医学書『ターヘル・アナトミア』を翻訳したものとして、日本人なら誰知らぬ者とてない有名な書物だが、実は和文ではなく、漢文に訳されていることはあまり知られていない。図6に見るように、この書は訓点付きの漢文で出版されている。なぜ漢文に訳したのか、それはつまり、当時の知識人にとって漢文は外国語ではなく日本語の一部であり、日本の学問における共通の言語だったからである。

これと同様のことは韓国・朝鮮やベトナム、琉球の学問・文化にもあてはまるであろう。韓国・朝鮮、ベトナムの知識人はみずからの著作を漢文で著わし、その膨大な著作が今に伝わっている。自国の詳細な歴史記録である『朝鮮実録』も、『大南寔録』も漢文で書かれている。琉球王国の正史『球陽』や外交文書を記録した『歴代宝案』もまた漢文で記されている。

東アジアの近世時期、和文はもちろんのこと、ハングル、チュノム（字喃）で書かれた書物はもっぱら初学者や婦女子向けの啓蒙用であり、正統な学問用語はあくまでも漢文であった。漢文は韓国・朝鮮、ベトナム、日本、琉球の文化の中にしっかりと根を下ろしていたのであって、我々は東アジアの文化をかたちづくった学問所、そして漢学の意義をもう一度再考してみる必要があるだろう。

【参考文献】

吾妻重二編集『東アジア文化交渉研究』別冊２「東アジアにおける書院研究」（関西大学文化交渉学教育研究拠点、二〇〇八年）

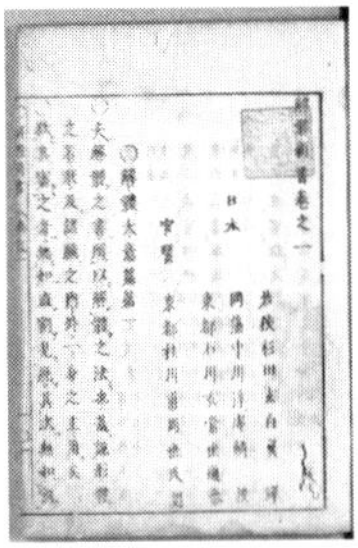

図6　『解体新書』　国立国会図書館デジタルコレクション

吾妻重二編『泊園記念会創立五十周年記念論文集』（関西大学出版部、二〇一一年）
吾妻重二「東アジアの儒教と文化交渉　覚え書き」（『現代思想』三月号〔第四二巻四号〕、特集＝いまなぜ儒教か、青土社、二〇一四年）
金文京『漢文と東アジア――訓読の文化圏』（岩波新書、岩波書店、二〇一〇年）
林友春『書院教育史』（学芸図書出版社、一九八九年）
渡辺学『近世朝鮮教育史研究』（雄山閣、一九六九年）
梅根悟監修『朝鮮教育史』（世界教育史大系5、講談社、一九七五年）
石川謙『日本学校史の研究』（小学館、一九六〇年）
海原徹『近世私塾の研究』（思文閣出版、一九八三年）
海原徹『学校』（日本史小百科、改訂新版、東京堂出版、一九九六年）
辻本雅史『教育の社会文化史』（放送大学教材、二〇〇四年）
高橋敏『江戸の教育力』（筑摩新書、筑摩書房、二〇〇七年）
那覇市史編集委員会『那覇市史』通史篇第一巻（那覇市役所、一九八五年）
中村春作編・小島毅監修『訓読から見なおす東アジア』（東京大学出版会、二〇一四年）

第二章　昌平坂学問所の教育

前田　勉

第一節　林家塾から学問所への転換

昌平坂学問所《しょうへいざかがくもんじょ》は江戸幕府の直轄学校である。寛政九年（一七九七）に幕府は、旗本・御家人を「教育」するために、林羅山《はやしらざん》以来の林家の家塾を直轄学校に再編した。[*1] 本稿では、この林家塾から昌平坂学問所への転換に際して、何が変わり、何が変わらなかったのか、という断絶と連続の問題について述べてみたい。

このうち、連続という点でいえば、林家塾から学問所まで、一貫して朱子学《しゅしがく》が教学の中心だったことは、いうまでもない。事実、寛政二年（一七九〇）、老中松平定信《さだのぶ》は林大学頭信敬《はやしだいがくのかみのぶたか》にあてて、朱子学が「慶長以来代々御信用の御事」とされてきた「正学」であり、朱子学以外の「新規の説」「異学」を禁じる達を下していた。いわゆる寛政異学《かんせいいがく》の禁である。

ただ、この禁令をもとに、羅山以来、朱子学が幕府の官学として、幕藩体制を支える教学であったとすることはできない。かつては自明視されてきた、この朱子学＝官学説は、現在

＊1　林家塾と昌平坂学問所については、石川謙『日本学校史の研究』（小学館、一九六〇年）、和島芳男『昌平校と藩学』（至文堂、一九六二年）参照。

では、学問所に転換する学制改革に際して「創られた伝統」であるとされている。*2 江戸幕府は、羅山の時から朱子学を官学にしたわけではないし、林家塾も林家の私的な家塾にすぎず、幕

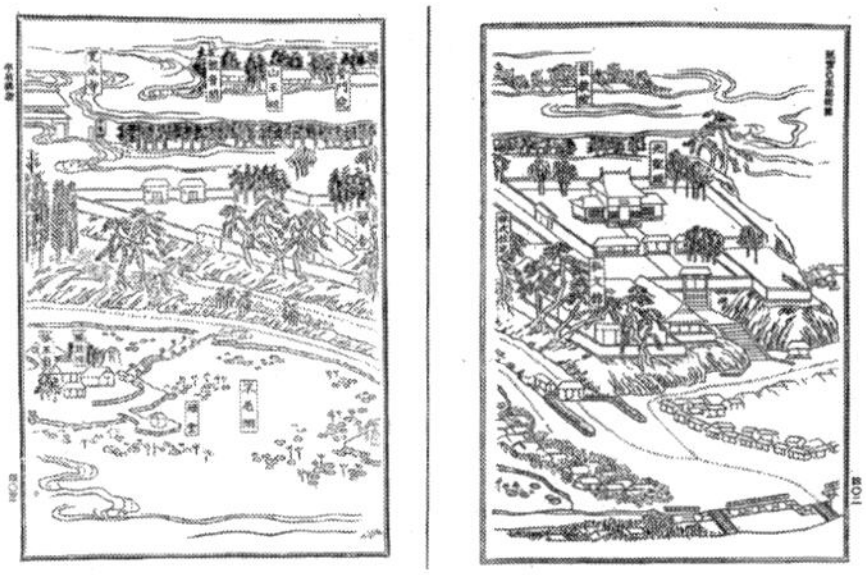

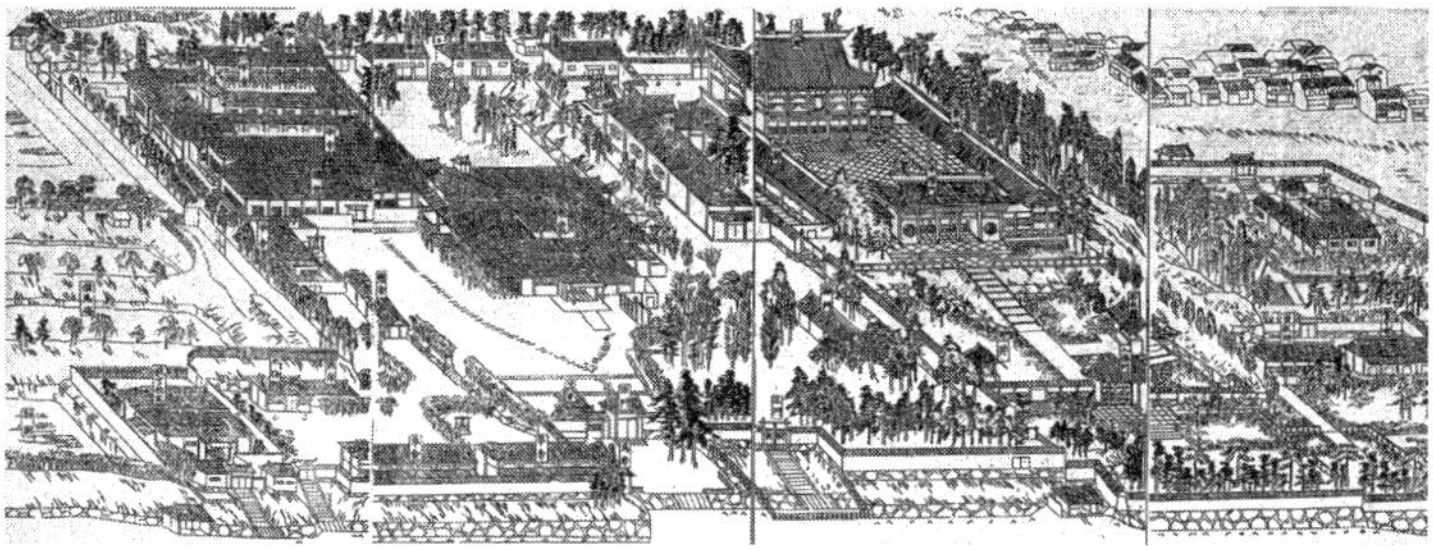

左：図1　「延宝七年忍岡図」
下：図2　「寛政十一年改作廟学図」
ともに『湯島聖堂と江戸時代』（内山知也、本田哲夫編、斯文会、1990年）より転載

府の公的な学校だったわけではない。幕府直轄の公的な学校となったのは、昌平坂学問所と名前を変えた以降である。

以上の点をふまえて、本稿では二つの問題を述べてみたい。一つは、江戸前期の林家の家塾の教育とは、どのようなものであったのかという点である。たしかに朱子学は官学ではなかったにせよ、羅山が幕府に仕え、上野に孔子・孟子などを祀る先聖殿《せんせいでん》（聖堂）を建て、さらには、羅山の息子鵞峰《がほう》が弘文院学士の号を賜り、林家塾に併設された国史館で『本朝通鑑《ほんちょうつがん》』を編纂し、林家塾では、五科十等制という独創的

*2　尾藤正英『日本封建思想史研究』（青木書店、一九六一年）参照。

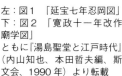

な学習課程を創設し、多くの門人を育てたことは事実である。ところが、この林家塾の具体的な教育については、必ずしも明らかになっていない。*3 林家塾では、どのような目的と方法で教育が行われていたのか、またそれは、寛政年間の学制改革後の教育につながっていたのかどうか、これらの点を明らかにしたい。

もう一つの問題は寛政年間の学制改革時に、朱子学が「正学」と認められた理由はどこにあったのかという点である。当時流行の徂徠《そらい》学や折衷《せっちゅう》学ではなく、この時、なぜ朱子学が選択されたのだろうか。ここには、学問に対する朱子学者たちの姿勢に、その秘密があるのではないかと思われる。本稿では、この二つの問題を検討することによって、林家塾と昌平坂学問所との間の連続と断絶を明らかにしたい。

第一節　林家塾の「教育」目的と方法

林羅山は寛永七年（一六三〇）に、幕府から賜った上野忍岡《しのぶがおか》の地に林家の家塾を開いた。これが林家塾の始まりである。寛永九年（一六三二）に、羅山は尾張藩主徳川義直《よしなお》の援助を受けて、先聖殿を建て、翌年、その新築間もない先聖殿で簡易な釈奠《せきてん》である釈菜《せきさい》を挙行し、儒学尊崇の気風を盛り上げようとした。羅山没後、羅山の子鵞峰が林家塾を受け継ぎ、家塾運営に関する職掌と規約を定めるとともに、五科十等制という塾生の学習課程を編成した。

*3　近年、林家三代の学問・教育については解明されつつある。揖斐高『江戸幕府と儒学者』（中公新書、二〇一四年）、拙稿「林家三代の学問・教育思想」（『江戸教育思想史研究』、思文閣出版、二〇一六年）参照。

さらに、鵞峰の後を継いだ三代目の林鳳岡《ほうこう》の時に、五代将軍徳川綱吉の発意で、先聖殿は神田湯島の昌平坂に移され、規模も拡大し、湯島の聖堂と呼ばれるようになった。また同時に、林家塾の学舎も聖堂の傍らに移設されたが、先代鵞峰の時に比べると、その教育力の衰微は覆い隠しようもなかった。

林家の学問は同時代の儒学者から必ずしも高く評価されていない。羅山・鵞峰の二人が剃《てい》髪《はつ》して幕府に仕え、自己の道徳的修養をなおざりにして、もっぱら博識を誇っていたことは、非難の的となった。寛永六年（一六二九）に、羅山が僧位である法印に叙せられたことに対する中江藤樹《なかえとうじゅ》「林氏剃髪受位弁《りんしていはつじゅいべん》」と山崎闇斎《やまざきあんさい》「世儒剃髪弁《せじゅ》」は、とくに有名である。

しかし、そのような外野からの非難を誰よりも自覚していたのは、ほかならない林家の人々だった。羅山はもとより、彼の子供たち（鵞峰・読耕斎《どっこうさい》）には、幕府から剃髪を強いられたことへの屈辱感と憤懣があった。鵞峰は剃髪を甘受したが、弟の読耕斎はなかなか受けいれられず、幕府出仕を渋ったが、最後には従わざるをえなかった。ここには、朱子学者として廃仏論を主張しているにもかかわらず、僧侶の姿をしている林家の矛盾があったのである。[*4]この矛盾が一応解決したのは、元禄四年（一六九一）、将軍綱吉の命によって鳳岡が畜髪を命ぜられ、大学頭に任じられた時である。

このような江戸前期の儒者の置かれた社会状況のなかで、将軍に仕える林鵞峰は、林家の家職は幕府にさまざまな情報を提供することだ、と自任していた。近世国家のなかでは、家

＊4　拙稿「林羅山の挫折」「林読耕斎の隠逸願望」（『近世日本の儒学と兵学』、ぺりかん社、一九九六年）参照。

職（家業）・職分を勤めることが人びとに求められたが、鵞峰は甥の林晋軒《しんけん》に対して、「博聞《はくぶん》強記《きょうき》は汝の家法なり」*5（『鵞峰文集』巻二四、章卿説、寛文一三年〈一六七三〉）と教戒している。鵞峰は「博聞強記」を林家の家職とする、強い使命感をもっていたのである。ただ、この「博聞強記」が朱子学の本来目指したものと違っていたところに、林家の悲劇があったといえる。朱子学は「記誦詞章」（『大学章句』序）の、俗儒の学問を批判していたからである。朱子学の目指すのは「己の為」（『論語』憲問篇）にする学問だった。ここに、真率な学問を求める藤樹らに非難された理由があったのだが、近世国家のなかで、「博聞強記」こそが、芸能者扱いされかねない当時の儒者のアピールポイントであったことを看過してはならない。たんなる羅山らの個人的な趣味の問題ではなかったのである。

　このような社会状況のなかで、鵞峰は林家塾内で、意図的な「教育」を実践していた。鵞峰の文集のなかで「教育」という言葉は、自分の後継者として期待していた息子梅洞《ばいどう》の早すぎる死を悼んだ文章に出てくる。

　汝が志、其の分に応じて之れを教育せんと欲す。諸徒の中、若し一科に長ずる者有れば、則ち之れを推挙し、自ら其の才に誇らず。故に諸徒皆、其の公正を知るなり。

（『鵞峰文集』巻七七、西風涙露上）

梅洞は、塾生の適性に応じて「教育」することを目指し、一科だけでも優れている者がいれば、推挙し、自らの「才」を自慢しなかった。そのために、塾生たちは、梅洞の学力評価

＊5　『鵞峰林学士文集』巻上下（日野龍夫編、近世儒家文集集成12、ぺりかん社、一九九七年）。以下、『鵞峰文集』からの引用は本書による。

の「公正」を疑わなかったという。鵞峰と梅洞は、こうした「公正」な評価をもとに「博聞強記」の学者を「教育」しようとしたのである。

　このような「教育」は、当たり前だと思われるかもしれない。しかし、それほど自明なことではない。もともと、儒学は「教え」よりも「学ぶ」ことを重視していたからである。「教育」という言葉の出典は、『孟子』の「天下の英才を得て、之れを教育するは、三楽なり」（尽心篇）という一節にあるが、宋明《そうみん》儒学者の間では、それほど流通しなかった。他者への「教え」よりも、完璧な人格者である聖人たちの言行が記されている経書を自ら「学ぶ」、自学自習が基本だったからである。ところが、鵞峰は明確に「教育」という言葉を使って、塾生の「英才」「教育」を実施していた。それだけ「教える」ことに対して、鵞峰が意図的だったことを示唆している[*6]。自らの「学ぶ」姿勢を見せることで「教え」になるのだという消極的な教育ではなく、よりよい効率的な「教育」を行うために、「教育」方法自体の改良・工夫を重ねていたのである。その成果が、鵞峰と梅洞が始めた五科十等制である。

　五科十等制とは、五科目の学習内容と塾生の成績・学力に応じた十段階の等級を設定した制度である。五科目の学習内容とは、寛文六年（一六六六）の「忍岡家塾規式」では、経科・史科・詩科・文科・倭学科であるが、『本朝通鑑』完成（寛文一〇年〈一六七〇〉）後に定められた「忍岡塾中規式」（寛文一二年〈一六七二〉）では、経科・読書科・詩科・文科・倭学科と改められた。それぞれの科目には、十段階の等級があり、甲から癸までの十干で表示された。

＊6　江戸時代の「教育」概念史については、＊3『江戸教育思想史研究』序章「江戸教育思想史序説」参照。

甲・乙・丙は上等（特生）、丁・戊・己は中等（萌生）、庚・辛・壬・癸は下等の三段階に分けられ、寛文一二年の改正では、十等の下に、新たに初等・等外（末生）の級を付け加えている。昇級は、詩科と文科では、詩文の佳作の数によって、経科・史科・倭学科では、最も優れた学力のある塾生から選ばれた員長が試問し、それに応えた文章を評価し、決められた。

林家塾では、師から塾生への講釈が行われた。鵞峰の講釈の場合、毎月五回、三日・一〇日・一六日・二一日・二六日が定日だった。ただ、「教育」方法は、師から塾生への一方向的な講釈だけではなかった。

鵞峰は朋友間の交流を重んじ、塾生たち相互が、講ずる者と聴く者とを交換し合いながら講釈し合い、「誦する者、誤り有りて、聴く者、之れを疑ふときは、則ち直に面《まのあた》り之れに告ぐべし。彼此、益有らん。若し退きて、嘲笑するときは、同志同門の義に非ず」（『鵞峰文集』巻四三、諭諸生、承応二年〈一六五四〉）と、忌憚なく相互に批判し合うことを求めていたのである。鵞峰によれば、こうした方法が有効な理由は、「孤陋寡聞《ころうかぶん》は学者の憂ふる所」であり、「学問は多端にして、一旦に尽く之れを極むべからざる」からである。鵞峰はこう述べて、朋友同士の「講磨」を推奨し、さらに、「孟子曰く、英才を育するは、一の楽なり。吾豈に敢てせんや。諸生、勉めよや。勉めよや」（同右）と、孟子の「教育」を遠慮しながら引照していた。

鵞峰がこのような塾生同士の相互講釈を「英才を育する」、すなわち「教育」の方法としてとらえ、制度化していた点は注目すべきである。その具体的な場が、塾生たちの「門生講《もんせいこう》会《かい》」であった。「門生講会」は、「門生講会式」という規則が定められ、そのルールの下に運営されていた。それによると、「門生講会」は、毎月三回（三日、一三日、二三日）に、申の刻（午後四時）に「衆会講釈」し、亥の刻（午後一〇時）に退去すべしとされた。

この「門生講会」では、「講中、疑義有らば、縦ひ末座為りと雖も、講畢りて後に、問難有るべし。彼此共に不平の心を挟むべからざる事」、あるいは「衆中の同志、此の会を催せば、則ち相互に宜しく講磨すべし。疑阻有るべからず。優なる者は自負すべからず。劣れる者は怒りを含むべからず。他所に在りて背語すべからざる事」（『鵞峰文集』巻五一、門生講会式、明暦二年〈一六五六〉）と、疑問を出し合い、相互に切磋琢磨することを規則化していた。この「門生講会」は、後の時代の輪講《りんこう》だといってよいだろう。輪講とは、共同学習である会読の一つの形態で、講者と聴者を交換しながら、参加者が対等な立場で討論し合う共同読書の方法である。*7 鵞峰の定めた「門生講会式」はまさにその輪講規則だったといえる。

鵞峰が「教育」方法として、こうした塾生相互の学び合いを奨励する理由は、塾生の間の競争が「教育」に有効だからと認識していたからである。

諸生各々其の事を事とす。就中、誰か其の最と為すか。曰く、方今、競ひ馳せて鹿を逐ふ時なり。勤めて怠らざれば、則ち駑駘《どたい》と雖も、或は其れ追ひ及ばん。怠りて勤めざれば、則ち駿足と雖も、得ること能はず。提挙漸く老ひて、須臾《しゅゆ》の躊躇無きときは、則ち駿と無く駑と無く、豈に鞭の影を望まざるや。

＊7　会読については拙著『江戸の読書会』（平凡社選書、二〇一二年。平凡社ライブラリー、二〇一八年）参照。

（『鵞峰文集』巻一五、懶士入館記、寛文九年〈一六六九〉一一月）

塾生間の競争の中で、進歩を目指す意識、向上心を掻き立てようとしたのである。鵞峰によれば、人生は限られた時間であるという。鵞峰は、息子梅洞の別号「勉亭《べんてい》」を次のように説き明かしている。

朱文公曰く、謂ふ勿れ、今日学ばずとも、来日有りと、今年学ばずとも、来年有りと（『古文真宝前集』巻一、朱文公勧学文）。想ふに夫れ勧学の格言、此れに過ぎたるは無し。其の学を承くる者は誰ぞや。勉を以て斎を名づくるの人（春信）なり。

（『鵞峰文集』巻三、勉亭記、万治三年〈一六六〇〉）

鵞峰は「謂ふ勿れ、今日学ばずとも、来日有りと、今年学ばずとも、来年有り」という朱熹の「勧学文《かんがくぶん》」を引照して、一生の短い時間のなかで、勤勉に努力して「進歩」することを求めるのである。

千里は遠し。歩を進むれば、則ち日を経て至る。咫尺《しせき》の近き、歩を進めざれば、自若なり。汝、北州に産し、京洛難波に経歴すれば、則ち既に歩を進め、今、此に来たり。文字を窺ふに、勤めば、則ち進むべく、勤めざれば、則ち自若のみ。齢壮んにして脚健なり。何ぞ歩を学路に進めざらんや。

（『鵞峰文集』巻二〇、進歩説、寛文九年）

この「進歩」を求める点は、後にも述べるように、林家塾から学問所への転換以後も一貫して、朱子学が中心教義であった理由であると思われる。近世国家＝家職国家における職分・

家職は、知足安分の精神に甘んじて、現状の停滞をもたらす危険性もある。しかし、そのなかで、使命感をもって「進歩」しようと勤勉・努力する学者を「教育」しようとしたところに、林家塾の「教育」のメリットがあったといえるだろう。

このように、二代目の鵞峰の時代までの林家塾の「教育」目的は、「博聞強記」の学者の「教育」であり、その「教育」方法は、「門生講会」のような共同読書の輪講を実施していたところに、大きな特色があった。

しかし、三代目の林鳳岡の時代になると、一方向的な講釈が大きな位置を占めてくることになる。羅山の時からすでに釈菜の後に、講釈が行われていたが、湯島に聖堂と学舎（林家塾）が移転して、規模を拡大した元禄年間になると、釈菜後の講釈は、そこに参列した大名や諸役人に向けてなされるようになった。この講釈を最初に行ったのが、好学の将軍徳川綱吉であった。綱吉は、元禄四年（一六九一）二月に、新築した湯島の大成殿で挙行された釈菜の後、自ら経書を講じたのである。そののち、綱吉はしばしば釈菜後に講釈を行い、江戸城中や臣下の邸宅でも、しばしば経書講釈を行ったことは周知の通りである。

さらに八代将軍吉宗の時代、享保三年（一七一八）からは、釈奠とは関係なしに講釈日を定めて、湯島の講堂（饗応座敷）で定期講釈を行い、旗本・御家人に開放した。これが、聖堂での御座敷講釈のはじまりである。そこでの講釈の講師は、大学頭に限らなかった。林家の門人（林葛盧《かつろ》・人見桃源《ひとみとうげん》）ばかりか、荻生《おぎゅう》徂徠の弟、荻生北渓《ほっけい》なども担当した。

それにもう一つ講釈について付け加えれば、湯島の聖堂では、不特定多数の人々への公開講釈もあった。これは、元禄期以降の林家塾に課せられた役目である。元禄四年の聖堂改築の際、仰高門《ぎょうこうもん》の門内の東舎・西舎を造営して、東舎を庶民向けの公開講釈場としたのである。享保二年（一七一七）九月からは、日講制《にっこうせい》として、毎日午前一〇時から一二時までの間、休日なく行われ、講師は林家の門人が担っていた。湯島の聖堂は、幕府の庶民教化のセンターの役割をも果していたのである。

第三節　学問所の「教育」目的と方法

寛政二年（一七九〇）、江戸幕府は林家塾において朱子学以外の学問を禁じた。さらに柴《しば》野《の》栗山《りつざん》（天明八年〈一七八八〉任用）、尾藤二洲《びとうじしゅう》（寛政三年〈一七九一〉任用）、古賀精里《こがせいり》（寛政八年〈一七九六〉任用）の寛政の三博士とよばれる朱子学者を民間から抜擢した。もともと二洲や精里は、荻生徂徠以降の儒学の多様化のなかで徂徠学や折衷学を「異学」として排斥し、「正学」朱子学によって儒学界の統一を願っていたが、幕府は彼らを登用することで、学問奨励と国家有用の「人才」（寛政異学の禁の達）「教育」を図ろうとしたのである。

寛政九年一二月には、林家塾を幕府の直轄学校として昌平坂学問所に改変して学制を一新した。老中松平信明から万石以下の旗本・御家人に出された令達《れいたつ》は、次のように告げていた。

今度聖堂御主法被二相改一、御目見以上以下之子弟御教育為レ可レ有レ之ため、学問所夫々御取建被二仰付一候間、寄宿候とも又は通候て学候とも、勝手次第可レ有二修行一候。*8

（寛政一〇年〈一七九八〉二月）

ここには、「聖堂」の改革の一つの目的が、旗本・御家人の子弟「御教育」にあったことが示されている。もともと、「博聞強記」の学者「教育」を目的としていた私塾林家塾は、官立化することで、幕臣「教育」を目的とする機関に転換したといえる。この転換について、犬塚遜『昌平志』（寛政一二年〈一八〇〇〉成）は、寛政九年一二月、「黌制を改革す」と記して、次のように解説している。

寛文庚戌、林恕（鵞峰）の請に従ひ、史館の餽稟を以て学費と為し、以て四方の英髦を待ち、其れ之れを教育す。士庶に限らず、生徒を許す。皆、笈を負ひて遊ぶ。是に至りて黌制を変更す。乃ち生徒を放ち、職員を罷め、専ら大夫士及び子弟をして講肄せしむ。*9

（『昌平志』巻二）

全国から集まった「英髦《えいぼう》」＝学者を「教育」するのではなく、専ら幕臣の「大夫士及び子弟」の「人材を造就」（『昌平志』巻二）することが、学問所の目的となったのである。

学問所の生徒（幕臣）は通学生と寄宿生に分けられていて、どちらを選ぶかは生徒自身の希望に任せていた。寄宿生は寄宿寮に収容されたが、定員は三〇人だった（天保年間から四八人に増員された）。ただ、この寄宿寮の外に、諸藩の藩士・浪人のための書生寮が、享和

---

*8 『御触書天保集成』巻下（岩波書店、一九四一年）四一八頁。石川謙『近世日本社会教育史の研究』（東洋図書、一九三八年）七六頁所引。

*9 『日本教育文庫　学校編』（同文館、一九一一年）九〇頁。

元年（一八〇一）に設けられ、幕臣以外でも入学できるようになった。聖堂附御儒者は学問所の構内には役宅を与えられ、私的な門弟がいたが、彼らを一所に集めて公営の寮が建てられたのである。この書生寮には、後にも触れるように、諸藩から優秀な藩士が集まり、全国的な知的ネットワークを作っていった。

こうした学問所の「教育」目的の転換と寛政異学の禁は連動していた。学問所内で、朱子学以外の学問を禁じた（異学の禁の達が出されたのは、林家塾時代だったが、学問所に転換した後も朱子学以外は禁じられた）理由は、日常の教科書を統一することによって、教育効果をアップするためだったといえる。言い換えれば、学問そのものへの弾圧ではなかった。

さらに、この幕臣「教育」の一環として学問吟味と素読吟味が始められた。学問吟味は、一五歳以上の旗本・御家人に対して行った学術試験であり、寛政四年（一七九二）九月に第一回目が施行された。以後、三年目ごとに実施された。試験科目は経義・歴史・作文の三科で、経義では朱子学の注釈にもとづいた四書五経理解、歴史では『春秋左氏伝《しゅんじゅうさしでん》』『漢書』『資治《しじ》通鑑綱目《つがんこうもく》』などが試された。素読吟味は、一五歳未満の旗本・御家人に対して行った試験で、寛政五年（一七九三）一一月に初めて実施された。このような試験制度は、「幕臣の立身願望をも利用して幕府の求める学問修業を奨励する制度」[*10]であったといえる。

ところで、「教育」する上での教科書と試験の統一のほかに、朱子学が「正学」とされた理由はどこにあったのだろうか。ここで想起すべきは、五科十等制を創設した林鵞峰が、塾

＊10　橋本昭彦『江戸幕府試験制度史の研究』（風間書房、一九九三年）三〇二頁。

生に「進歩」を求めていたことである。「謂ふ勿れ、今日学ばずとも、来日有りと、今年学ばずとも、来年有りと」という朱熹の「勧学文」にあるように、鶖峰は、一刻も無駄にせず、絶えず前進する向上心を求めていた。朱子学を「正学」だとした理由には、こうした勤勉な精神・態度を身につけさせ、世襲の身分制度のもとで耽溺・堕落していた幕臣たちを覚醒させようとしたからではなかったかと思われる。この点、石川謙は、昌平坂学問所の使命として、「覚えさす、知らせるのが目標ではなく、覚える力、知るについての方法と能力と、そうして探求心とを長養することを眼目にした」[*11]と説いていた。事実、寛政年間に抜擢され、聖堂附儒者となった尾藤二洲や古賀精理は、そうした奮起奮励の模範ともいえる人たちだった。たとえば、尾藤二洲の次の言葉はそれを端的に示している。

学に力め行に勉むること、卑きよりして高きに、近きよりして遠きに、銖銖にこれを積み、寸寸にこれを進め、一時の間断なく、一事の放過なく、斃れ死するに至つて而るのち止む。聖学の力、唯だこれなるのみ。[*12]（『素餐録《そさんろく》』）

学問所は、こうした向上心をもった勤勉な国家有用な「人才」を「教育」しようとしたといえるだろう。ここに、寛政年間の学制改革時に、遊戯的高踏的な傾向のあった当時流行の徂徠学や折衷学とは異なって、禁欲的な朱子学を「正学」だとする根本的な理由があったと思われる。

ところで、「教育」方法についても、寛政年間の学制改革で大きな変化があった。林鳳岡

＊11　石川＊1書、二〇一頁。

＊12　『徂徠学派』（日本思想大系三七、岩波書店、一九七二年）二七二―二七三頁。

の時代に始まった御座敷講釈は、諸大名・旗本・御家人ばかりか、諸藩の藩士でも郷士・浪人でも聴講できたが、幕府直轄の学問所になってからは、聴講者は諸大名の外、幕臣だけに限定されるようになった（ただ、仰高門東舎の庶民向けの公開講釈は継続して行われた）。定日は一か月九回（四・七・九の日）である。

さらに、会読がその「教育」方法として重要な位置を占めるようになったことは注目すべきである。石川謙によれば、「昌平坂学問所では、官学に移し、学問講究所に切りかえた当初から、講釈と会読とを学習法上の二つの支柱として重んじ[*13]」たという。会読は、定められた経書・史書を複数の者たちが討論し合いながら読み合う、共同読書の方法であり、荻生徂徠の蘐園《けんえん》学派の流行のなかで、一八世紀には民間の自発的な読書会が全国各地に生れていた。[*14]学制改革で抜擢された尾藤二洲と古賀精里も、かつて大坂で会読を行い、お互いに切磋琢磨し合っていたのである。この二人が学制改革をリードして立案した「聖堂御改正教育仕方に付申上候書付」（寛政一二年四月）には、次のように定められていた。

講堂え儒者並に見習、毎日不レ明に出席仕、講釈、経書会読、詩文典点削などは儒者相勤、素読・歴史等は見習相勤候様可レ仕候。[*15]

これによって、講堂での「経書会読」は「講釈」とともに、御儒者が出席すべき重要な「教育」の場となったのである。実際、御儒者が会頭となってなる会読だけでも、『詩経』『書経』『春秋左氏伝』の会読＝輪講はそれぞれ毎月六回、『易経』『周礼』はそれぞれ毎月三回、ま

＊13　石川＊1書、二一七頁。

＊14　＊7同書参照。

＊15　『日本教育史資料』第七冊（文部省、一八九二年）一一四頁。

た生徒のなかから選任された教授方が会頭となる会読＝輪講は、『小学』は毎月二七回、『論語』は毎月三六回にも及んでいる。寛政期の学制改革時に、鵞峰の「門生講会」の輪講が荻生徂徠の会読を媒介にして再生されたといえるだろう。

会読・輪講の切磋琢磨には、もともと競争の要素があった。先に見たように、鵞峰はそれを肯定していた。しかし、林家の家塾時代、ごく少数の学者「教育」する段階では、有効に機能したかもしれないが、旗本・御家人の「教育」機関のなかで、競争が表立つことは難しかったと想像される。同時代、熊本の城下では、「俗間の流説に、高禄の家は入学を恥、有才気者は入学を厭」[*16]（脇蘭室《わきらんしつ》『学校私説』）うとささやかされていたのは、特に身分の高い者たちは、自分の能力や学力が露わになることを忌避したからである。

ただ、素読吟味や学問吟味のような試験が行われるのだから、競争の要素は「教育」にとって不可避である。この世襲の身分制度と競争による能力主義との矛盾は、学問所のなかで存在し続けたのである。しかし、そうした矛盾があるなかで、学問所で学んだ旗本・御家人のなかから幕末の有能な官吏が輩出したことは事実である。たとえば、ペリー来航前に就任した浦賀奉行の三人（戸田氏栄《とだうじよし》・水野忠徳《みずのただのり》・井戸弘道《いどひろみち》）は学問吟味の及第者であった。彼らは石高は低いにもかかわらず、有能だったために、ペリー来航という未曽有の事態に際して抜擢されたのである。[*17]

また、会読はもともと共同読書の方法だったが、それ以上の役割を会読に見出すような面

＊16　久多羅木儀一郎編『脇蘭室全集』（脇蘭室全集刊行会、一九三〇年）所収。

＊17　奈良勝司「積極開国論か、攘夷論か」（上田純子編『幕末維新のリアル―変革の時代を読み解く七章』吉川弘文館、二〇一八年）参照。

白い考え方も、昌平坂学問所には現れていた。この点、学問所の書生寮で学び、後に加賀藩明倫堂の教官になった大島桃年は、「会読之法は畢竟道理を論し明白の処に落着いたし候ために、互に虚心を以可㆑致㆓討論㆒義に候」[*18]（「入学生学的」）と説き、さらに「書籍修行」ではない、「心術錬磨の工夫」としての会読を説いている。

　会読法読書の修行に候のみならす、朋友切磋之間心術の工夫可㆑有㆑之に候、意必固我をはなれ申義、元来日用随時心術の工夫に候て、聖教の第一容易ならぬ義に候へ共、会読討論等は相手取り申義に候得は、右之心病あらわれ易き事候間、此等之類心付修行有㆑之度事に候、左候へは書籍詮議の修行のみならす、自然と心術錬磨の工夫も長し申義に候間、万端自分に引取り当用の心得可㆑有㆑之候、[*19]（「入学生学的」）

会読は、独善的な態度を取らず、他者の異論を認める「心術錬磨の工夫」となるという。ここでは、異論を受け容れる「虚心」＝寛容の精神を養うことが、会読の目標となっているのである。

　こうした他者の異論を容認する態度は、政治的な闘争の時代、学問所内に注目すべき空間を生み出している。幕末期になると、昌平坂学問所でも、経書・史書の読書に耽っているばかりではいられなくなっていた。寛政年間の学制改革時に出された「学規」（寛政五年九月）には、「国政を議する勿れ」と定められていたが、学問所内でも政治的な討論が行われるようになっていたのである。

＊18　『日本教育史資料』第二冊（文部省、一八九〇年）、一九四頁。

＊19　＊18同書、一九四頁。

◎問　御維新前に昌平校にいる書生が、どの位、輿論を動かしたのです。たいていは勤王説だったのですか。会員　勤王説もあり、佐幕説もあったのです。◎問　何によって違いましたか。重野氏　それは人々によって違ったもので、みな縁を離れて論じたのです。問　書生寮の中で喧嘩はできませんでしたか。重野氏　そんなことはないが、議論などはあったのです。[*20]（『旧事諮問録第六編』）

まして、全国諸藩のなかで選抜され遊学してきた書生寮のエリートの間では、勤王説と佐幕説が激烈に「議論」されたと想像される。そのなかで、書生寮の寮生たちがそれぞれの藩や身分の柵を超えて、「縁を離れて」論じ合うことができたのは、彼らが会読のなかで「虚心」を体得していたからだろう。

こうした寛容の精神が涵養されていたからこそ、幕末の聖堂付御儒者であった中村敬宇《なかむらけいう》が、明治になって、多数者の専制を批判し、少数者の権利を擁護したJ・S・ミルの『自由論』を翻訳できたといえる。また、敬宇がサミュエル・スマイルズの『西国立志編』を翻訳して、「天下ノ事、勤勉学習セズシテ能ク成就スルモノハ決シテコレナシ」（自序論原序、明治三年〈一八七〇〉）と、勤勉な自立の精神を奨励したことは、林家塾から学問所に一貫する学問への勤勉さと向上心とつながっている。その意味で、昌平坂学問所の教育は、明治期の啓蒙思想を受け入れる素地を作ったのである。

＊20　『旧事試問録（下）』（岩波文庫、一九八六年）一五七頁。

【参考文献】

『聖堂略史』（財団法人斯文会、一九三五年、大空社復刻、一九九八年）
石川謙『日本学校史の研究』（小学館、一九六〇年）
和島芳男『昌平校と藩学』（至文堂、一九六二年）
R・P・ドーア著 松居弘道訳『江戸時代の教育』（岩波書店、一九七〇年）
辻本雅史『近世教育思想史の研究』（思文閣出版、一九九〇年）
橋本昭彦『江戸幕府試験制度史の研究』（風間書房、一九九三年）
須藤敏夫『近世日本釈奠の研究』（思文閣出版、二〇〇一年）
本山幸彦『近世国家の教育思想』（思文閣出版、二〇〇一年）
眞壁仁『徳川後期の学問と政治』（名古屋大学出版会、二〇〇七年）
揖斐高『江戸幕府と儒学者』（中公新書、二〇一四年）
前田勉『近世日本の儒学と兵学』（ぺりかん社、一九九六年）
前田勉『江戸教育思想史研究』（思文閣出版、二〇一六年）
前田勉『江戸の読書会』（平凡社ライブラリー、二〇一八年）

第三章　寺子屋・藩校・漢学塾

江藤茂博

第一節　文治主義

　江戸時代の日本では、庶民から支配階層に至るまで、教育に関する意識がかなり高かったことは、よく知られている。戦乱の世での武力による民衆支配から、その武士階級を上位に置いた身分制を維持するための根拠を教学としての儒学に求めた。[*1]この近世儒学は、諸社会制度の原理的な価値観を構築したために、支配階級である武士はそれを学ぶことが前提となる。各藩には子弟を教育する藩校が設置され、さらに町や村には寺子屋が置かれる。なぜ、そうした教育熱が高かったのかというと、徳川幕府のこうした儒学による文治主義が徹底されていったからだ。幕府からの通達だけでなく、さまざまな証文という契約文書、そしておよび上によるお沙汰という裁判の結果なども、全て文書によって差し出され、あるいは記録[*2]される。そこに組み込まれた儒学という支配階級の原理の理解が必要なだけではなく、文書の読み書きのスキルそのものも、その人や家、あるいは藩などの所属組織の利損に直接結びつく。

＊1　丸山眞男は江戸期における儒教の発展を「一つは徳川封建社会の社会的及至政治的構成が儒教の前提となった様なシナ帝国の構成に類型上対比しえたため、儒教理論が最も適用され易い状態に置かれたからであり、ほかの一つは近世初期において儒教がそれ以前の儒教に対して思想的に革新されたから」(『日本政治思想史研究』東京大学出版会、一九五二年一二月)だと指摘していた。※引用は一九八三年六月の新装版

＊2　高橋敏は、『江戸の教育力　ちくま新書六九二』(筑摩書房、二〇〇七年一一月)で、一八世紀以降、「文書による契

封建制度下の階級を問わず、教育への投資はいわば生き抜くための資産形成となったのである。そういう意味では、「書き手」といういわゆる個人意識というものがそこに生まれないわけにはいかない。近代的な個人と社会の様相はすでに江戸時代に動き出していたのである。

その背景として、幕府や各藩は儒学の一派である朱子学を重んじ、学問所や藩校を整備していく。そのなかで、支配階級は自らの根拠を手に入れると共に、身分秩序のなかでの政治改革を行ったのである。特に、行政機能の効率化のためには、文書による記録が必要となり[*3]、繰り返すと、読み書きの力は、広く必要となり、為政者も藩士だけでなく民衆にもそれを奨励することになる。

江戸時代元禄年間には、二四三の藩があり、それらの諸侯は幕府の藩屏として政治制度化されて、全国統治の下に配置された。その統制は、さまざまな法度と相互監視の制度によって行われたが、いわゆる、徳川家康以来の武断政治は一七世紀後半から文治政治に移る。幕府のそうした方針に合わせて各藩もまた同様の歩調になる。つまり、幕府が儒学を重く取り入れ、いわゆる武家連合体から、その政治体制の在り方を上下の身分秩序によるものにしたことで、各藩もまた同じ価値観を導入するために儒学振興を行ったのである。そして、幕府や藩主の専制的な体制から、共にいわば官僚制的な体制に移っていく。そのため、幕府や藩の官僚養成のための学問所が機能する。幕府の昌平坂《しょうへいざか》学問所や藩校と呼ばれる学校である。

一八世紀後半から一九世紀にはいると、商人資本の成長と商品経済の拡大によって疲弊する

約が社会の基本原則となった」とし、「一九世紀に入ると教育熱は一気に高まり、寺子屋が全国に誕生する」（二〇頁）という。

＊3　大石学は、『近代日本の知的基礎　江戸の教育力』（東京学芸大学出版会、二〇〇七年三月）で、「享保改革を画期として、口上や伝承など古代以来の音声や言語が、伝達手段として急速に衰退する一方、文字や文書が社会全体に浸透していった。「記憶」から「記録」へ——。昨今伝達手段が手紙からメールへと変わったのと同じように、吉宗の時代、列島社会は、いっそうペーパー化が進んだのである。」とみる。

各藩の藩政改革のためにも、こうした学問所は別の意味でも重要なものとなっていく。いわゆる、富国強兵と殖産興業のために藩政改革を担う人材育成としての学問所ともなるのである。そして、こうした学問所の教授側には、寛政の改革以降は江戸幕府の教場である昌平坂学問所での交流、それを踏まえた江戸のそのほかの教場とも、また各藩の教場との交流も生まれる。大名家の江戸屋敷では、藩士のための学問所をその屋敷内に設置することもあった

上：図１　堺市立町家歴史館　清学院（寺子屋「清子堂」の再現された内部）　堺市文化財課提供
下：図２　興譲館高校　校門（幕末期備中国の代官所によって設立された郷校興譲館を前身とする私立高校）

という。そこから地元の藩の学問所との交流も生まれ、やがて日本の中での学問ネットワークが形成されていくのである。[*4] もっとも、評判の教授者が各地の学問所で求められるのは、今と変わらない光景であろう。

たとえば、大村藩（現在の長崎県大村市にあった藩）の九代藩主大村純鎮《すみやす》が、寛政二年（一七九〇）に開校した学問所は、講学所を五教館《ごこうかん》[*5]として、それまでの藩の学問所とは異なり、藩士だけでなく庶民にも教授した。前身の学問所には、荻生《おぎゅう》徂徠《そらい》の門下に師事した儒者本田章三（鉄洲）が、大村藩江戸藩邸の教官を辞し、天明七年（一七八七）に大村へ移住していた。[*6] 本田章三は、側用人山口禎輔とともに「五教館」の学則である「学規」の署名人である。また、孫の本田鉄太郎は、日田咸宜園《かんぎえん》の広瀬淡窓を天保一四年（一八四三）に大村藩に招聘したとある。淡窓の咸宜園は、身分や年齢を問わない「三奪法」を教育方針に、実力主義の「月旦評」を教育システムとして、全国から入門者を集めていた高名な学問所である。そこの塾頭である淡窓を、大村藩主が鉄太郎らを介して五教館に招き、さらに咸宜園の「月旦評」の教育システムを導入したのである。この広瀬淡窓の大村滞在中には、江戸から平戸藩主松浦静山に招聘されていた儒者朝川善庵《あさかわぜんあん》との交流と江戸帰国の様子が記録されている。[*7] 五教館には、江戸で善庵に師事した朝長晋亭がいたからかもしれない。その後、昌平坂学問所で学び、教官となった松林飯山《はんざん》が、帰郷して五教館の教官となるなど、幕末期は、学問ネットワークが全国規模で形成されていたことが、西国の小藩の学問所のこのような様子からも窺える。

＊4　大石学編『近世藩制藩校大辞典』（吉川弘文館、二〇〇六年三月）所収の工藤航平「藩校研究の視覚」（五八頁）で、同事典巻末の「藩校一覧表」を取り上げて「江戸藩邸内にも藩校を設置していた大名家が多くいた」ことを指摘し、それを藩の「藩士やその子弟」に対する「学問奨励」の証左として、「したがって、学者や文人などの知識人の需要が多く、知識人側も学問で生計を立てることが可能な江戸に活動の場を求める者が多くなった」という。また、具体的には、田中藩藩儒「石井縄斎宛の書状を分析」して、「縄斎は江戸にある北山の奚疑塾や昌平坂学問所に学ぶことで、学問的に上達するだけでなく、さまざまな知識人とのネットワークを形成することができた」ことを示している。

＊5　「孟子」（勝文公章句）に由来する儒学での人間基本の五つの徳目「父子有親。君臣有義。

第二節　教育の近代化

学問所から家塾・私塾そして寺子屋とさまざまな教育システムが、時代の大きな変化のなかで機能していく。教場設置の数や教育コンテンツの多様さなど、一九世紀の初頭からはいわば学びのブームが始まるのだった。もちろん、それは新しい時代を生きていくための知識であり、スキルであったことは間違いない。入江宏の概観によると、「十九世紀の日本は一種の教育爆発の時代といってもよく、民衆の学習熱は高揚し、手習塾から最先端の洋学塾までさまざまの水準の私的な塾が成立し、一方、支配権力は体制的危機を反映し、にわかに数学の主体としての自覚を高め、家臣団および領民の教育を公的に組織化」[*8]した時代だという。

原因としては、江戸期の商品経済の発達のなかで、知識やスキルもまた商品として流通してきたことを示している。ただ、『「商業的」生産物』のように、知識やスキルが全て同じように商品的価値があるとは限らない[*9]。文治政治が始まった時代は、それを円滑にするための儒学という共通の価値観を各学問所などで持つことができたのだろうが、一八世紀末からの江戸時代は、いわば価値混迷の時代である。そのような状況のなかでの知識やスキルは、投機の対象のような商品だったのかもしれない。堂島米会所の取引が示すように、すでに日本人は、米相場による投機市場を持っていたのだ。

夫婦有別。長幼有序。朋友有信」からの五教ではないか。「五教館学規」には、「学校は聖人孝悌五倫ノ教えを明に示し士大夫より庶民に至まで材徳を養育して登庸し玉ふ場所に候」（ここでは、『九条実録』第二十三巻から引用された『新編大村市史　第三巻［近世編］』の六〇一頁を使用）とある。

＊6　大村市史編さん委員会編『新編大村市史　第三巻［近世編］』（大村市、二〇一五年三月）第五章、五六五頁—六〇五頁を参考にした。

＊7　広瀬淡窓「懐旧楼筆記」巻四十六・巻四十七（国立国会図書館デジタルコレクション）。

＊8　幕末維新学校研究会編『幕末維新期における『学校』の組織化』（多賀出版、一九九六年二月）所収の入江宏「総説　幕末維新期における「学

こうした幕末期の寺子屋も含めた私塾や家塾そして学問所の総数ははっきりしないようである。藩の数が慶応元年（一八六五）に二六六あったので、ほぼその数に相当するだけの藩の学問所などはあったのかもしれない。*[10] 寺子屋や私塾や家塾になると、その全貌をつかむことはどの程度可能なのだろうか。文部省『学制百年史』*[11]（「一　幕末維新期の教育」）では「全国の寺子屋は数万になっていたと推定されている」としている。

江戸東京の地域に限ると、関山邦宏によるこの時期の寺子屋調査が、文献によってその数の幅が大きいということではあるが、「寺子屋取調表」による「元禄十一年」から「明治四年」までの開業数を調べていて、その数二九三校としている。*[12]

明治五年（一八七二）の「学制」によって、全国に五三七六〇の小学校を置くこととしたために、こうした寺子屋などの教場が小学校になっていくのである。この当時の状況を、先の文部省『学制百年史』（「三　学制の実施」）では、「学制は明治五年八月公布とともにただちに実施されたわけではなかった。府県において学制を実施するために学区を定め、学区取締を置き、小学校が設立されはじめたのはおおむね六年四月以後であった」としている。そして、先行する寺子屋や私塾と小学校との関係についても、同書（「三　学制の実施」）で「学制の実施によって、従前設立されていた府県の諸学校、私塾、寺子屋などはいったん廃止されて、新しく学制に基づいて学校が設立された。私学・私塾の類も開業願を出して許可されることによってはじめて学制による学校として公認された。学制の実施に当たって、文部省

校」の組織化―研究課題と方法」五頁からの引用だが、「教育爆発」については、一九五〇年代後半からの世界的な状況を示す語を、ここでは一九世紀日本を示す適切な表現として使ったと入江は注で説明していた。

*9　ここでの「『商業的』生産物」と学問所などで手に入れる知識やスキルの対比は、石井洋二郎訳、P．ブルデュー『芸術の規則Ⅰ』（藤原書店、一九九五年二月）二三四頁の「いわゆる『商業的』生産物の受容は受容者の教育水準とほとんど無関係であるのにたいして、「純粋な」芸術作品のほうは、それを鑑賞・評価するための必要条件である性向と能力に恵まれた消費者しか近付くことができない。」という箇所をトレースして使用している。この二極対比を、学問所などで手に入れた知識やスキルについては、「商業的」生産物に近いが、それに対して、

はまず小学校の設立に力を注いだので、府県においてもこの方針に基づいて小学校の設立に特に努力を傾け[13]」、明治八年（一八七五）には小学校数が全国で約二四五〇〇校となったという。また同書では、中学にも触れていて、藩校の多くが公立中学校に再編されたとも指摘[14]している。また、私自身も、藩校の教育文化の近代中等教育校へのアダプテーションについては、校名、学則、校歌などにその痕跡があることを指摘した。[15]

第三節　旧教育文化の消滅

江戸時代の、あたかも商品化した知識やスキルが交錯流通するような様相を見せた教育システムに、明治新政府の度重なる教育制度の編成・再編成で、大きなパラダイム変換が生まれた。それは、小学校からの国家による教育統制である。具体的には、明治五年の「学制」発布と同時に師範学校を設置し、またその翌年には、付属の小学校も開設する。当初はアメリカの小学校教育がモデルとなったものの、明治六年（一八七三）から翌年にかけて、大阪師範学校、宮城師範学校、愛知師範学校、広島師範学校、長崎師範学校、新潟師範学校と、日本各地に師範学校が設置された。

しかし、財政難のためにこれらは廃止され、各府県に小学校教員の養成は任せることになるが、明治一三年（一八八〇）の「改正教育令」で、「各府県ハ小学校教員ヲ養成センカ為ニ

儒学などは、学問所のような学校によって先の「性向と能力」を持つ者が手に入れるものと考えたのである。

＊10　中泉哲俊『日本近世学校論の研究』（風間書房、一九七六年一月）四三頁によると藩校は二二五校だという。

＊11　文部省『学制百年史』（帝国地方行政学会、一九八一年九月）。ここでの引用は、文部科学省ホームページ上のデジタル版から引用。

＊12　幕末維新学校研究会編『幕末維新期における『学校』の組織化』（多賀出版、一九九六年二月）所収の 関山邦宏「第八章　江戸・東京の寺子屋・家塾・私立小学校」四三九頁—四六四頁によると、「江戸に開業した寺子屋の数は、文献により三〇〇から一〇〇〇までさまざまで、その数を確定することは困難である。そこで、

師範学校ヲ設置スヘシ」とされ、明治一四年（一八八一）の「師範学校教則大綱」では、統一された教則が示されることになる。

さらに、明治一六年（一八八三）の「府県立師範学校通則」によって師範学校の制度がほぼ整うことになった。その第一条に「府県立師範学校ハ教育令第三十三条ニ基キ此通則ニ遵ヒテ之ヲ設置シ忠孝彝倫ノ道ヲ本トシテ管内小学校ノ教員タルヘキ者ヲ養成スヘキモノトス」とあるように、儒教的な「忠孝」を常に守るべき道（彝倫　いりん）を基本とした教育を導入する。これは翌明治一七年（一八八四）に定められた「中学校規則」にも同じ「忠孝彝倫ノ道ヲ本トシテ」という教育方針が組み込まれてもいた。

こうした明治新政府による教育制度の構築は、師範学校の改廃にみるように、直ちに整ったものではなく、明治前半期は混とんとしたものもあったのだろう。だからこそ、こうした儒学的な「忠孝」を制度基本に置こうとしたとも言うことができる。

この期に寺子屋から小学校への再編が行われたにせよ、樋口一葉[*16]の小説「たけくらべ」（明治二七―二八年〈一八九四―一八九五〉）の一節には、下町入谷の生徒たちの生き生きとした様子は、どこかまだ新制度とは距離があるように描かれていた。

秋は九月仁和賀の頃の大路を見給へ、さりとは宜くも學びし露八が物眞似、榮喜が處作、孟子の母やおどろかん上達の速やかさ、うまいと褒められて今宵も一廻りと生意氣は七つ八つよりつのりて、やがては肩に置手ぬぐひ、鼻歌のそゝり節、十五の少年がませか

ここでは〈東京都公文書館にある〉「教育沿革史編纂書類　明治十七～十八年」に綴り込まれている寺子屋取調表（＝乙号表）に拠って論を進めることとする。なおこの取調は、明治十六年文部省達第一号によりなされたもの」とある。ただし〈　〉はこちらで書き加えた。また、同資料によると、二九三校の内、「入学・退学年齢については」「六、七歳から一三～一五歳までがいわば学童年齢であった」と関山は報告している。

*13　*11の『学制百年史』（「二　近代教育制度の創始」）は、さらに続けて、「学区の設定も学区取締の任命も主として小学校の設立のためのものであり、当時の府県においては、学制の実施とはほとんど小学校の設立を意味するものであったといってもよい。これによって明治八年には全国に約二万四、五〇〇校の小学校が設立され、児童数は約一九五万人、就学率は約

た恐ろし、學校の唱歌にもぎつちよんちよんと拍子を取りて、運動會に木やり音頭もなしかねまじき風情、さらでも教育はむづかしきに教師の苦心さこそと思はるゝ、入谷ぢかくに育英舍とて、私立なれども生徒の數は千人近く、狹き校舍に目白押の窮屈さも教師が人望いよ〱あらはれて、唯學校と一ト口にて此あたりには呑込みのつくほど成るがあり、通ふ子供の數々に或は火消鳶人足、おとつさんは刎橋の番屋に居るよと習はずして知る其道のかしこさ、梯子のりのまねびにアレ忍びがへしを折りましたと訴へのつべこべ、三百といふ代言の子もあるべし、お前の父さんは馬だねへと言はれて、名のりや愁らき子心にも顔あからめるしほらしさ、

樋口一葉「たけくらべ」（一）

この「育英舎」として物語に配置された小学校は、「私立」だということで、寺子屋からうまく転換できた学校ということができるかもしれない。たとえば、「狭き校舎に目白押の窮屈さも教師が人望いよ〱あらはれて、唯學校と一ト口にて此あたりには呑込みのつくほど成る」とあるのは、個性的な教場としての寺子屋や私塾の文化を受け継いでいるのではないだろうか。こうした学校は、やがて教員が師範学校出身の教師たちと入れ替わることで、そうした文化も消えていくことになるのだろうと容易く想像できる。

では、漢学塾や藩校などはどのように新時代の制度のなかで姿を変えたのだろうか。これもまた、小説の場面を引用しながら確認していくことにする。当時の雑誌『教育界』＊17に掲載された国木田独歩＊18「富岡先生」（明治三五年〈一九〇二〉）では、松下村塾で教えていた富永有

三五％（男約五〇％、女約一九％）となっており、児童数はその後さらに増加し、就学率も上昇している。」とある。

＊14　同じく＊11の『学制百年史』（「二　近代教育制度の創始」）に「地方の府県でもしだいに公立中学校を設立している。それは旧藩校等を母体として設立され、必ずしも学制の規定に基づいて各中学区に設立されたものではなかった。最初は規模も小さく内容も不備であったが、しだいに整備された。私立の中学校も多数設けられているが、それは学制以前の私塾の類から発達したものであり、その規模も、程度や内容もさまざまであった。」とある。

＊15　江藤茂博「日本の中等学校における儒学文化—校訓・校歌表象から」（王小林・町泉寿郎編『日本漢学の射程—その方法、達成と可能性』汲古書院、

隣[*19]をモデルとして、時流に乗り遅れた漢学者像を描いていた。

何公爵の旧領地とばかり、詳細い事は言われない、侯伯子男の新華族を沢山出しただけに、同じく維新の風雲に会しながらも妙な機から雲梯をすべり落ちて、遂には男爵どころか県知事の椅子一にも有つき得ず、空しく故郷に引込んで老朽ちんとする人物も少くはない、こういう人物に限ぎって変物である、頑固である、片意地である、尊大である、富岡先生もその一人たるを失なわない。

富岡先生、と言えばその界隈で知らぬ者のないばかりでなく、恐らく東京に住む侯伯子男の方々の中にも、「ウン彼奴か」と直ぐ御承知の、そして眉をひそめらるる者も随分あるらしい程の知名な老人である。

さて然らば先生は故郷で何を為ていたかというに、親族が世話するというのも拒んで、広い田の中の一軒屋の、五間ばかりあるを、何々塾と名け、近郷の青年七八名を集めて、漢学の教授をしていた、一人の末子を対手に一人の老僕に家事を任かして。

この一人の末子は梅子という未だ六七の頃から珍らしい容貌佳しで、年頃になれば非常の美人になるだろうと衆人から噂されていた娘であるが、果してその通りで、年の行く毎に益々美しく成る、十七の春も空しく過ぎて十八の夏の末、東京ならば学校の新学期の初まるも遠くはないという時分のこと、法学士大津定二郎が帰省した。

富岡先生の何々塾から出て（無論小学校に通いながら漢学を学び）遂に大学まで卒業し

二〇一九年七月）。

＊16　樋口一葉（一八七二―一八九六年）、小説家。東京生まれ。

＊17　『教育界』　金港堂から出版された雑誌。

＊18　国木田独歩（一八七一―一九〇八年）　小説家。山口県出身。

＊19　富永有隣（一八二一―一九〇〇年）　長州藩士。吉田松陰の松下村塾で講じる。晩年は、帰来塾を開く。

た者がその頃三名ある、この三人とも梅子嬢は乃公の者と自分で決定ていたらしいことは略世間でも嗅ぎつけていた事実で、これには誰も異議がなく、但し三人の中何人が遂に梅子嬢を連れて東京に帰り得るかと、他所ながら指を啣えて見物している青年も少くはなかった。

国木田独歩「富岡先生」（一）

この「富岡先生」は、「維新の風雲に会しながらも妙な機から雲梯をすべり落ちて、遂には男爵どころか県知事の椅子一にも有つき得ず、空しく故郷に引込んで老朽ちんとする人物」として描かれ、現在も「広い田の中の一軒屋の、五間ばかりあるを、何々塾と名け、近郷の青年七八名を集めて、漢学の教授をしてい」るのである。ここに、明治期に学校制度の外で生き残っていた「漢学塾」の姿を読み取りたいのである。新政府による学校制度の整備は、着々と進んでいく。国木田独歩「富岡先生」が『教育界』に掲載された明治三六年（一九〇三）は、繰り返された教育制度改革のなかでも、明治三二年（一八九九）の「中学校令」によって小学校から大学まで、四区分による体系がほぼ完成した時期である。これまでの小中大という学校区分を、明治二七年（一八九四）の「高等学校令」に応じた明治三二年の「中学校令」によって、小中高大という学校区分と、小中学校での男子普通教育が明確になる。漢学塾はすでに時代が要求するものではなかった。

また、「富岡先生の何々塾から出て（無論小学校に通いながら漢学を学び）遂に大学まで卒業した者がその頃三名ある」とある。明治一八年（一八八五）に文部大臣に森有礼《ありのり》が就き、

＊20　本稿の第一節を参照のこと。

＊21　＊10にある中泉哲俊『日本近世学校論の研究』（風間書房、一九七六年一月）で、中泉

翌年に義務教育を明確化した「小学校令」を公布した。さらにそれを廃止して、改めて明治二三年（一八九〇）の尋常小学校と高等小学校の組み立てを設置した「小学校令」を公布する。森自身は、その前年に暗殺されたのではあるが、一連の制度改革は森の尽力によるものであろう。こうした学校令によって確実に制度が整えられていくのであり、まさにその過渡期の状況が小説の背景にあったのだ。この国木田独歩の小説には、発表誌の特性のためか、明治期における新旧世代の、都会と地方、時流に乗るものと乗れなかったものの対比が、制度内外の教育界を背景にして描かれていた。

樋口一葉の「たけくらべ」に登場する私立学校としての小学校や国木田独歩の「富岡先生」に登場する予備校や学習塾的な漢学塾などに、同じ時空での整いつつある教育制度を重ねると、そこには消えつつある前世代の教育システムが見え隠れしているのだ。それは、近代の制度へ移行できなかった、いわば寺子屋や漢学塾の残滓としか見えないものかもしれない。日田の咸宜園*[20]がこの期、「富岡先生」が発表される五年前の明治三〇年（一八九七）に閉校になることも、こうした新制度による国家の強い統制力と実力主義の一般化を示す象徴的な出来事でもあった。繰り返し強調するならば、咸宜園の実力主義の教育システムの衰退は、近代日本においてはもはやそれが独自の制度ではなく、広く国民教育に組み込まれたものでもあったからだ。*[21]

はすでにその「近代的傾向」を指摘している。

*22　山形県立米沢興譲館高校。

*23　キリスト教系の英語塾は英語教育だけでなく不足する英語教師も育成しながら、制度内私立学校に展開。同じように、中央集権的で国家的要請への従属的な教育制度を補う民間の教育機関として制度内私立学校が展開していくことになる。

*24　京都に明治一七年（一八八四）に設立された大久保彦三郎の「盡誠塾」は、翌年「盡誠舎」と名前を変えながら七年目に生徒数三〇〇名を超えたという。第三高等中学（後の旧制第三高等学校）に入学するための予備校のような役割であったが、その三年後に「盡誠舎」は閉鎖、明治二七年に香川県で再興する。この間は、明治期での学校制度が徐々に整っていく時期でもあった。そのため、「盡

第四節　再構築

明治期の学校制度のなかで、寺子屋は小学校に、そして藩校は旧制の中学校に移行できたものも少なくはない。時流に乗ることができずにただ消え去ったものばかりではない。福岡藩の藩校修猷館や薩摩藩の藩校造士館のように、明治期に再興されて公立の旧制中学となるものものあれば、米沢藩の藩校のように私立学校となり、その後に県へ移管し、二〇世紀の半ばに興譲館《こうじょうかん》[22]という名称に戻ったものもある。明治初期での近代的な学校制度の構築によって、藩校はこうした再構築を余儀なくされたのである。むしろ、明治期以降に開設された私塾[23]のほうが新しい制度との親和性を含み持っていて、新制度内の学校として再構築していくことが多い[24]。その意味では、藩校の一時断絶とその後の再興は、制度との親和性を手に入れるための方策と言えなくもないだろう。幕末維新期の商品としての多様な教場の多くが消え去り、その一部が大学を頂点とする近代国家形成に有為の人材育成あるいは国民教育に向けられる教育制度に組み込まれて近代学校として展開していく。私たちは、混乱と残存そして再構築の力学を、先行する研究調査は勿論のこと、小説やそれぞれ個別の学校史などでも知ることができる。

誠舎」が香川県で設置した「尋常科」「豫備科」「夜学科」「高等科」さらには「師範部」などは、いわゆる相当学校で、官立学校に見合うだけの尋常科に相当する資格や師範学校に相当する資格が承認されていたのだろう。そうした私立の「盡誠舎」が明治四二年（一九〇九）に私立中学校の設置を申請したのである。明治三二年の「中学校令」以降、その法令に見合った学科内容を開設してきたのだろうが、「盡誠舎」は、明治三五年（一九〇二）までに整備された中学校に関する法令に基づいた学校として、設置申請したのだ。この間の事情を『盡誠学園百年史』は、以下のように記述している。「先に政府は、明治三二年二月の中学校令改正（勅令）、明治三四年三月の「中学校令施行規則（文部省令）」に準拠して中等教育の一本化を目指して明治四〇年（勅令第二八〇号）により、中学校令を改正した。旧尋常中学校は「中学校」と改

【参考文献】

『新撰　遊学案内』（中学書院、一八九八年）
『日本教育史資料』（文部省、一八九二年）
東京市編纂『東京案内　上巻』『同下巻』（裳華房、一九〇七年）
『興譲館百二十年史』（興譲館、一九七三年）
『二松学舎百年史』（二松学舎、一九七七年）
『東京百年史　別巻・年表索引』（ぎょうせい、一九八〇年）
鈴木浩三『江戸の経済システム』（日本経済新聞社、一九九五年）
海原徹『廣瀬淡窓と咸宜園』（ミネルヴァ書房、二〇〇八年）
竹内洋『立志・苦学・出世　受験生の社会史』［講談社学術文庫版］（講談社、二〇一五年）

稱することとなった。（同勅令中学校令第二十二号、明治四十年八月一日より施行す。）　一方、明治三二年八月の私立学校令（勅令第三五九号）第七条に拠る私立学校法令施行規則（文部省令第三八号）には、設立認可申請の場合に次の事項が求められていた。　即ち校地、校舎、名称、位置、学則、経費と維持方法を記載した書類に校地、校舎、寄宿舎の図面を添えて監督官庁へ申請し、また修業年限、学年、学期、学科課程及びその授業時間はじめ八項目がきめられており、これに応じて当舎は明治四一年に新校舎増築に着手し、翌四二年諸準備と申請手続を完了し、明治四三年三月五日文部省茨木視学官の来校、現地視察の後に無事、同年三月二六日付を以て文部大臣より私立盡誠中学校の設置認可と四月一日付開校の件が公示された」（『盡誠学園百年史』尽誠学園百年史編纂委員会、一九八七年三月）とある。

研究の窓

渓百年《たにひゃくねん》と『経典余師《けいてんよし》』

安居總子

『経典余師』というテキスト

漢学を学ぼうとする初学者のための入門書として、漢学の学習のあるべき（正しい）姿を伝えようと、漢籍を往来物に仕立て、それまでにないまったく新しい形のテキストを作った人がいる。渓百年、その書を『経典余師』という。天明六年（一七八六）に刊行を始め、天保一四年（一八四三）までに、全一〇部六〇巻五一冊を刊行した。

底本としたものは、当時の漢学を学ぶ初学者用テキストとして世に用いられていた新注（朱子注）の入門テキストである。

全体の構成は次のようである。

◇朱子『四書集注《ししょしっちゅう》』

・『大学章句《しょうく》』――『礼記《らいき》』四九篇の中の一篇で、漢学の入門書

・『論語集注』

・『孟子集注』

・『中庸章句』――『礼記』四九篇の中の一篇

◇『孝経』――孔子と曽子との問答の形で、「孝」の意義を説いたもの。

◇『小学《しょうがく》』――朱子の指導によって編集された、人間として守るべき倫理道徳を初学者向けに説いたもの。

◇（五経のうちの）『易経』『詩経』『書経』

◇（『管子《かんし》』の中の）『弟子職《ていししょく》五九』――師弟関係のあり方について説いたもの。

◇『近思録《きんしろく》』――朱子とその友人呂祖謙《りょそけん》が共同編集した道学入門書。

◇『孫子《そんし》』――兵法書（武経七書の中の一）

いずれも、人間が成長するに必要な教養・倫理道

徳で、いわゆるリベラルアーツ、つまり士族の子弟教育の根幹にすえていた、初学者として学ぶべきことを内容としたテキストである。これに『四書集注』の朱子の序文だけをまとめ一冊にしたものを加えて全六〇巻である。

＊

本書の刊行は次のように行われた。

第一期　『四書』（『大学』『論語』『孟子』『中庸』）

第二期　『孝経』『小学』『弟子職』『四書之序』

第三期　『易経』『詩経』『書経』『孫子』

第四期　『近思録』

本書刊行の意図目的は渓百年の「凡例附言《はんれいふげん》」にあるが、本書脱稿天明元年（一七八一）から、板刻（板に彫る）完了までの五年の間に、菅原胤長の「経典余師序」と師の京極侯侍読《じどく》白木因宗の跋文「附刻（天明四年）」を取りつけ、天明五年（一七八五）に板刻完了、天明六年に刊行した。菅原胤長の序文には「この書が塾などのないところ、本が手に入らぬ人のために大いに役立つだろう」とある。

たいへんな売れゆきで再板（今の再版のこと）は何度も行われ、たとえば、文化六年再板『経典余師孝経之部』の見返しには「四書既に世におこなはれ、今またこの経を開板す。五経小学武経七書等皆先生の解あり。追々梓行せん事を冀ふのみ」とあるように、読者に待たれていたことが知られる。続いて、寛政五年（一七九三）に『詩経』、文化一二年（一八一五）に『書経』、文政二年（一八一九）に『易経』が刊行された。『経典余師近思録之部』は、渓百年没後の天保一四年（一八四三）刊であった（刊行年一覧参照）。

本書の特色、書記方法・編集方法は次のようになっている。

（1）訓点をつけた本文を章句で区切り、中心に大字で掲げる（漢籍の書記方法をとる）

（2）訓点をつけた本文の章句の読み方＝書き下し文

を、上段（頭注にあたるところ）に、「読法《よみかた》」と称し訓読したものを漢字平仮名交じり文（近世古文書にみる書記方法）で記し、漢字には読み仮名をつける

（3）訓点をつけた本文の章句について、語注、大意、解説を交えながら現代語訳（当時の現代語）し、漢字平仮名交じり文で、二行にわたってつけ、（漢籍の注を二行にわたって記すに同じ）漢字にはすべて読みがなをつける

つまり、本文（訓点を施した章句）以外、すべて漢字平仮名交じり文（往来物の書記方法）で示し、寺子屋で学んだだけでも読めるようになっている。さらに工夫しているところは、

（4）「読法《よみかた》」においては、漢字には和訓を多く用い、漢字には意味があること多義であることをわからせるようにしてある

（5）「訓読」を身につけさせる「素読《そどく》」の方法を「凡例附言」の中で、指導者が字策《じさく》（文字を指すのに用いる棒）を使って、訓点の施されている順に一字ずつ指し、それを読むことでおぼえさせる方法を説明している

「読法」の中には、「焉」「也」「乎」「於」などの助字（置き字）にも触れて、訓読法を独学でも身につけられるような工夫もしている。

＊

渓百年（一七五四―一八三一）

渓百年については、その高弟、二宮元勛《げんくん》撰（文章にした）の墓碑銘に見ることができる。

渓百年、諱《いみな》（おくりな、生前は使わず死後に使う、実名）は世尊《せそん》、通称親太、のちに代録、大録と改む。字《あざな》（生きているとき、士といわれる人は実名を使わず、別の名を使った）は士達、百年と号す。玉藻舎主人とも称した。

もとの姓は河田氏、越後の将、河田豊前《ぶぜん》守の後裔で、讃岐《さぬき》高松領に居住して代々郷士であった。父正《しょう》馬《ま》に至って家を成し、丸亀京極家に仕えたが、故あ

って京都に客居《かっきょ》（かりずまい）し、某氏を娶り、のち大阪に移り、谷町の寓居で世尊を生む（宝暦四年〈一七五四〉）。そののち丸亀に帰り、故あって渓氏を冒《おか》す（仮に名のる）こととなった。

幼くして学を好み、京極家侍読（藩主の前で講義をする人）白木因宗及び因宗の姻族清文会に学び、またその間に、文を東讃菊地黄山に兵学を西讃土田利重に学んだ。文武諸芸に通じ秀才だったという。明和年中に志を立て郷関を後にし、江戸・京都・大阪に遊学し、最後に大阪に移り住んだ。名家の後裔というので、常に諸侯に出入し、最も奥平侯・酒井侯の知遇を受け、そのほかにも交流は広く、村太初・高葛陂の徒など、豪傑の士も多く、名は広く知れわたった。その後も諸国を周遊、各地で講じ、加賀にお

渓百年『経典余師』刊行年一覧

刊行年	部	巻	部	書名（題簽題）	底本	序・跋・凡例附言などの書記体の別（漢文…漢／漢字平仮名交じり文…○）	再板（再版）年
天明六年（一七八六）	四書之部	10	10	大学全	朱熹『大学章句』	経典余師序　天明丙午　正二位菅原胤長（天明六年）　漢 凡例附言　世尊再識　○ 渓世尊頓首再拝謹以奉書　大納言菅原明公台下　漢	寛政六
				論語一～四	朱熹『論語集注』		文政七 天保一三
				孟子一～四	朱熹『孟子集注』		嘉永五 明治四
				中庸全	朱熹『中庸章句』	（跋）附刻　甲辰中夏　京極侯侍読白木因宗（天明四年）　漢 （跋）謹題経典余師後　室上美人義平（天明元年）　漢 蔵板符印　大岡滕祐順和（天明六年）　漢	

天明七年（一七八七）	孝経之部	1	1	孝経全	『孝経』	凡例附言（読み方のみ）　○	文化六 文化一二 天保一四 明治六 明治二五
天明九年（一七八九）	弟子職之部	1	1	弟子職余師全	『管子』「弟子職 五九」汪兆麟集注		
寛政三年（一七九一）	小学之部	10	5	小学一〜五	『小学』	序　野夫識　漢 凡例　○ 跋　大岡縢祐順和　寛政辛亥（寛政三年）　漢	文久三
寛政四年（一七九二）	四書序之部	1	1	四書之序全	『四書集注』の序文		弘化三
寛政五年（一七九三）	詩経之部	8	8	詩経一〜八	『詩　経』	経典余師序　菅原胤長　天明丙午（天明六年）　漢	嘉永二 安政三
寛政八年（一七九六）	孫子之部	2	2	孫子上下	『孫　子』		
文化十二年（一八一五）	書経之部	6	6	書経一〜六	『書　経』	余師題字玉藻舎主人撰　文化庚午（文化七年）　漢 跋　橋本好道　文化甲戌（文化一一年）　漢	安政五
文政二年（一八一九）	易経之部	7	7	易経一〜七	『易　経』		嘉永元
天保十四年（一八四三）	近思録之部	14	10	近思録	『近思録』	自序讃岐百年渓撰　天保壬寅（天保一三年）　漢 跋　天保癸卯（天保一四年）　漢	

（参考　渓百年編注『経典余師集成』十巻〈大空社〉）

いては前田侯の命で、『大学』を明倫《めいりん》館（加賀藩校）で講じた。明倫館を去るときは、儒家たちが詩を賦しあって送別したという。

寛政年中に山陰に入り、伯耆《ほうき》黒坂の緒形家に滞留していたが、鳥取藩士山下嘉兵衛が渓百年の学才を惜しみ、第七代藩主斎邦《なりくに》侯に推挙するところとなり、侯は享和二年（一八〇二）、足留料として年銀二〇枚を給し、鳥取に滞住させた。渓百年の門に学ぶ者は多く、またしばしば伯耆にも至り、伯耆因幡《いなば》間を往来して後進の指導にあたった。

『鳥取藩史』には、渓百年は藩士列伝に掲げられている。が、御儒者（儒者業家として士列に列せられる者）ではない。学問師範役として、私塾をもって子弟教育を行う、当時四人居た学問師範役のうちの一人である。

文政一一年（一八二八）病に罹り、その四年後天保二年（一八三一）に生涯を閉じた。享年七八。遺骸は鳥取市馬場日香《にちこう》寺に葬る。生涯独身、子はなく、養嗣子あり、名を代録といい、鳥取藩に仕えた。

渓百年の学問は伊洛《いらく》（程顥《ていこう》・程頤《ていい》・朱熹《しゅき》）の学を本とするが、国学をも学び、特に大日本史を編纂した水戸西山公徳川光圀に私淑し、『経典余師』「凡例附言」には、「天朝こそ万邦に対して真の天子の朝廷といふべきなり、実に万国とは比をなさず、これ

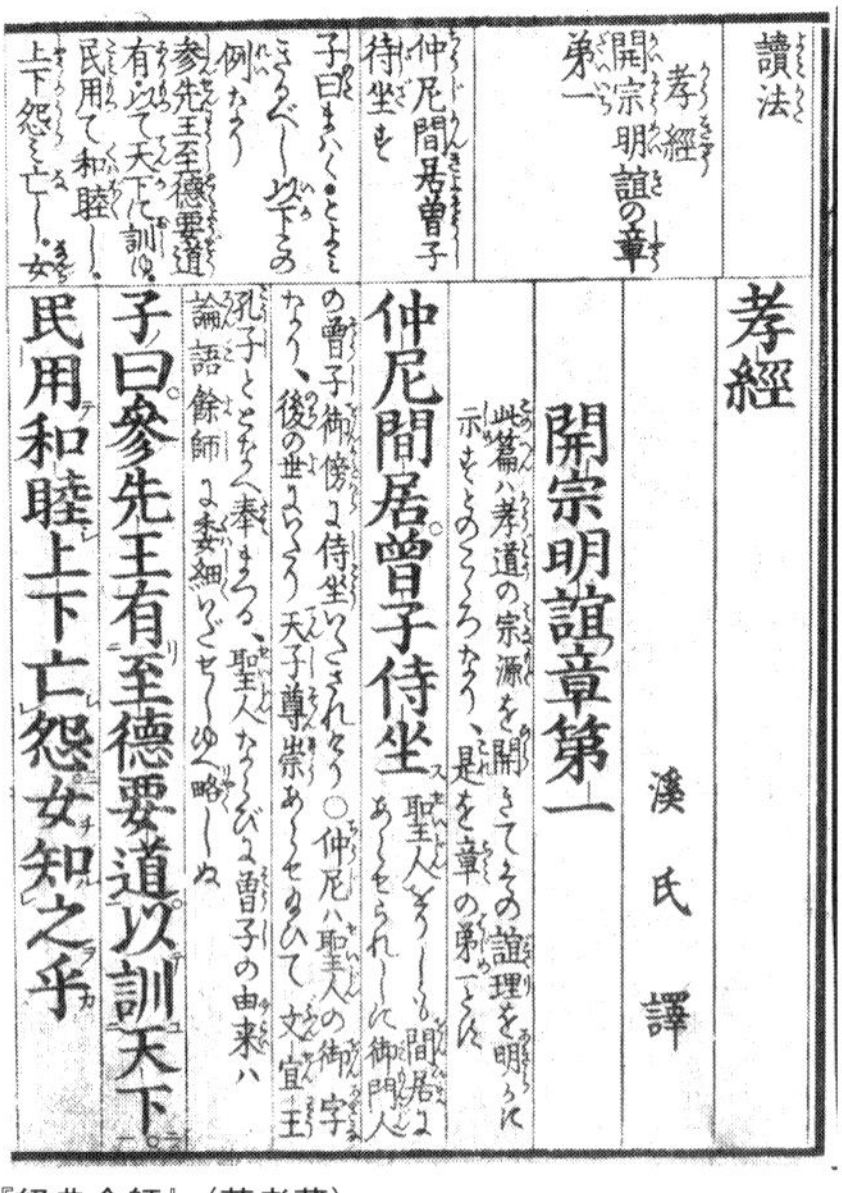

『経典余師』（著者蔵）

学者の心得べきの第一義なり」として、『天朝史鑑』六六巻『天朝史略』三巻を著したと記している（碑銘には「今、皆稿を失ふ」とある）。この文言と併行して、世の儒者——山崎闇斎《あんさい》、伊藤仁斎《じんさい》（古義派）、荻《お》生徂徠《ぎゅうそらい》（徂徠派）らの流れをくむ漢学者たちの行っている教育は国民教化としては益なしとし、教化普及をはかるべく『経典余師』を刊行するとした。その主旨は「聖人《せいじん》の道《みち》とは、天下国家《てんかこくか》を治《おさ》むるよりして、一己《いちにん》の身《み》の行状《おこない》を修《おさ》むるの道《みち》なり、人々日用《にちよう》の教《おしえ》にして貴賤老幼《きせんろうよう》のまなばでかなはざるものなり、中にも人の上《かみ》としては、元《もと》よりゆるがせにこころすべからず。古人《こじん》の詞《ことば》にも胸中《きょうちゅう》むなしくて徒《いたずら》に位《くらい》たかきは宮殿《きゅうでん》の内に塵器《ちりどう》をもてあつかふに異《こと》ならずと。しかるに斯道《このみち》を難《かたき》ことのやうに覚え侍るは元来漢字《がんらいかんじ》にして言葉《ことば》の異《こと》やうなるがゆえなり。今経典余師《いまけいてんよし》二十五巻《かん》をあらはし侍りて、さとしやすからしむ。能々読《よくよくとく》法《ほう》のおもむきを考《かんが》え合《あは》しなば、日《ひ》おもての雪《ゆき》のごとくならむ」とした。初め「自師」としたが、某氏のすすめで「余師」とした。「自ら学ぶ間に自ら師を得るが如し」から「余るほどに多くの師がある」への意味か。

碑銘によれば、渓百年は博学多能、経史百家はもとより、暦数（天文暦数）、韜略《とうりゃく》（兵法書の『六韜《りくとう》』・『三略《さんりゃく》』）、和歌、俗謡、農学、医学、卜占などに通暁、書はあらゆる書体を使いこなし、武は衆伎を綜合、砲術は荻野流、辞藻（詩や文章に使う美しい語）に富み、詩文を論ずるも辞は達するのみとした人であったようである。これらのことが『経典余師』には随所に活かされたと考えられる。

『経典余師』の教育的意味

『経典余師』は時流にのった。それは『経典余師』を受け入れる土壌がつくられていたからである。なぜ、庶民たちに受け入れられ読まれたか。当時の社会状況をみるに、藩校・私塾は、宝暦・天明ごろから増え始め、寛政・文政期にはその倍になる。藩校は儒学であるが、私塾は漢学塾以外に洋学塾や国学塾も出来、寺子屋も寛政期から文政・天保にかけて急増するといった状況にあった。そして、庶民は漢文を読みたいと願うようになっていった。つまり、庶民の教育熱の高まりがある。それに慶長ごろから始まった出版事業は、元禄までは京都（大阪も）、一八世紀ごろからは江戸でもさかんに行われるようになった。学校とテキストは揃ったがその中身が問われ、寺子屋で「ひらがなが読める」力のついたうえでの、さらなる学習——漢籍が読みたい、漢文の素養を身につけたい人の、漢文学習——のあり方に応じる、テキストの一つが示されたところに、渓百年の果たした役割は大きい。

特に書記方法——「訓読法」の理解＝書き下し文による文体の理解（「素読」という暗誦法による身体化）と、和訓による漢文の意味理解の工夫とにおいて、貢献することとなった。

【参考文献】

渓百年『経典余師』

『経典余師集成』影印（大空社、二〇〇九年）

安藤文雄「尚学館碑文」その六（『鳥城』一八号、一九八五年）

『鳥取藩史』五八巻（一九六七年）

安居總子「江戸期における漢文教育四、五―渓百年と『経典余師』（1）（2）」（『新しい漢字漢文教育』67号68号、全国漢文教育学会、二〇一九年）

鈴木俊幸『江戸の読書熱』（平凡社、二〇〇七年）

岸田知子『漢学と洋学―伝統と新知識のはざまで―』（大阪大学出版会、二〇一〇年）

第Ⅱ部　近世漢学教育施設の近代

第一章　閑谷学校の近代

竹原伸之

第一節　備前岡山藩主池田光政と郷学閑谷学校

閑谷学校《しずたにがっこう》は、寛文一〇年（一六七〇）に、岡山藩主池田光政《みつまさ》（一六〇九―一六八二）が、領内の村役人層を中心とする、庶民の子弟教育のために創設した郷学である。

陽明学《ようめいがく》者熊沢蕃山《くまざわばんざん》を登用し、藩政を確立した光政は、教育においても儒学を治国の理念に据えた。寛文六年（一六六六）、岡山城内の石山に藩士の子弟教育のため仮学館《かりがっかん》を設けると、同九年には学校奉行津田永忠《ながただ》、泉八右衛門等に命じて城下西中山下《にしなかさんげ》に藩校を建設した。一方、寛文八年（一六六八）には庶民の子弟教育のため、領内各郡に一二三か所の郡々手習所《ぐんぐんてならいしょ》を設置した。この時、和気《わけ》郡木谷村延原《のぶはら》（現、岡山県備前市閑谷）にも手習所が設けられたが、同一〇年に光政は津田永忠に命じて同地に庶民教育のための学校建設を計画、地名も閑谷と改めた。

寛文一二年、学房が竣工。翌年には講堂、次いで聖堂《せいどう》が竣工した。延宝二年（一六七四）

図１　重要文化財　閑谷学図（部分）　岡山県蔵

四月一日に木谷村二七九石が閑谷学問所領とされた。光政は、閑谷学校の永続を遺言し、永忠はその意志を継いで学校施設の改築・整備を進めた。一時整備は中断されたものの、元禄一〇年（一六九七）に再開され、同一四年に備前焼の瓦が葺かれた新講堂が落成。校地の周囲にはかまぼこ形の石塀が築かれ、校門（鶴鳴門）前には泮池《はんち》も設けられた。ここに閑谷学校の全容が整った。

閑谷学校では、領内庶民の子弟を中心に、若干の藩士や他領の子弟を含め、五〇～六〇名ほどの生徒が学房に起居しながら学問に励んだ。ここでは、藩校に準じ朱子学を学ばせた。

閑谷学校の特色の一つに、学田《がくでん》・学林という独立した経済基盤を持つ点があげられる。閑谷学校は、閑谷新田村[*1]一円を所持しており、村内の家屋敷もほとんどが閑谷学校の所有であった。そこに居住する百姓は本籍を他村に持つ一時的な入植者で、下作人として学校運営を支えた。また、藩から独立しているため下作人も含めた閑谷新田村自体が、領主の庇護の有無にかかわらず学校存続を図るためのシステムであり、領主や藩財政の動向に左右される藩営学校の学校領とは大きく異なっていた。

＊1　閑谷学問所領となった木谷村は、延宝八年（一六六〇）に同郡内の別地へ同じ石高で移され、元の木谷村は閑谷新田村と名付けられた。

第二節　閑谷《しずたに》精舎《しょうじゃ》の開校

創建以来二〇〇年にわたって続いた閑谷学校は、明治三年（一八七〇）に廃止となり、岡山藩校へ併合された。

明治初年の岡山県の教育

明治初年のわが国では、西洋化が急速に進められた。明治四年（一八七一）に廃藩置県が実施されると、岡山県庁はそれまでの教育を変革し、漢学を廃して専ら洋学を取り入れる方針を打ち出した。改革の中心となったのは、県の学校督事西《にし》毅《き》一《いち》*2とその補助加藤次郎である。西は「旧来の学風、詩賦に耽り経義に泥み時務に疎なるの陋習を一変させざれば実用の材生育せず、陳腐の漢学者を抗にし、反古同様なる漢書を焚かざれば人心振はず」とし、「多年辛苦蛍雪の労を積み、聊か学び得たる処の学を先づ自ら廃棄し（中略）、専ら英仏書を学ばしめ、名けて普通学校と云い」と、旧藩校を英・仏語を学ばせる「普通学校」に変えてしまった。また「和気の山奥なる閑谷に旧風を墨守するの学校あり、固陋の説を唱え頑愚の論を吐き、大いに文明進歩の妨碍を為す。是れ破壊せずんばあるべからずと。次郎と倶に馬に騎り意気揚々来って石壁の堅牢なるを望んで胸中聊か驚く処あり。令して之を壊てと云ふに石壁堅牢にして壊つ可からず。又命じて崩せと云ふに崩す可からず。茫然

＊2　西毅一（一八四三—一九〇四）　岡山藩家老池田家の家臣の家に生まれる。漢学者・森田節斎に学ぶ。廃藩置県後に学校督事となる。その後、岡山県参事を経て東京上等裁判所判事。致仕後、地租改正・自由民権運動等の中心的役割を果たし、後に閑谷黌を開校する。

＊3　明治一八年の閑谷黌第一回進級証書授与式における演説の一部、『蟲聲鳥語』西毅一、一八八七年。

＊4　岡本巍（一八五〇—一九二〇）　岡山藩士の子に生まれる。山田方谷を招聘して閑谷精舎を開校する。休校後同志社で教鞭を執るが、のち私立閑谷中学校の第二代校長となる。

＊5　谷川達海（一八五二—一九二一）　岡山藩士の子に生まれる。山田方谷の長瀬塾で学ぶ。岡本巍などと閑谷精舎を開校する。法律を学び代言人とな

自失、塾舎或教授の邸宅等一二棟打崩して帰る。」[3]と、閑谷学校については石塀を壊そうとまでしている。極端な話にも思えるが、西は普通学校についても、畳を剥がしてテーブルと椅子で授業を受けさせ、英語を読むのに暗いからといって天井を切り抜く、といった極端な行動をとり、徹底的に西洋化を進めようとした。

　このような県の施策に反発し、行動を起こしたのが、岡本巍《たかし》[4]や谷川達海《たつみ》[5]らであった。彼らはかつて西が開いた私塾[6]で学んでおり、同じ森田月瀬《げつらい》[7]に師事していた。和漢洋三学鼎立《ていりつ》の必要を数日にわたって論じると、その建言が採用され、校内に皇学所、校外に組織上は普通学校の隷下となる漢学塾「漢学支塾」[8]を設置し森田月瀬、星島良介を教師に据えた。

　この時、岡本と谷川は、直前に旧岡山藩士の中川横《なかがわよこ》太郎《たろう》[9]や島村久と一緒に阿賀《あが》郡刑部《おさかべ》（現、岡山県新見市刑部）の山田方谷（以下、「方谷」という）を訪ね、同塾の教師を依頼していた。方谷は、漢学者で旧備中松山藩士。名は球、通称は安五郎、方谷は号である。元は藩校「有《ゆう》終館《しゅうかん》」の学頭を勤めたが、藩主板倉勝静《かつきよ》に抜擢され、藩政改革を断行して成功に導いた。勝静が寺社奉行や老中となった際には、顧問として幕政へも参画した。明治二年（一八六九）からは自宅を拡張した長瀬《ながせ》塾で、翌三年には実母の出身地刑部《おさかべ》で小阪部《おさのべ》塾を開き、若者の教育に当たっていた。当時、小阪部塾へは地元の者だけでなく、備前や美作のほか豊後や常陸など遠方から方谷に学ぶために来ている塾生もいた。[10]当然ながら、そうした塾生を放って閑谷に行くことはできず、結局、方谷はこの依頼を断った。ただし、閑谷学校を再興すると

る。その後、士族授産を目的とした有終社を結成し、岡山紡績所の社長を務めるなど実業界で活躍した。

＊6　主君の岡山藩家老の池田博愛から岡山の西川に屋敷を得て南方精舎を開く。のちに力行精舎という。

＊7　森田月瀬（?—一八八八）備中庭瀬藩医・漢学者。森田節斎の実弟。

＊8　岡山の中山下旧岡山藩番頭高木有紋の邸宅に開いた。

＊9　中川横太郎（一八三六—一九〇三）岡山藩士の子に生まれる。廃藩置県後、岡山県の学務兼衛生主任となり、小学校の新設、医学校、閑谷学校の設立・再興、薬学校、山陽女学校の発展に尽力。また、士族授産のため、実弟杉山岩三郎と岡山紡績所を設立、児島湾開墾を計画するなど、文明開化期の岡山を

いうのであれば考えたい、という含みを持たせた。

これを受けて、閑谷学校再興の計画が動き始めた。岡本らは、岡山県庁の許可を得て、旧岡山藩主池田慶政《よしまさ》からは二〇〇〇円の助成を得た。方谷に閑谷学校再興の計画を伝えて了承を取り付け、ついに明治六年（一八七三）二月、閑谷精舎が開校した。

方谷は、閑谷へ向けて刑部を離れる際に、次のような詩を詠んでいる。

孤杖欲窮閑谷源　豈唯愛静避世喧、湖西遺教蕃山学　石室蔵書尚或存

湖西とは藤樹書院《とうじゅしょいん》、つまり陽明学者中江藤樹《なかえとうじゅ》のことで、蕃山とは熊沢蕃山のことである。方谷が閑谷学校を再興するのであればと返事をした背景には、自らが学んだ陽明学の先達である熊沢蕃山を追慕する気持ちがあったとも考えられる。

ただし、方谷としては「最初より（閑谷再興に）加談も可致と申迄に而、教授を請合候訳にては更に無之[*11]」とのことだったようで、方谷が嗣子《しし》耕蔵へ送った明治六年二月二八日付の書簡[*12]にも、二月一〇日頃再来して閑谷来館を頼まれたが、来春早々には行くと答えて引き取らせたことや、閑谷は中学校になるという噂があり、県の関与がある場合には断ろうとしたが、実際には元の計画通り同志のみでの再興で、元藩主池田慶政から二〇〇〇円の助成を得たこと、そして、訪問する日も、滞在期間もまだ決まっていないことなどが記されている。文面からは、岡本や谷川ら有志の強い思いに動かされる形での協力だった事がうかがえる。書簡の日付から考えると、三月になって閑谷を訪れ、「督する（督学＝学事を監督する）こと

指導した。

＊10　耕蔵への手紙によれば、四〇人ほどが在籍していた。山田準編『山田方谷全集』（山田方谷全集刊行会、一九五一年）二〇九〇頁。

＊11　興譲館主坂田丈平（警軒）を閑谷へ聘する書簡。＊10同書、一九七〇頁。

＊12　＊10同書、二〇八九頁。

月余」ののち、「以後春秋両度来遊督学を約して」閑谷を後にしたと考えられる。[*13]その帰路に知本館[*14]へ立ち寄って講義をしたのが五月であるから、閑谷を出たのは、四月末か五月になってからとなる。注目されるのは、県が関わった学校への協力を、方谷が拒絶しようとしている点である。そこには、それまで日本人の教育や道徳の中心をなしていた漢学をないがしろにして西洋化を進める政府や県に対する危機感や反骨心があったとも考えられる。こうして方谷は、平素は小阪部塾で教授し、春と秋に閑谷精舎を訪れて、それぞれ一～二ヶ月滞在して教授することとなった。

閑谷精舎の教育内容

閑谷精舎での教育方針について、方谷は一度目の訪問の際に次のように示している。

経業は、王学之大旨を篤と講究之上、朱学之取捨有之度事に御座候、道学之大本は如此、文字訓詁は清儒之考証に據候事、史学は和漢洋と段段順序を立て究読可有之、右三史共歴代制度之本末推究緊要之事、幼童より地理史学の二科を第一に教授之事、是も和漢洋万国と順序不乱候様可教事、漢文は尤力を用べき事、但其力に応じ日課又は月課之法可有之、尤達意を主とし、健筆を学可申事[*15]

注目されるのは、王学＝陽明学を基本にしている点である。方谷は、藩校や私塾では朱子学を学ぶよう勧めており、それは、江戸時代後期に陽明学が幕府から異学とされていたから

＊13　「山田方谷先生年譜」＊10同書、一二五頁。

＊14　知本館　久米郡吉岡村大戸（現、久米郡美咲町）に、方谷の門人福田久平らが設立した私塾。方谷は閑谷往復の途次に立ち寄り、講義した。

＊15　＊10同書、一九六九頁。

とも、初学の者が誤って理解することを心配したからとも言われている。旧閑谷学校では、創設以来講堂に朱文公学規を掲げて朱子学が行われてきた。それにもかかわらず、陽明学を教授した背景には、前掲の漢詩にあるように、追慕する熊沢蕃山ゆかりの地ということがあったであろうか。

なお、明治六年（一八七三）一〇月一六に決定した閑谷精舎規則[*16]によると、学科を「変則下等中学兼尋常小学」とし、教則として「中学・小学とも御規則に照準し、時限の余暇を以て漢学修業」として、次のとおり履修内容を示している。

上等生　修身・政事・六経・王子全書・経世論・諸子百家之類必読
中等生　歴史・通鑑・左伝・日本史・明律・文範之類必読
下等生　歴史初歩・史記・政記・十八史略・元明史略・日本外史之類必読

閑谷精舎の教職員

閑谷精舎には、方谷以外にも数人の教職員がおり、方谷が留守の間も教育が行われた。閑谷精舎の運営記録の一つに、「閑谷精舎諸雑費明細帳」[*17]（以下、「明細帳」という）がある。現存するのは明治七年の一年分だけであるが、ここには教職員の月棒、書籍・調度品・諸道具等の備品購入費、日常生活で用いる様々な物品や建物の新築や修繕にかかった費用等の諸雑費が、項目ごとに、また月ごとに記載されており、同校の運営実態を知る手がかりとなる。

＊16　「遺芳館諸規則留」岡山大学附属図書館所蔵池田家文庫R２—20。

＊17　閑谷精舎の会計本並観誉が記した帳簿。明治七年（一八七四）一年分の記録が一月から一一月と一一月から一二月の二冊にまとめてある。後者は「閑谷精舎諸雑費明細簿」と少し名称が異なる。
　加原耕作「閑谷精舎の運営に関する若干の考察」（『閑谷学校研究』６号（特別史跡旧閑谷学校顕彰保存会、二〇〇五年）四五頁、加原耕作「資料紹介明治七年「閑谷精舎諸雑費明細帳」」、同書、九一頁。

これには領収書等をまとめて綴った「閑谷精舎月棒備品諸雑費共証書」が付随しており、細かな管理がなされてたことが分かる。

この中から方谷以外の教職員を拾い上げてみると、教師では、読書教師として千原定業（月棒三円二五銭）・瀧本潤身（同二円）・結城顕（同一円五〇銭）・鎌田宗平（同九円）の四人、数学教師としては児島辰五郎（同三円）一人、事務職員では会計の吉田亀男（同四円）と本並観誉（同二円）、雑務の鈴木好蔵（同三円）、および中山嘉太郎（同三円）ほか五人の小使であった。

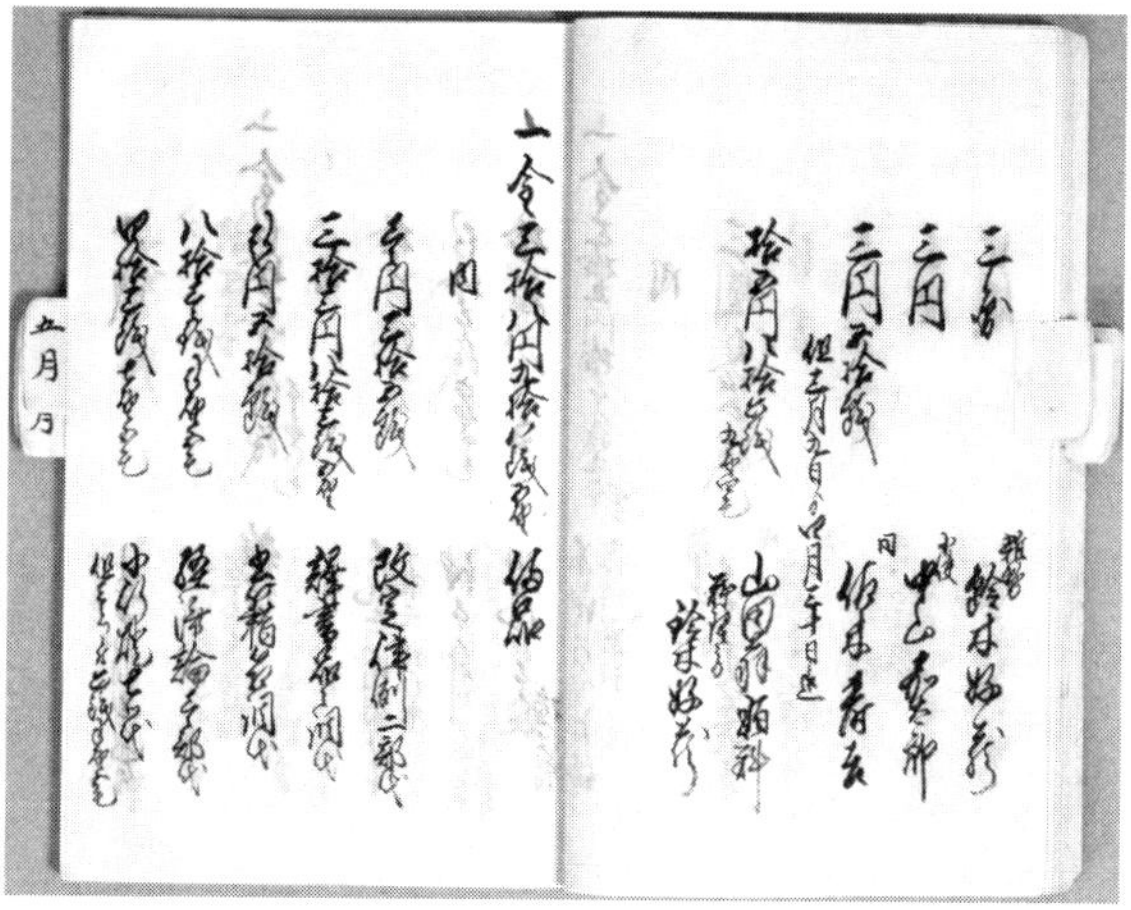

図２　閑谷精舎諸雑費明細帳　特別史跡旧閑谷学校顕彰保存会蔵

教師のうち千原は、もとは閑谷学校の読書師であり、明治二年七月から閑谷学校が閉鎖されるまでは見届役教授役助役を務めていた。瀧本と結城は旧岡山藩士。瀧本は、方谷の長瀬塾時代からの門人で、方谷が小阪部へ移った時にも随行して「監講」をつとめた。兒島の詳細は不明であるが、唯一の数学和算教師として明治七年二月から着任したものの、八月末で辞している。その後、数学教師補充はみられない。鎌田は旧備中松山藩の儒者で方谷の門人、号を玄溪といった。閑谷への訪問が限定的となる方谷が推薦して招いたと考えられる。月棒を見ると鎌田は他の教師の三倍ほどもあることから、督学的な立場であった可能性もある。

明治八年（一八七五）秋、鎌田が教師を辞したため、今度は、備中西江原（現、岡山県井原市）の漢学者・坂田《さかた》警軒《けいけん》[*18]を迎えようと岡本巍が井原を訪れている。警軒は井原の私学興譲館の館長を務めていたので、当然ながら辞退したが、岡本の再三にわたる依頼と、刑部に塾を抱える方谷から、自らも塾生一〇〜一五人を閑谷に呼んでいることや、期間を一年間にすることなどの助言を添えた書簡での依頼もあり[*19]、ついに一年間の来校を承諾。八年冬に興譲館の生徒全員を率いて来校した[*20]。

一方、方谷自身は、明治八年二月に五回目の閑谷来訪を果たすが、すでに七一歳となり、病気で「手元混雑之事多々有之候上、夙と耳疾に罹[*21]」り、という状態となっていた。

閑谷精舎の経営

閑谷精舎の経営は、岡本巍や谷川達海、島村久などが当たった。彼らが方谷を招聘して閑谷学校を閑谷精舎として再興したことは既に述べたが、彼らは自らも生徒に名を連ねながら、校地・校舎の引受人（管理責任者）を兼ね、教師の招聘も行った。

方谷の閑谷精舎来校と諸入費について、前出の明細帳をみると、方谷が小阪部・閑谷間を行き来する際には、岡本や谷川らが必ず送迎している。明治七年三月に訪れた際には岡本が迎えに行き、その際の諸経費として一五円を要している。方谷を送り届けた帰りの一人分の

＊18　坂田警軒（一八三九―九九）明治時代の漢学者・政治家。名は丈、通称は丈平、警軒は号。初代興譲館校長阪谷朗廬の甥。同校の第二代校長をつとめる。のちに衆議院議員にもなった。

＊19　＊10同書、一九七〇頁。

＊20　＊10同書、一三二頁。この後は月ごとに興譲館と閑谷精舎を行き来して教授した。

＊21　＊10同書、一九七〇頁。

旅費が七五銭であったから、[*22] 一五円は二〇人分の旅費に当たる。方谷は七〇歳を過ぎていたから、津山まで駕籠を利用し、津山から和気まで高瀬舟に乗って吉井川を下ったと仮定して、その経費を引いたとしても、なお十数人分の塾生が同行していた可能性がある。同様のことが「山田翁賄料[*23]」と記された方谷滞在中の経費についてもいえる。一カ月一五円を超える高額であるが、これも連れてきた塾生分が含まれるとすれば納得できる。

そのほか、明細帳の記載を見ると紙が大量に購入されている。江戸時代、閑谷学校では、硯・墨・筆・紙などは、すべて無償で支給されていたが、閑谷精舎でも紙は支給されていた可能性がある。また、書籍についても、文庫[*24]に納められた旧閑谷学校の書籍を引き継いでおり、備品として新たに購入もしているから無償であったと思われる。明細帳には、いわゆる授業料の記載が見られない。閑谷精舎の収入については、設立時に旧藩主池田慶政から得た二〇〇〇円以外は不明であるが、明細帳に記された明治七年の総支出額が五六八円八二銭九厘八毛なので、ほかに収入がなければ、四年を待たずに経営が行き詰まることになる。

一二月分の記録の中に「十三円　山田翁へ謝儀五拾圓、内三拾七円生徒ヨリ集、残拾三円当校ヨリ補助」と記された方谷への謝金についての支出がある。残りを補助という書きぶりから、五〇円という額は決まっており、生徒分で足りない分を支出したと考えられる。この謝儀は今回だけなのか、記載の無い春の訪問時にも渡していたのか、そもそも方谷は、これを受け取ったのかどうか。残念なことに受け取りを綴った「閑谷精舎月棒備品諸雑費共証書」

＊22　この年二回目の訪問時の迎えの際の往路と、送った後の復路の片道分の一人分の旅費として七五銭が記録されている。

＊23　「明細帳」には各教職員の月棒が記されるが、方谷だけは賄料と記され、料理方鈴木好蔵に支払われている。

＊24　江戸時代の閑谷学校で用いられた典籍類をおさめた書庫。一部関連の資料を交えた四〇四一点が重要文化財に指定されている。

は一二月分だけ残っておらず、詳細は不明である。ちなみに、生徒から集めた三七円を、この年の生徒数六七人[*25]で割ると一人五五銭余りとなる。前掲の明治六年二月二八日付けの耕蔵宛書簡の中で方谷は、「拙者方は月給などと申事は勿論実は此方より持出しをいたし候而助勢中興之計を成し申度位之事に御座候、乍去路費其外入費之処は先方にていか様共いたしくれ可申、謝礼等は望む処に無之候」と記し、謝礼は望んでいないとしている。[*26]

閑谷精舎の廃止と遺芳館

明治九年、方谷は七月になって、ようやくこの年一度目の訪問を果たすが、これが最後の閑谷訪問となった。前年の冬から閑谷を訪れていた警軒も一年後に去ると、生徒は次第に少なくなった。資金も欠乏し、明治一〇年には諸有志の間で一時閑谷を休校とし、時機を得て再興すべきという意見が起こった。方谷も、遺憾とするも策はなく同意したので、同年四月、その支校を岡山に設け、閑谷精舎はついに休校（実質的な廃止）となった。これが、岡本巍が自叙伝にも記し、そのほか山田方谷全集などにも記されている閑谷精舎廃止までの経緯[*27]である。

しかし、岡山県へ提出した文書[*28]では、その内容がかなり異なっている。

まず、明治九年（一八七六）五月一五日、閑谷精舎引受人の谷川達海と岡本巍から「閑谷私学廃止之届書」が、岡山県令に提出されている。次いで六月二九日付けで岡山の私塾遺芳

＊25　『遺芳館生徒人名録』岡山大学附属図書館所蔵池田家文庫　R2―18　年ごとの名前数は明治六年五五人、同八年六五人、同九年四八人、同一〇年五一人である。

＊26　中学校の教師となった門人進鴻渓の給与と比較している。＊10同書、二〇九〇頁。

＊27　閑谷黌開校式の岡本巍の演説の一部。『改訂　閑谷学校史』（福武書店、一九八七年）、二〇一頁。

＊28　『遺芳館沿革記』岡山大学附属図書館所蔵池田家文庫　R2―17。

館が閑谷への移転届書を同県令に提出し、それには同校教師として山田安五郎（方谷）と坂田丈平（警軒）の名前が記されている。その後、遺芳館は、同年七月一〇日付けで、閑谷学校地ならびに建家一切の永年借用を認められ、九月九日には学校地所、および石塀内の建物を残らず譲り受けている。当時、同地は備前第十八区の共有地となっていたので、同区区戸長五名から、中川横太郎・西毅一・杉山岩三郎（中川横太郎の実弟）ら一四名の代理として岡本巍・谷川達海・青木秉太郎《へいたろう》に定約書が出されている。

遺芳館は、明治六年（一八七三）一〇月に小松原英太郎*29・岡田純夫などによって設立された私立学校である。明治五年二月、岡山県は新たな時代の学校として藩校のあとに普通学校を設立し、外国人教師をはじめ高額の洋学教師を招聘した。ところが、学制領布後の文部省布達*30により、同年一〇月には廃止とされた。学校督事の西は、なんとか公立としての存続を探ったが成功には至らず、結局、小松原・岡田らが同校の校舎や教材をそのまま借用する形で私立学校として遺芳館を設立し、有志による寄付で運営資金などを賄うこととした。遺芳とは、芳烈公（＝池田光政）の遺業を継ぐという意味であり、この名を用いて旧岡山藩士族ほか有志から寄付を募った。

明治八年（一八七五）一一月に小学校教員の養成学校であった温知《おんち》*31学校が、遺芳館のある旧藩校跡に移転することとなり、遺芳館は校地や施設、書籍についても返却を迫られた。一旦は旧岡山藩士・林直栄の屋敷に場所を移すが、翌明治九年五月一五日には休業し、教員

＊29　小松原英太郎（一八五二―一九一九）備前国御野郡（岡山市）の農業・鰻問屋の長男として生まれる。普通学校へ通い、閑校後遺芳館をつくる。『評論新聞』や『朝野新聞』に入ったのち岡山で『山陽新報』を創刊。その後官僚となり埼玉県知事や内務省警保局長、司法次官、内務次官などを歴任。三三年から貴族院議員に勅選され、同年一一月『大阪毎日新聞』社長となる。第2次桂太郎内閣で文部大臣をつとめた。閑谷保黌会の理事長をつとめた。

＊30　文部省布達第一三号（府県学校悉皆廃止令）。

＊31　明治七年六月、岡山県が小学校教員養成の目的で、岡山城内西の丸に設置した学校。

を悉く免じた。この時、遺芳館生徒一六六名のうち七六名が、温知学校から名称の変わった岡山県師範学校[*32]へ移った。そして六月一五日付で私学遺芳館結社引受人が、新たに青木秉太《へいた》郎《ろう》・岡本巍・谷川達海の三名へ引き継がれ、六月二九日付けで閑谷移転の届書が提出されている。

閑谷精舎と遺芳館は、それぞれ閑谷学校と藩校という池田家ゆかりの学校の流れを汲む。閑谷精舎は開校時に旧藩主池田慶政から二〇〇〇円の助成を受け、遺芳館は明治七年一月から月一〇〇円、明治八年一〇月以降は賞典禄の三分の一、五九七石九斗八合九勺の経済支援を池田家から受けている。閑谷精舎は漢学、遺芳館は洋学中心の教育内容であるから、そのまま生徒を受け入れて一つの学校にすることは実質的には難しかったと思われる。ここでは、教員を免じて実態のなくなった遺芳館の名前を、閑谷が引き継ぐことで、池田家からの支援を継続させたのではないだろうか。中川横太郎のように両方の事情が分かる支援者や有志者がいたから、そうした方策も十分考えられる。

「遺芳館買入器械簿[*33]」には、閑谷精舎の購入品についても、明治六年一月以降、購入月ごとに記してある。明治九年五月分の見出しの下に「以下閑谷精舎ヲ遺芳館ト改称後買入ノ分」と註が付してある。さらに、同年一二月分の次に「岡山遺芳館買入之分」として明治八年九月分・同一二月分・明治九年一月分が記録され、主に書籍類が購入されている。その後「遺芳館分校買入之分」として明治一〇年六月分が記されて終わりとなっている。帳簿の最後に

＊32　明治九年三月、温知学校が岡山師範学校へと名称変更した。

＊33　「遺芳館買入器械簿」岡山大学附属図書館所蔵池田家文庫　R2―24。

＊34　小野楨一郎（一八五二―

は、明治一〇年九月として、小野楨一郎[*34]と武田観誉の名が記されている。文字にそれほど変化が見られないので、明治一〇年九月にまとめて記され、池田家の記録として残されたものと考えられる。

なお、明治一〇年六月分の遺芳館分校とは、閑谷遺芳館岡山仮分校[*35]のことで、校地は御野《みの》郡下田町四番の杉山岩三郎屋敷であった。小野楨一郎がこれを担当し、岡本と青木秉太郎が総監した。六月一一日に開校式を行い、一九日に教師を届け出た[*36]。それによると、教師は、坂田丈平（警軒）、犬養清蔵、小野楨一郎、そして英学教師に師木庭繁、秋庭濱太郎、生徒は六〇名、坂田と犬養は助教として雇うこととしている。八月になって規則も定められている。

ただし、これも同年内に形を変えることになる。明治一〇年、東京上等裁判所判事を辞職した西毅一が帰郷し、杉山岩三郎・青木秉太郎とともに池田家に資金を求め、私立池田学校を設立した。これは閑谷遺芳館岡山仮分校と力行精舎[*37]を合併して設立したもので、漢学・英学・数学の三科を教授している。同年一一月には、おそらく名目のみ閑谷に所在した遺芳館を池田学校と改称する届けが、引受人青木秉太郎から岡山県令あてに提出されている[*38]。この時、杉山岩三郎・青木秉太郎・草加廉男が、池田家から池田学校の事務一切を委任され、あわせて月一〇〇円の支援を得ることになった。これにより生徒の数は増加。西は、外務省と交渉し、英語教師としてアメリカ人ヲテス・ケレーとセムス・ハーレス・ペテーの二名を五

一九三一）岡山城家で生坂藩士の子として生まれる。八歳で山田方谷に師事。のちに閑谷精舎・遺芳館で学ぶ。岡山県庁に入り、岡山県警部、吉野郡長、学務課長、岡山師範学校長や御津町長を歴任。明治四〇年から閑谷保黌会理事長をつとめた。

＊35　「其黌ヲ閉サシ、岡山ニ移シ以テ一私塾トナシ、尚閑谷精舎ノ名ヲ存シテ以テ之ヲ維持ス」と岡本が閑谷黌の開校式に演説している。＊27同書、二〇一頁。

＊36　「遺芳館沿革記」岡山大学附属図書館所蔵池田家文庫R2—17。

＊37　＊6にあげた力行精舎との関係は不明であるが、西毅一が関係した私塾と考えられる。

＊38　「閑谷保黌会関係書類写」岡山大学附属図書館所蔵池田家文庫　R2—26。

年契約で招聘した。しかし、同校もまた明治一三年に池田家から資金を断たれ、閉校となる。生徒や教師の困惑を見かねた西ら有志は、契約期間の残るケレーとペテーも雇用すべく原泉学舎[*39]を設立した。

第三節　閑谷黌の開校

閑谷保《ほ》黌会《こうかい》の発足と閑谷黌《しずたにこう》の開校

明治一四年（一八八一）春、西毅一、中川横太郎、岡本巍の三名が、再び閑谷学校再興を唱えた。主唱者は西である。この頃、旧岡山藩士とともに和気郡有志の間でも、閑谷学校廃絶を惜しむ声と同郡内に中学校程度の学校設立を希望する声があがり、再興熱が高まっていた。同年七月二七日、旧岡山藩士族の森下景端《かげなお》・花房端連《まさつら》・新庄厚信《あつのぶ》[*40]を発起人とし、「閑谷保黌会」（以下、「保黌会」という）を発足した。その目的は「閑谷黌を永遠に維持し、以て子弟を教育するにあり」（閑谷保黌会定款第三条）である。備前八郡の各郡長とはかって有志者から義捐金（これを保黌金とよんだ）を募った。この保黌会が、のちに再興される閑谷黌の学校経営の中心的役割を果たすことになる。

明治一七年（一八八四）七月、各郡の保黌金募集が順調に進んだことから、八月を以て閑谷黌を開校することになった。保黌会監に大森安太郎・岡本巍・三村久吾の三氏を選任し、

＊39　英語教師としてアメリカ人ヲテス・ケレーとセムス・ハーレス・ペテーの二名を雇い、漢学・英学の二科を教えたことが明治三六年六月作成の西の履歴書（岡山県立和気閑谷高等学校蔵）に記されている。同校は、明治一七年七月まで存続した。難波俊成「西毅一と原泉学舎について」（『閑谷学校研究』23号、特別史跡旧閑谷学校顕彰保存会、二〇一九年）五七頁。

＊40　森下景端（一八二四―九一）・花房端連（一八二四―九九）・新庄厚信（一八三四―一九〇四）は、いずれも旧岡山藩士族で、明治時代に政治家や実業家として活躍した人物。森下は初代大分県令、花房は初代岡山市長、新庄は岡山県権令、のちに岡山市長。

西毅一を教頭とし八月一日に開校式を行った。開校式には岡山県令高崎五六《いつむ》をはじめ学務課長の小野楨一郎、中川横太郎ほかの再興発起人、邑久・磐梨・赤坂の各郡長等が列席した。

前年に制定された閑谷黌規則には、「主トシテ漢学ヲ教ヘ、兼テ英学・数学ヲ授ケ智徳ヲ研磨スル所トス」とある。しかし、この年は西教頭が担当する漢学と、田中音松が教授する数学を行い、英学は翌年一〇月から実施された。生徒数は、当初五六人であったが、その後増え続け、この年の入学生は一〇六人であった。

閑谷黌の充実発展

閑谷黌での教育は、教頭（のち校長）西毅一のもとで、塾舎を中心に行われた。明治一八年五月二八日、西は同校の教育に専念するため一家で閑谷に移住した。この年、新たに一棟三房を建て、塾舎は五棟一六房となった。一一月にはテーブルとベンチを導入している。また、八月四日には明治天皇の山陽道巡幸があり、徳大寺侍従長の訪問を得た。

明治一九年三月、開校以来要望していた旧藩主池田家からの学資補助金のうち、一時金として池田章政より二〇〇円、慶政より一〇〇円、茂政より一〇〇円が下された。五月からは西が校長兼漢学教師となった。

この年、公布された中学校令[*41]では、中学校を「実業ニ就カント欲シ又ハ高等ノ学校ニ入らんと欲スルモノニ須要ナル教育ヲ為ス所トス」と位置づけ、同年六月制定の「尋常中学校ノ

＊41　明治一九年四月一〇日に勅令として発令された。中学校を高等中学校と尋常中学校にわけた。高等中学校は後に高等学校となる（旧制高等学校）。

学科及其程度」では、修業年限を五年とするなどの規定が示された。

明治二〇年（一八八七）七月、閑谷黌の規則改定を行い、その目的を「本校は、英学・漢学・数学ヲ授ケ、智徳ヲ研鑽スル所トス」とした。漢学よりも前に英学を挙げた点が注目される。また、本科の卒業年限を三年として学年制を採用し、一年間を前後期に分けた。さらに、本科とは別に予科・別科を設置した。また、六時間の兵式操練が定められた（表1）。

明治二二年（一八八九）五月、本科最初の卒業式が行われ、卒業生は三名であった。

明治二六年（一八九三）、目的を「高尚ノ徳性ヲ養ヒ普通ノ学識ヲ授ケ、以テ有用ノ人材ヲ成ス」とした。学科課程に倫理・地理・歴史の三科を増加し、さらに、漢学部・英学部の二つの選科を設置し、修業年限を二年とした。

明治二七年（一八九四）、理財科を設置し、修業年限を三年とした。四月に再興満一〇年の祝典を挙行した。西が県会議長に書面で来校を依頼し、議員団が視察に訪れた。これを契機に、岡山県から一〇〇〇円の補助が決まり、以後継続された。

明治二八年（一八九五）、保黌会で清・韓二か国語科の増設が決議され、朝鮮語科は五月から開設され、翌年九月まで授業が行われた。清国語科は開設されなかった。

明治二九年（一八九六）一月、始業を四月に変更することを決定した。

このように、閑谷黌は西のもとで漸次施設が整備され、規則に変更が加えられた。ただし、それは明治政府が進めた中学校の規定に近づけたというのではなかった。明治一四年

（一八八一）に発令された中学校教則大綱*42では中学校として必要な学科が示され、同一七年（一八八四）の中学校通則*43では、少なくとも三人が中学師範科卒業者、または、大学卒業者でなければならないといった教員の規定や、体操場や試験室など設備の規定が設けられていた。そして、前掲の中学校令を経て、明治三二年（一八九九）に出された改正中学校令*44ではその目的を「男子に必要な高等普通教育を施すところ」とし、中学校を上級学校進学のための教育機関と位置づけた。同年の中学校令施行規則により、編成や施設等を細かく規定し、中学校の画一化を図っている。一方、閑谷黌はそうした中学校の性格とは開校当時から一線を画し、岡山藩校や閑谷学校の伝統を継ぎ、西

学科／学年	予科	第一年 前六期	第一年 後五期	第二年 前四期	第二年 後三期	第三年 前二期	第三年 後期	毎週各授業時間
英学	スペリング	ウイルソン第一読本 ウイルソン第二読本 習字	バーレー万国史 ミッチェル地理書 書取 習字	グードリッチ合衆国史 モーレー文典 イーチー会話 書取	カッケンボス物理学 ホーセット経済書 スウイントン万国史 口授会話	ヨング政体初歩 ウエーランド修身書 スチューデント英国史 英和互澤	ギゾー文明史 ベンザム立法論綱 ゼボン論理学 ベイン心理学	一二時間
漢学	素読	考経 国史略 正文章軌範 片仮名記事論説	靖献遺言 十八史略 正文章軌道 片仮名記事論説	論語 日本外史 続文章規範 漢文書序題跋	論語、左傳 史記十傳 八大家 漢文書序題跋	孟子 左傳 八大家 漢文時務策		九時間
数理学	算術 自釋義 至分数	算術	算術	代数	代数 平面幾何	代数 平面幾何	立体幾何 円錐曲線法 平面三角術	九時間
兵式操練	生兵学	生兵学	生兵学	生兵学	生兵学	中隊学	中隊学	六時間

表１　閑谷黌における明治20年制定学科課程表
『閑谷學史』（閑谷學、1902年）を基に作成。旧字を新字に改めた。

*42　明治一四年七月二九日付けで文部省から出された。中学校を初等、中等の二級に分け、各学科を示した。これにより従来のように二～三の学科構成で中学校を作ることができなくなった。

*43　明治一七年一月二六日付けで文部省から出された。教員の資格規定により、地方ではそれらの学科を担任する教員の採用が困難となった。

*44　明治三二年二月七日付けで勅令として出された。翌日に文部省令として出された中学校編制及設備規則（抄）では様々な規制を示して中学校の内容を高い水準で揃えようとしている。

毅一の主導のもと教育を行ってきた。それは塾舎中心の小集団の、地方有為の人材の養成機関としての特質を持っており、法令上は各種学校に位置づけられていた。もし、これが中学校となれば、法令に拘束され、大規模化したうえ、画一的教育にならざるを得ない。保黌会内には閑谷黌の中学校化に反対する意見も少なくなかった。

閑谷黌の財政危機

明治三〇年代になると日清戦争後の不景気が大きく影響し、閑谷黌も厳しい財政危機に陥った。

閑谷黌現在維持の基本たる保黌会の資金は、元来僅々一万円未満の金額なりしも、種々の方法を以てこれを貨殖し、或は会員其他の義捐を募集し、或は一時県税の補助を得たる等にして、辛ふして之を維持せしも、開黌以来年々の黌費及教場塾舎等の新築・改造、又は時々天災破損の修繕等、不得止之費途に支障したる金額も亦少なからす、現今に至ては基本残余の金額僅に三千余円に過きす。此些々《ささ》たる金額を以、到底永遠に之を維持し得へきにあらす[*45]

右は保黌会の認識であった。極めて困難な経営状況の中、西は同校を旧藩主池田家の事業として位置づけ、池田家の保護のもとで存続を図ることを考えた。前述のように閑谷学校を創設した池田光政は、学田・学林を設け閑谷学校を藩や藩主池田家とは独立した存在にして

＊45　明治三三年保黌会から池田家への建言書。＊27同書、二三一頁。

永続を願った。明治三三年（一九〇〇）当時、学校の地所・建物などは池田家の所有となっていたから、池田家が経営する私立学校となることが、光政の遺訓にも沿うと考えた。このことは、保黌会長・香川真一[*46]を通じて池田家に建言され、その結果、池田家から、年間二千円の助成を得ることとなった。ただし、閑谷の運営は保黌会にすべて任せるとされ、池田家の事業となることはなかった。

明治三二年、岡山市に高等学校を誘致する運動が起こり、大変な盛り上がりを見せた。三月になって第六高等学校の岡山設立が決定し、翌年九月の開校が決まった。保黌会としては、この第六高等学校と連絡することが極めて重要であると考えた。

官公立ノ諸学校続々勃興シ、既ニ本年（明治三三年）ハ岡山ニ第六高等学校ヲ設立セラルルニ至ル。此優勝劣敗之裡ニ於テ、将来独リ閑谷黌が依然不完全ナル学科ヲ固守スルトキハ、如何ニ其地遊邃閑雅ニシテ著名ナル名黌ナルモ、又如何ニ黌長西毅一ノ鋭意熱心ニシテ薫陶其宜ヲ得ルモ、漸次哀頽ニ至ルハ勢ノ免レサル所ナリ。依テ此際、現今ノ学科程度ヲ高メ特別認可ノ学校トナシ、岡山ニ設置セラルル第六高等学校ト連結スルハ目下極メテ急要ノ事態ナリ[*47]

卒業後に高等学校へ連絡するためには中学校となる必要があり、今やそれなくしては学校経営が立ち行かない状況であった。しかし、それでも保黌会内には中学校化へ反対する意見が少なくなかった。明治三二年改正の学科課程では、理科と体操を加え、中学校に合わせたが、

＊46　香川真一（一八三五―一九二〇）　岡山藩士の子に生まれる。明治後は第1回欧米視察団に選ばれる。帰国後、伊万里県参事等を経て第2代大分県令を務めた。その後岡山に戻って実業界に転じ、第二十二国立銀行、岡山紡績等の取締役や、岡山商業会議所会頭などを歴任した。明治二〇年に岡山県会議員に当選し、明治二四年（一八九一）には議長となった。

＊47　明治三三年九月二〇日、保黌会が池田家に提出した建言書の一部。＊27同書、一三六頁。

学科／学級	倫理	漢学科			英語科				数学科				地理	歴史	理財	理科	作文	体操	合計
		講義	輪講	習字	読方	講読	書取習字	会話、文典、反訳、作文、綴字	算術	代数	幾何	三角							
一年	朱子小学外篇	近古史談	秋山編漢文読本一・二	長三州 天地帖	カンベ 英語読本一・二・三	ナショナル読本 一・二・三	習字	綴字	算術教科書				山上編（日本ノ部） 新編地理	芳賀矢一編 新撰帝国史要		三根正亮著 新撰理化示教	尺牘文	兵式	一二科
一週時間	一	二	三	毎月二回	二	四			五				二	二		二	一	五	三〇
二年	同上内篇	正文章規範	同上 三・四		同上 三	同上 三・四	書取	イーストレーキ 熊本 合著 英語会話、教科書		長澤著 代数教科書	菊池編纂 平面幾何		角田政治編（外国ノ部） 新編中学地誌	棚橋一郎著 中等教育東洋史		村松、斎田合著 植物教科書 五島清太郎著 普通動物学	記事文	兵式	一三科
一週時間	一	二	三		三	二	一	二		三	二		二	二		二	一	五	三〇
三年	論語	謝選拾遺	同上 五・六・七		同上 四	フランクリン自伝		同上		同上	同上			箕作元八編 西洋史綱		吉田彦六郎著 新撰化学教科書	記事論説	兵式	一一科
一週時間	一	二	三		三	三		三		三	二			二		三	一	五	三〇
四年	同上	続文章規範	同上 八・九・一〇		同上 五	マーデン氏プッシング、ツーチフロント		ネスフィルド 新英文典			菊池編纂 立体幾何	菊池編纂 平面三角法		同上	経済学	水島久太郎著 近世物理学	論文	兵式	一二科
一週時間	一	二	三		三	二		二			二	三		二	三	二	一	五	三〇

表２　閑谷黌における明治33年制定学科課程表
『閑谷學史』（閑谷學、1902年）を基に作成。旧字を新字に改めた。

一方で、修行年限は中学校が五年であるにもかかわらず、四年となっていた（表2）。そして、池田家から二〇〇〇円の助成を受けることに成功した際、中学校化を一旦中止しようとした。結局、池田家から助成は中学校組織への更改が条件として拒否され、中学校化に踏み切ることとなる。こうして明治三五年に学則を改正し、中学校令及び中学校令施行規則に準拠して、中学程度の学科を置き、別に漢学専修科を置いて生徒定員を四〇〇人とした。

第四節　私立閑谷中学校の発足と県営移管

明治三六年（一九〇三）四月、閑谷黌は私立中学校の認可を得て、私立閑谷中学校と改称し、西が校長に就任。今後は県費三〇〇〇円の補助を受けることとなった。翌年、西の死去により岡本巍が校長に就任すると、八月には校名を私立中学閑谷黌と改め、閑谷黌の伝統を引き継ぐ学校であることを示した。一二月には徴兵令第十三条による認定を受け、卒業生が志願兵として予備将校になる道を開いた。また、同年四月から県の補助金を受けて新校舎建設に着手し、翌年二月に完成した。[*48]

明治四〇年（一九〇七）、県から師範学校を閑谷黌に移転したいとの内交渉が保黌会になされた。旧藩校跡地にあった校舎が手狭になったことや校舎の老朽化が理由であった。保黌会理事長小松原英太郎はこれを推進し理事会でも多数が賛成、池田家も賛成した。これには

＊48　現在の閑谷学校資料館。二〇〇一年に国の有形登録文化財に登録されている。設計は江川三郎八。

次年度から県の補助金が削減される可能性があったことや、学校としての所有を希望していたかつての学林が池田家の所有と決定し、将来の財政基盤のあてがなくなってしまったことも背景にあった。結局、校長の岡本らの猛反発により中止とはなったが、岡本は校長を辞任し、小松原をはじめ理事も総辞職した。

明治四三年（一九一〇）池田家から補助金を本年限りで廃止するとの知らせがあり、保黌会理事長小野楨一郎は継続の嘆願書を六月二六日に提出した。この結果、明治四四年からも引き続き補助金が支出されることになった。また、保黌会は明治四三年八月に和気郡会に陳情し、翌年正月郡会は毎年三〇〇円（のちに五〇〇円）の補助金を支出することになった。

明治四五年には、私立中学閑谷黌維持会を設け、保黌会の資金充実を図ることを目的として一口を五円として醵金を始めた。しかしこれも財政難を克服することはできなかった。

その後、私立中学閑谷黌は、大正八年（一九一九）四月に二字を削って中学閑谷黌となり、二年後の大正一〇年（一九二一）四月、県営移管を遂げて岡山県閑谷中学校と改称する。

県営移管は、私学としての長所をなくしてしまうと反対する声も当然あったが、安定した財政基盤と充実した施設の下に、閑谷黌・閑谷学校以来の伝統を生かした教育が行われるならば、地方教育の振興に益するところが大きいとの見解に帰着したのであった。

岡山県閑谷中学校は、この後入学希望者を増やし、大正一四年度以降は一〇クラス規模の学校として戦後まで続くこととなった。

【参考文献】

岡本巍『自叙年譜』
特別史跡旧閑谷学校顕彰保存会「閑谷学校研究」六・二三号（特別史跡閑谷学校顕彰保存会、二〇〇五・二〇一九年）
閑谷黌編『閑谷黌史』（閑谷黌、一九〇二年）
『閑谷黌沿革』（保黌会、一八八五年）
備前市教育委員会生涯学習課編『「学びの原郷　閑谷学校」報告書　世界遺産登録をめざして』（備前市、二〇一五年）
『増訂　閑谷学校史』（福武書店、一九八七年）
岡山県立岡山朝日高等学校資料館編集『岡山朝日高等学校校史資料』第一〇集（岡山朝日高等学校資料館、二〇一〇年）
岡山県史編纂委員会編纂『岡山県史』第10巻　近代1（岡山県、一九八六年）
ひろたまさき・倉地克直編著『岡山県の教育史』（思文閣出版、一九八八年）
『岡山県教育史』上巻・中巻（山陽新聞社、一九八一年）
山田準編『山田方谷全集』（山田方谷全集刊行会、一九五一年）

第二章　咸宜園教育の変遷と近代

溝田直己

第一節　廣瀬淡窓と咸宜園創設

江戸時代の後期である文化一四年（一八一七）二月二三日、豊後国《ぶんごのくに》日田郡《ひたぐん》（現、大分県日田市）において、日田豆田町《まめだまち》の商家の長男であった廣瀬淡窓《ひろせたんそう》（一七八二―一八五六）は、伯父・秋《しゅう》風庵月化《ふうあんげっか》（廣瀬平八《へいはち》）の隠宅である秋風庵の西側の土地に桂林園《けいりんえん》の建物を移築して、新たに塾を開いた。この塾が塾生約五〇〇〇人を数え、明治三〇年（一八九七）まで存続した近世日本最大規模の私塾・咸宜園《かんぎえん》である。*1

淡窓は、咸宜園の開塾に至るまでに長福寺学寮《ちょうふくじがくりょう》の一室を借りて開塾（文化二年〈一八〇五〉三月―同年八月）し、成章舎《せいしょうしゃ》（文化二年八月―文化四年〈一八〇七〉六月）、桂林園（文化四年六月―文化一四年正月）と塾の名前と場所を移しながら、塾の規模と制度を徐々に発展させた。そして文化一四年二月に、堀田村（現、日田市淡窓町）の伯父・月化の隠宅である、秋風庵のすぐそばに桂林園の塾舎を移築・移転して、咸宜園を開いた。

＊1　咸宜園という塾名は、「詩経」の商頌《しょうしょう》玄鳥篇《げんちょうへん》に見える「殷命を受くること咸く宜し、百禄是れ何《にな》う」がその典拠である。殷《いん》が天の命を受けて天下の王となるのはことごとく宜《よろ》しく、湯王《とうおう》に始まる歴代の王は大いなる福に恵まれ立派な政治を行い、ますます繁栄したというのであり、中国三代の理想の政治に憧れる淡窓が、自らの塾をこれを再現する教育の場としていたのではないかという。また「咸宜」という言葉には、ことごとく皆宜しい―すべての人を大いなる天命を受けた存在としてあるがままに受け入れ、その可能性を信じて教えるという意味合いもある。海原徹『広瀬淡窓と咸宜園』（ミネルヴァ書房、二〇〇八年）四一―四二頁、参照。

以後、咸宜園は淡窓を含む歴代一〇人の塾主によって引き継がれ、明治三〇年（一八九七）まで存続した。

本章では、咸宜園創設者である廣瀬淡窓の生い立ちと咸宜園開塾に至る経緯、また、咸宜園教育研究について、その概要を紹介する。そして、幕末から明治期の咸宜園の変遷を紹介することで、江戸時代後期に起こった日本近世最大規模の私塾咸宜園の近代における動きを見ていきたい。

日田廣瀬家と淡窓の誕生

江戸時代後期の儒学者・教育者・漢詩人として著名な廣瀬淡窓（一七八二―一八五六）は、豊後国日田郡豆田町の豪商・博多屋第五世・廣瀬三郎右衛門《さぶろうえもん》（長春庵桃秋《とうしゅう》）の長男として生まれた。

廣瀬家の家譜によると博多屋・廣瀬家の祖先は、甲斐国《かい》（山梨県）の武田信玄の家臣であった廣瀬郷左衛門の弟将監正直《しょうげんまさなお》であったという。その正直には二人の子がいて、その内の弟である五左衛門貞昌《さだまさ》が、延宝元年（一六七三）に筑前国《ちくぜん》博多（現、福岡県福岡市）から日田に移り住み、豆田魚町《まめだいお》に居を構えたことから、日田廣瀬家（初めは「堺屋」のちに「博多屋」に屋号を改める）が始まったとされる。*2

天明二年（一七八二）四月一一日、淡窓は日田豆田町の博多屋第五世・廣瀬三郎右衛門貞

大正咸宜園絵図　公益財団法人廣瀬資料館蔵

恒（桃秋）と、ユイの長男として生まれた（八男三女の一一人兄弟）[*3]。名は簡・建、通称は寅之助（幼名）、長じて玄簡《げんかん》・求馬《もとめ》といった。字は廉卿《れんきょう》、また淡窓・青渓《せいけい》・苓陽《れいよう》・遠思楼主人《えんしろうしゅじん》などと号した。

淡窓は二歳から六歳まで、咸宜園がのちに開かれた堀田村の秋風庵において、伯父夫妻の元で育てられた。秋風庵とは淡窓の父・三郎右衛門の兄である、博多屋第四世・廣瀬平八が隠居のために建てた隠宅である。平八は秋風庵月化と名乗り、大坂八千房《はっせんぼう》の門人で九州を代表する俳諧師でもあった[*4]。

家内教育

淡窓は伯父・月化の指導の下、二歳で俳句を始めて、亀林《きりん》という号を六、七歳頃まで用いた[*5]。天明七年（一七八七）の六歳の時に父・貞恒（桃秋）が淡窓に書道を習わせようと思い、堀田村の秋風庵から豆田魚町の廣瀬本家に帰った[*6]。また同年、淡窓は父の手ほどきを受けて、書道を学ぶ中、「仁慈《じんじ》」という二字を書いて大原八幡宮に寄進している。

淡窓が七歳の天明八年七月頃から、父より「孝経」や「四書」を学び、また叔母や市中に住む浜田屋忠三郎や後藤方大《ごとうほうだい》からも学んでいる。

豆田町における教育

廣瀬淡窓肖像　公益財団法人廣瀬資料館蔵

*2　「廣瀬家譜」巻上・下、「廣瀬氏系譜」（『淡窓全集』下巻、日田郡教育会、一九二七年）。

*3　「懐旧樓筆記」（『淡窓全集』上巻、日田郡教育会、一九二五年）一頁。

*4　青木美智夫『小林一茶 時代をよむ俳諧師』（山川出版社、日本史リブレット 二〇一二年）九頁。

*5　*3同書、三頁。

*6　*3同書、八頁。

天明九年（寛政元年〈一七八九〉）、八歳の淡窓は、父の紹介で豆田町の長福寺住持の法幢上《ほうどうしょう》人《にん》と出会い、『詩経』（中国最古の漢詩集）の句読《くとう》（文章の意味は考えないで音読すること＝素《そ》読《どく》）を受けた。これが淡窓にとって、正式に弟子入りをして学んだ最初であった。

寛政三年（一七九一）、一〇歳の春には、日田に来ていた久留米《くるめ》藩出身の松下西洋《まつしたせいよう》（筑陰《ちくいん》）より本格的に漢詩を学んだ。これは西洋が豊後国佐伯《さいき》藩（現、大分県佐伯市）の藩校四教堂《しこうどう》の教授に招聘される寛政六年（一七九四）の春まで続いた。

そのような中、淡窓が一二歳の時である寛政五年（一七九三）に、勤王の志士で、寛政の三奇人の一人として知られる高山彦九郎《たかやまひこくろう》が廣瀬家に来訪した。[*7] 淡窓が一日に百首の漢詩を詠んだことを淡窓の父である三郎右衛門から聞かされた彦九郎は、次の和歌を贈って淡窓のその才能を賞賛している。

「大和には聞くも珍し珠をつらね一日に百の唐歌の声」

遊学

寛政九年（一七九七）、淡窓は福岡藩（福岡県福岡市）の藩校・甘棠館《かんとうかん》（西の学問所）の教授を務め、また、私塾を経営していた亀井南溟《かめいなんめい》・昭陽《しょうよう》父子の元に入門した。[*8] 淡窓は、南溟・昭陽の元で多くの門人らと共に学んだが、この福岡での経験がのちに教育者となる淡窓に大きな影響を与えた。

＊7　＊3同書、三七―三八頁。

＊8　＊3同書、六九―七一頁。

亀井南溟（右）・昭陽（左）の肖像　公益財団法人亀陽文庫能古博物館蔵

教育者への道

寛政一一年（一七九九）一二月、病気のために淡窓は、志半ばで福岡より日田へ帰郷することになった。[*9] 淡窓の病は、思いのほか重かったが、日田を訪れていた肥後国《ひごのくに》（熊本県）の医師・倉重湊《くらしげみなと》の治療により、病状は次第に回復へと向かった。

体調が回復した淡窓は、伯父・月化の隠宅である秋風庵において、病気療養に努めていたが、享和二年（一八〇二）頃より、友人であった水岸寺密如が教えていた童子らを引き受けて、教授するなどしていた。[*10] また、当時の日田代官であった羽倉《はぐら》日田代官からの命で、代官所内において、「四書」（『大学』、『中庸』、『論語』、『孟子《もうし》』）の講義を行っていた。[*11]

このように不定期に講義を行う生活を送っていた淡窓であったが、文化元年（一八〇四）の冬、命の恩人である倉重湊に自身の将来についての不安を吐露した手紙を送っている。

この中で淡窓は、儒者としての生活は難しいため、生計のため医者になりたいと考えていることを倉重に相談した。それからほどなくして、日田を訪れた倉重は、淡窓へ教育者になることを強く奨め、淡窓は日田において教育者となることを決意するのである。[*12]

そして文化二年三月、淡窓は豆田町の長福寺の学寮の一室を借り受けて開塾し、成章舎、桂林園と塾名と場所を変えながら教授を続け、文化一四年、ついに咸宜園の開塾へと至り、淡窓が亡くなる安政三年（一八五六）一一月までの約五〇年間、日田において教授にあたり、

長福寺本堂（国重要文化財）
日田市教育委員会提供

*9　*3同書、九四頁。
*10　*3同書、一一二頁。
*11　*3同書、一一七頁。
*12　*3同書、一二五―一三〇頁。

淡窓一代で三〇〇〇人近くの門人を世に送り出した。[*13]

第二節　咸宜園教育の特徴

長福寺学寮から始まり、咸宜園に至る中で廣瀬淡窓は、その生涯を門人への教育に捧げた。淡窓は「六経《りくけい》」（「詩経《しきょう》」「書経《しょきょう》」「易経《えききょう》」「礼《らい》」「春秋《しゅんじゅう》」「楽経《がっけい》」）の本質は「敬天《けいてん》」（天を畏れ敬うこと＝聖人の教えを各人が時や処、位に従って忠実に実践すること）であるという「敬天思想」を主張して、天命を奉じてひたすら努力すること＝善行を積んで修養に努め、人格の完成を目指した。[*14] 淡窓の著述の一つである「再新録《さいしんろく》」において、「人材を教育するは、善の大なるもの」と述べ、教育は善行の中でも大きいものであるという認識を持っていた。[*15]

このような考えに基づいて、淡窓は長年にわたる教育実践をとおして、日々工夫を重ね、作り上げられたものが咸宜園教育と言われるさまざまな教育システムである。淡窓は、咸宜園における教育システムについて、文政一三年（天保元年〈一八三〇〉）に末弟で咸宜園の第二代塾主を務めた旭荘《きょくそう》に咸宜園塾主を譲った際、「謙吉へ申聞候事」[*16] の中で、次のように語っている。

「教授の儀は二十年来心を砕き候に付き、手覚へ候処も有之、門下も他方よりは繁盛に候、大抵我等日々相勤候講釈・会読・詩文の添削等の儀、自身の力ヲ用候分は格別多き事は無之、

＊13　咸宜園入門簿　公益財団法人廣瀬資料館蔵。

＊14　海原徹『広瀬淡窓と咸宜園』（ミネルヴァ書房、二〇〇八年）二九―三八頁。

＊15　「再新録」（『淡窓全集』上巻、日田郡教育会、一九二五年）三頁。

＊16　『増補廣瀬淡窓全集』中巻の例言によると、「文政十三年先生四十九にして退隠し、儒業を弟旭荘先生（二四歳）に譲られし時の自筆戒告書」とある。原本は公益財団法人廣瀬資料館が所蔵している。大野雅之「広瀬旭荘と咸宜園―離郷決意の萌芽をさぐる―」（『史料館研究紀要』第四号、大分県立先哲史料館、一九九九年）三九―四〇頁に詳しい。

大方門人任セニ致候間、外人より見候得ば余程閑暇に相見え候得共、人の心付キ無之処に工夫ヲ労候、凡席序ノ法、分職ノ法、課程ノ法、試業ノ法、一切ノ規約等、何れも二十年来の工夫ヲ以て、或ハ増減シ、或は改革致置候。[*17]」

淡窓は、長年にわたる教育実践の中でつくり上げた教育システムの中で、特に「席序《せきじょ》ノ法」「分職《ぶんしょく》ノ法」「課程ノ法」「試業ノ法」「一切ノ規約」に工夫を重ねてきたことが語られている。ここでは咸宜園教育の特徴を見ていきたい。

席序の法　「三奪法」と「月旦評」

「席序の法」とは、咸宜園の入門に際しての仕組みである「三奪法《さんだつほう》」と、公正な成績評価方法である「月旦評《げったんひょう》」から成るものである。[*18]

「三奪法」とは咸宜園の入門に際して、年齢・学歴・身分の三つを奪い、門下生を平等に取り扱うというものである。この「三奪法」について淡窓は、「燈火記聞《とうかきぶん》」において、次のように述べている。

「我が門に入る者、三奪の法あり。一に曰く、其の父の付くる所の年歯を奪ふて、此を少者の下に置き、入門の先後を以て長幼となす。二に曰く、其の師の与ふる所の才学を奪ふて、不肖なる者と伍を同じくし、課程の多少を以て優劣となす。三に曰く、其の君の授くる所の階級を奪ふて、之を卑賤の中に混じ、月旦の高下を以て尊卑となす。これ三奪の法なり。[*19]」

＊17　翻刻文の書き下しは、井上敏幸監修・髙橋昌彦編著『廣瀬淡窓』（思文閣出版、二〇一六年）五〇頁を参照した。

＊18　＊17同書、五一頁。

＊19　「燈下記聞」巻二（『淡窓全集』上巻、日田郡教育会、一九二五年）一四頁。書き下し文は＊14同書、一五六頁を参考にした。

三奪の一つ目は「年歯」(年齢)である。咸宜園においては、実際の年齢の高低ではなく、入門の先後によって、その序列が決まるというものである。これは、先に入門した者の方が学業も先に進み、相応の学力を修得しているという考えである。

二つ目は「才学」(学歴)である。これは咸宜園に入門するまでに、どの学塾で何年間学んだか、高い学力を身に付けているかなどのこれまでの学歴を考慮せず、入門した門下生はみな同列・平等に扱うというものである。他塾などで学び、高い学力を備える者は、咸宜園における勉学の中で自然と頭角を現わしていき、昇級していくという考え方である。

三つ目は、「階級」(身分)である。咸宜園ではさまざまな出自を持つ門下生が集って勉学に励む中、塾内においては封建的身分秩序に関わりなく、全ての門下生を平等に扱うという考え方である。

これら「年歯」・「才学」・「階級」の三つを奪う「三奪法」により咸宜園に入門する者は平等に取り扱われた。

「月旦評」

「三奪法」を担保するのが、「月旦評」である。「月旦評」とは、門下生の一ヶ月の学業成績を集計・評価し、翌月の初めに発表するもので、門下生の学力の状況を一覧表にして序列化したものである。その成立は、淡窓が教育者として歩み始めた当初の頃である、文化二年

『明治四年辛未四月月旦評』　公益財団法人廣瀬資料館蔵

八月まで遡り、成章舎時代の門下生一五名を四等制の月旦評で評価したのが始まりである。この時の月旦評は、第一等が最上位とされた。*20

その後も淡窓は、教育実践の中で月旦評の改良を続け、六級制、七級制、八級制を経て、天保一〇年（一八三九）三月二六日の「大改正」により、九級を最上位とする九級制（各級の下・上と無級を含む一九等級）の月旦評が完成し、淡窓はこれを「永制」と定めた。*21

淡窓は月旦評のねらいについて、左記のように述べている。

「諸子ノ知レル如ク。月旦評ヲ設ケテ。其勤惰ヲ明ニシ。勤ムル者ハ上ニ擢ンテ。惰ル者ハ下ニ抑ヘ。栄辱ヲ分チテ。惰夫ト雖モ。一度我門ニ入レハ。勉励ノ心ヲ生セシム。*22」「月旦評ヲ設ケ、之ニ示スニ栄辱ヲ以テシテ、之ヲ鼓舞スルナリ。*23」

「三奪法」により平等に入門した門下生らは、「月旦評」により実力が正当に評価され、塾内の序列化が図られた。また、すべての門下生の氏名・成績を一覧表として公表することで、門下生たちの学習意欲を喚起する効果があった。ただ淡窓は、この「月旦評」の弊害につい

*20　*3同書、一三八頁。
*21　*3同書、五三六頁。
*22　『夜雨寮筆記』巻二（『淡窓全集』上巻、日田郡教育会、一九二五年）一九頁、および『廣瀬淡窓』（思文閣出版、二〇一六年）五四頁参照。
*23　『夜雨寮筆記』巻三（『淡窓全集』上巻、日田郡教育会、一九二五年）四一頁、および『廣瀬淡窓』（思文閣出版、二〇一六年）五四頁参照。
*24　『再新録』（『淡窓全集』上巻、日田郡教育会、一九二五年）三―四頁。
*25　*17同書、五五頁。

ても十分認識をしており、左記のように述べている。

「月旦評を作りて門人を誘掖《ゆうえき》す。是れ、門下の盛なる所以なり。然れども、亦た其の弊少なからず。諸生の課程、外を務めて内を廃し、名を取りて実を捨つ。今之を矯めんと欲するも、卅年の旧習、遽かに変ずべからず。須らく善巧なる方便にて之を誘ひ。以て虚名の地を離れて実践の域に入らしむべし。此の工夫も亦た容易に非ず。*[24]」

　門下生らが「月旦評」に示される自身の位置に関心を向けすぎて、内面の修養を怠っているという。また名声を求めて実が伴っていない状況について、その改善はなかなか容易ではないことを述べている。*[25]

「月旦評」の評価対象となる学習課程には、「課業*[26]」・「試業*[27]」があり、「課業」は無級から四級までの門下生が対象、「試業」は五級以上の門下生を対象としていた。「課業」は基準点に達すれば進級にできるのに対して、「試業」は各級の基準が上・中・下に細分され、上の得点を一定期間で定められた数を獲得しなければ昇級できないというシステムであった。前述したような弊害を解消するために、淡窓は天保一一年（一八四〇）八月三〇日に課業に関する「新令」を公布している。*[28]そして、これに基づく新しい課業を九月二日から始めている。*[29]また月旦評の「課業」・「試業」に「消権《しょうごん》ノ法*[30]」を九月二一日作成分から適用して、現在に伝わる月旦評の姿が完成した。

＊26　「課業」には、素読・輪読・聴講・輪講・書会・復文・数学・会講の八つがあった。

＊27　「試業」には、文章課題・詩課題・書会・句読切・復文の五つの考試（試験）があった。

＊28　「醒齋日暦《せいさいにちれき》」巻二〇、八月晦日条（『淡窓全集』下巻、日田郡教育会、一九二五年）七四一頁。

＊29　＊28同書、九月二日条、七四一頁。

＊30　課業・試業での得点により昇級できても、各級で身につけておくべき種目が不十分な場合、仮昇級となり、月旦評の氏名の肩に「権」と書される。月二回、定められた日に該当級の種目について評価され、この「権」を消すことができて、初めて正式に昇級することができるのが、「消権ノ法」である。

「分職ノ法」（職任制）

咸宜園では実力主義の教育を徹底する中で、全ての門下生が塾や寮の運営のために何らかの役割を担い（分職・職任制）、共同生活を送っていた。

淡窓は、天保一四年（一八四三）に発した「癸卯改正規約」において、「上は九級、下は無級に至迄、一人たりとも、無職のもの不可有事」と定めている。*31 月旦評の位次《いじ》などによって都講《とこう》・舎長《しゃちょう》などの分職があり、毎月の月旦評での位置付けによってその役割が変わることもあった。

表1は『家塾職掌及年中行事《かじゅくしょくしょうおよびねんじゅうぎょうじ》』*32（国文学研究資料館所蔵）および廣瀬林外時代のものと考えられる職掌*33を元に作成したものである。咸宜園の門下生であった武谷祐之の「南柯一夢《なんかいちむ》」天の巻*34にもほぼ同じような職掌について記述がある。

咸宜園において、塾主を補佐して統括する地位であった都講や講師、そして塾内の塾舎の責任者である舎長らは、「月旦評」においても高い位次に位置する門下生らが選ばれていた。また塾内における日常生活に必要なそのほかの役職については、門下生全てが何かしらの役割を担って、塾の運営に携わっていたことがわかる。

このように「分職ノ法」を通して、多くの門下生が塾内に下宿する集団生活の中で、さまざまな役割を経験しながら、人間性や社会性の育成も図っており、幕末から明治初期に咸宜園を率いた廣瀬青邨《せいそん》や林外《りんがい》のころも同様であった。

---

*31　「癸卯改正規約」（『淡窓全集』中巻、日田郡教育会、一九二六年）一一二頁。

*32　「家塾職掌及年中行事」は淡窓が亡くなった後の安政三年から文久三年（一八六三）頃のものと考えられ、咸宜園第三代塾主を務めた廣瀬青邨とその元で「若先生」として指導にあたった廣瀬林外（のちに第四代塾主）の時期の史料と考えられる。

*33　中島市三郎『増補訂正教聖廣瀬淡窓の研究』と*17同書を参考に作成。

*34　井上忠「資料　武谷祐之著『南柯一夢』（天の巻）校訂」（『九州文化史研究所紀要』第一〇号、一九六三年）七七頁。

職名		役割	備考
「家塾職掌及年中行事」	「塾則」		
都講		塾中一切ノ事ヲ総裁ス	
講師	（上席舎長兼務）	都講ヲ佐ケ又其不在病気等ノ節、其職務ヲ代理ス	都講兼職有疾病事、故に則ち舎長これを摂る。
西塾長	舎長	舎中一切ノ事ヲ處辨ス	
東塾長			
東樓長			
南塾長			
南樓長			
講堂長		課業試業ノ順序ヲ整理ス	
瓊林館長			準都講あるいは舎長閑職者にこれを任せる。以司計無其人則以司計長にこれを任せる。あるいは西塾長がこれを摂る。
外塾長			
試業監		試業生ノ勤惰及ヒ其犯則ヲ検察ス	試業生上等の者にこれを任せる。
新来監	（舎長兼務）	新来生ヲ教導シ学則及ヒ塾則ニ習熟セシム	東樓長にこれを任せる。
司計		米穀薪炭及ヒ金銭ノ出入ヲ處理ス	毎月三十日、各舎長と会計室に会し、一月間の総計を為すべし
	大司計	学資ノ内納ヲ掌リ諸生ノ倹奢ヲ監視ス	
経營監	（大司計兼務）	塾舎門牆等ノ破損ヲ検察ス	毎月五・十の日、塾中を巡視し、畳・障子・戸・壁・門牆等の破損を検閲すべし
常侍史		師家ノ塾用ヲ勤ム	
輪講監	会頭	輪読輪講及ヒ会読生ノ弁論ヲ監視ス	舎長と兼職
輪讀監			
威儀監	（舎長兼務）	諸生ノ威儀品行ヲ監視ス	
外来監		外来生ノ勤惰ヲ監視ス	南塾長と兼職
東家蔵書監	蔵書監	蔵書ノ出入ヲ監視シ又其保存ヲ計画ス	講堂長と兼職 毎月三十日、自席に於て、諸生に貸渡したる書籍の検閲を為すべし
西家蔵書監			
洒掃監		庭砌ノ洒掃ヲ指揮シ又狼藉ヲ検察ス	
素讀監		素読生及ヒ授読師ノ勤惰ヲ監視ス	
徭役監			司計と兼職
履監	司履	塾生ノ乱履ヲ検察ス	舎長と兼職 毎月六回、各舎に就き諸生の履を検閲すべし
	通計監（舎長兼務）		
捨紙監	（外来監兼務）	外来生ヲ指揮シ庭砌ノ廃紙ヲ捨取セシム	
書會監		五字書會生ノ勤惰ヲ監視	
典薬			
書記		月旦評ノ浄写ヲ勤ム	
句讀師			侍史を免じる
盛飯			舎長より五級生に至る
夜番			都講・舎長・司計・常侍史を除く事
給事			四級以下
侍史			
洒掃			
徭役			
小史			侍史・徭役を免じる

表１　咸宜園における分職（職任）髙橋昌彦編著『廣瀬淡窓』（思文閣出版、2016 年）および「家塾職掌及年中行事」（国文学研究資料館蔵）より作成

咸宜園の規約・規則

淡窓は、塾内において厳しく細かい規則（規約）を定めて、学問に専念できる環境を整えると共に塾内外における門下生の生活全般にわたって統制していた。この規則については、入門するに際して、門下生に説明していたという。

厳しい規約・規則類を備えるに至った考えについて、淡窓は次のように述べている。

「凡人ヲ率ヰルノ道二ツアリ。一ハ治、二ハ教ナリ。世儒ノ人ヲ率ヰル。教アリテ治ナシ。是儒者ハ教官ナルカ故ナリ。孔門ニモ黜陟《ちゅっちょく》賞罰ノ法アルコトヲ聞カス。余ハ則思ヘラク。師ニ孔子ノ徳ナケレハ。弟子ニモ顔閔《がんびん》ノ行ヒハ責メカタシ。然ルニ。数百桀驁《けつごう》ノ少年ヲ一室ニ聚メ。唯経義ノミヲ傅へ。規約賞罰ヲ施サズバ。是レ之ヲ驅ッテ放逸ニ赴カシムルナリ。故ニ余カ人ヲ教フルハ。先ツ治メテ。而後之ヲ教フルナリ。余カ長所、此外ニアルコトナシ。入室ノ者ハ。其故ヲ知ルヘキコトナリ」（「夜雨寮筆記[35]」）

淡窓は、亀井塾における自身の経験や他塾等の様子を見聞きする中で、咸宜園の門下生に対する教育方針として、まず「治め」、そののちに「教える」という方向性を咸宜園での教育方針とした。自身の教育の長所は、「此外ニアルコトナシ」と主張するほど、淡窓は学業を修める前提として、門下生らの日常生活を治めることを旨とし、「分職ノ法」（職任制）により、多くの門下生が塾内の集団生活の中で、さまざまな役割を経験しながら、人間性や社会性の育成を図りながら、学ぶ環境が整えられていった。

＊35　「夜雨寮筆記」巻二『淡窓全集』上巻（日田郡教育会、一九二五年）一九―二〇頁。究所紀要』第一〇号、一九六三年）七七頁。

咸宜園における生活

咸宜園において、門下生たちはどのような日々を過ごしていたのだろうか。そのことについて応えてくれる史料が、国文学研究資料館所蔵の「家塾職掌及年中行事」(『広瀬青邨文庫』)の中に遺されている。この史料と先行研究[*36]を参考に咸宜園の生活を見ていきたい。

咸宜園の一日

門下生は起床後すぐの卯牌《うはい》(午前五時から七時の間)には早朝学習の「輪読《りんどく》」を行った。「輪讀」は、定められた教科書を門下生が順番に読んでいき、朗読中に誤読を指摘した者

時間			内容	
			『家塾職掌及年中行事』	「塾則」
午前	5時			晨起　洒掃
	6時	卯牌	輪読　先生講	輪読
	7時			洒掃　契食
	8時	辰牌	朝飯　洒掃　若先生講　素読	聴講　会読
	9時			素読　質問
	10時	巳牌	都講講　會読　書會	聴講　会読
	11時			輪読　復文　五字書会
	12時			契食　散歩
午後	1時			輪講　質問
	2時	未牌	史記會讀	質問
	3時			
	4時			
	5時			
	6時			契食　散歩
	7時			夜学
	8時			
	9時			
	10時			就寝

表2　咸宜園における1日の様子(髙橋昌彦編著『廣瀬淡窓』(思文閣出版、2016年)および「家塾職掌及年中行事」〈国文学研究資料館蔵〉より作成)

＊36　中島市三郎『増補訂正　教聖廣瀬淡窓の研究』(第一出版会、一九三五年)、井上忠校訂「南柯一夢」(『九州文化史研究所紀要』第一〇・一一・一四号)。井上敏幸紀監修・髙橋昌彦編著『廣瀬淡窓』(思文閣出版、二〇一六年)。

が代わって朗読し、間違いなく五行を読むと賞点一を獲得し、「音義清詳《おんぎせいしょう》」で三葉《さんよう》以上朗読すれば賞点二〇を獲得することになっていたという。参加している門下生が三周したら終了となる。その「輪讀」に引き続き、「先生講」があった。「先生講」の詳細についてはよくわからないが、通常の講義と同様に所定のテキストが決まっており、そのテキストについて先生（この時は三代塾主の青邨）より講義があったものと考えられる。

「輪読」・「先生講」を終えた辰牌《しんはい》（午前七時から九時の間）には「朝飯」（朝食）をとり、その後に「洒掃《さいそう》」（掃除）を行ったのち、課業が始まり、「若先生講」が行われた。この「若先生講」の若先生とは廣瀬林外のことを指しているものと考えられる。淡窓が亡くなる直前の安政二年（一八五五）頃から、実質的に塾の運営を廣瀬青邨が任せられ、その補佐に林外が当たっており、林外は若先生と呼ばれていたことが「淡窓日記」からも伝わる。＊37

咸宜園の一ヶ月

咸宜園の一ヶ月について、「家塾職掌及年中行事」の記述をまとめたのが表3である。朔日・一五日には問安《もんあん》・素読大閲《そどくだいえつ》がある。二日には月旦評とあり、この日に門下生らの月旦評を発表したものと思われる。三日・六日・九日・一三日・一六日・一九日・二三日には下等書会とあり、月旦評の下等（初級―四級）に属する門下生を対象とした書会が開かれたのであろう。下等生以外の書会は朔日・四日に行われていたようである。

＊37　「廣瀬林外日記」安政三年三月二七日条（公益財団法人廣瀬資料館蔵）。

句読切については、七日・一一日・一四日に行っていた。このほかに文会が一七日・二一日に、詩会が二四日・二六日に催されている。

二七日には通計《つうけい》前閲、二八日には通計とあり、恐らく咸宜園における課業や試業において獲得した点数を集計し、翌月の月旦評の進級について反映させる作業のことと考えられる。淡窓の日記には、毎月二七日頃に門下生の月旦評の進級についての記述が見えることからその証左であろう。

二九日の内会計、晦日の会計について、その中身は判然としないが、塾内における毎月の収支計算のために二日間の会計の期間を確保していたものと思われる。

日付	内容		
朔日	書會	問安	素讀大閲
二日	月旦評		
三日	下等書會		
四日	書會		
五日			
六日	下等書會		
七日	句讀切		
八日			
九日	下等書會		
十日			
十一日	句讀切		
十二日			
十三日	下等書會		
十四日	句讀切		
十五日	問安	素讀大閲	
十六日	下等書會		
十七日	文會		
十八日			
十九日	下等書會		
二十日			
廿一日	文會		
廿二日			
廿三日	下等書會		
廿四日	詩會		
廿五日			
廿六日	詩會		
廿七日	通計前閲		
廿八日	通計		
廿九日	内會計		
晦日	會計		

表3　咸宜園における１ヶ月の様子（「家塾職掌及年中行事」〈国文学研究資料館蔵〉より作成）

月	内容			
正月	元日禮謁	二日開講	三日若先生開講（放學止於是日）七日師家宴	十日起素讀
二月				
三月	上巳禮謁	十五日山行		
四月				
五月	端午禮謁			
六月	朔起水打自飣夜行	十五日許觀山車	三伏曝書	
七月	禮謁	十三日大洒掃	十四日謁文玄先生墓展塾生墳 中元禮謁	廿日水打夜行自飣止於是日
八月	禮謁	放生會	觀劇	
九月	重陽禮謁	十五日登高		
十月				
十一月	冬至禮謁（是日禁喧呶）			
十二月				

表4　「家塾職掌及年中行事」（国文学研究資料館蔵）から作成

咸宜園の一年

咸宜園の一年について、「家塾職掌及年中行事」の記述をまとめたものが表4である。

元日に礼謁、二日には開講し、その翌日である三日には「若先生開講す、放学（休日）この日においてやめる」とある。

六月一日には、「水打を起こし自飣夜行」とあり、暑さ対策のために打水をしている様子がわかる。同月一五日には「山車を観るのを許す」とあり、日田祇園の山車（山鉾）を門下生たちが見に行っていることがわかる。

また、六月には「三伏曝書《さんぷくばくしょ》」とあり、咸宜園の蔵書類の曝書（虫干し）をしていたようである。「三伏」とは、初伏《しょふく》（夏至後の第三の庚の日）・中伏《ちゅうふく》（同じく第四の庚の日）・末伏《まっぷく》（立秋後の第一の庚の日）の総称のことである。ここでは恐らく暑い盛りの時期という意味合いで用いられているのであろう。貴重な蔵書を虫から守るため、門下生たちが皆で曝書していた様子がうかがえる。

七月で注目される点は、一三日に「大洒掃」とあり、大清掃を行っていることである。その翌日の盂蘭盆会《うらぼんえ》にあたる一四日には、門下生らとともに淡窓の墓所を詣っている。また六月朔日より行っていた打ち水を二〇日にやめている。

そのほか注目されるのは、八月の「放生会《ほうじょうえ》」であろうか。これは日田の鎮守社・大原八幡宮の「放生会」のことである。淡窓の日記からもこの日は咸宜園は放学となり、門下生らも放生会に繰り出し、観劇するなどしていた様子が書かれている。

年間を通じてみると、三月一五日に「山行《さんこう》」、九月一五日に「登高《とうこう》」とある。「都講・勧学・都検心得方二十一則」という史料で休日とされている「春秋山行」のことと考えられる。武谷祐之の「南柯一夢」天の巻にも、「春秋両回山行ト称シ山或ハ社寺等ニ遊行ス。都講・副監・舎長・威儀監之ヲ監シ行饗ハ鍛冶屋五郎兵（衛）・枡屋茂七之ヲ調理シ運搬ス」とある。*38

咸宜園を放学とし、門下生らが春と秋の二度、近隣の社寺や山・川などに連れ立って出かけるものである。淡窓も参加して同行している様子もうかがえるが、同行できない時は門下生らが師である淡窓に対して酒肴を献じていたといい、淡窓が亡くなって以降も、咸宜園の定例の行事として続いていたことがわかる。武谷の記述に見える鍛冶屋五郎兵衛・枡屋茂七

＊38　＊34同書、七八頁。

廣瀬旭荘肖像　公益財団法人廣瀬資料館蔵

廣瀬青邨肖像　公益財団法人廣瀬資料館蔵

は、咸宜園の会計に関わっていた商人であり、「山行」の際には弁当を準備していたという。咸宜園の実力主義、また門下生らを律するための厳しい規約、そして咸宜園における毎日の生活からわかるように門下生らは日々、勉学に努めていた。そのような環境の中で、春秋の「山行」は門下生らにとって、日田の歴史や文化、そして自然を感じながら、漢詩を皆で作るなど、日頃の厳しい生活の息抜きともなっていたに違いない。

また、淡窓は詩作教育を重視しており、感性を豊かにするためにも淡窓は門下生らのこのような課外活動を推進したものと考えられる。

第三節　咸宜園の近代——塾主交代と明治へ

安政三年一一月一日、廣瀬淡窓は七五歳でその生涯を閉じた。二四歳で長福寺学寮において開塾して以来、五〇年に亘って教育に尽力し、多くの門下生を輩出した。

淡窓は亡くなる前年の安政二年三月に塾政を養子の廣瀬青邨に譲っている。

淡窓の日記には「家を範治（青邨）に伝える。遍く塾生を召して、これを告げる。[*39]」とある。しかし、淡窓はその日記に咸宜園の運営の表舞台からは退くものの、教授については全廃しないとしており、教育への意欲はなお衰えていなかったことが伝わってくる。

淡窓から塾政を譲られた青邨が実質的な咸宜園塾主となり、同じく淡窓の末弟である廣瀬

*39　「甲寅新暦巻三」安政二年三月一六日条（『淡窓全集』下巻、日田郡教育会、一九二七年）一二八五頁。

旭荘の長男で、嘉永四年（一八五一）に淡窓の養子となっていた廣瀬林外が青邨を補佐する体制が整えられた。

林外の日記の安政三年三月二七日条によれば、「この日、名号を改めるの令あり。もって大人（淡窓）を老先生とし、兄（青邨）を先生とす。今日以後の入門生、予（林外）をもって若先生とす。」[40]とあり、淡窓が存命中に咸宜園の後継体制が整えられつつあった。

本節では、近年刊行された『図説　咸宜園―近世最大の私塾―』を参考に、淡窓以後の咸宜園を見ていきたい。[41]

第三代塾主　廣瀬青邨

咸宜園は、天保二年（一八三一）から天保七年の間、淡窓の末弟である廣瀬旭荘が塾政を継ぎ、第二代塾主として咸宜園の運営を担うが、当時の日田代官（のちに西国筋郡代《さいごくすじぐんだい》に格上げ）であった塩谷《しおのや》大四郎《だいしろう》正義《まさよし》との関係悪化や旭荘自身の大坂や江戸への遊学（東遊）の想いが強くなり、旭荘は塾政を淡窓へ返すことになった。そのため、安政二年に青邨らに塾政を譲るまで淡窓が塾主として、教授と塾の運営に携わっていた。

廣瀬青邨（矢《や》野《の》範治《はんじ》）は、前述したように安政二年三月に淡窓より塾政を譲られたのち、文久三年（一八六三）に廣瀬林外に譲るまでの約七年間、塾主を務めた。その後は、府内《ふない》藩（大分県大分市）の藩校遊焉《ゆうえん》館の教頭や京都で漢学所《かんがくしょ》御用掛《ごようがかり》・大学《だいがく》御用掛《ごようがかり》を務めた。また京都府

＊40　＊36同資料。

＊41　日田市教育庁咸宜園教育研究センター編『図説　咸宜園―近世最大の私塾―』（日田市教育委員会、二〇一七年）は、咸宜園開塾二〇〇年を記念に刊行されたもので、筆者も歴代塾主や近代の咸宜園などの執筆に携わった。今回、三節については、この本の主に筆者執筆箇所を基に一部改稿した。

大属《だいぞく》、岩手県権参事《ごんさんじ》、華族学校（学習院）の教師・監事を務めた。晩年は、東京の自宅に私塾「東宜園」を開き、子弟に教授すると共に咸宜園出身者の交流を深める場にもなっていた。

青邨に学んだ著名な門下生には、赤松蓮城《あかまつれんじょう》（浄土真宗本願寺派僧侶）・大渡直清《おおとなおきよ》（岩手県学務課長）・柴秋邨《しばしゅうそん》（阿波藩儒）・横井忠直《よこいただなお》（陸軍大学校教授）・横田国臣《よこたくにおみ》（大審院長）らがいる。*42

第四代塾主　廣瀬林外

文久三年、青邨より塾政を引き継いだ廣瀬林外は、幕末から明治初めの動乱期の塾運営を担うことになった。最後の西国筋郡代となる窪田治部衛門《くぼたじぶえもん》の命により、他国出身者の日田逗留が禁止されるなど、多くの塾生が日田を離れていったという。また、窪田郡代が組織させた農兵隊である「制勝隊《せいしょうたい》（組）」が咸宜園の東家に入り、形式上は咸宜園の塾生となるも、武術の調練を咸宜園内で実施するなど、咸宜園の運営は大いに乱れた。

しかし、幕府倒壊後の明治元年（一八六八）六月、林外は日田県令として赴任した松方正《まつかたまさ》義《よし》に平野五岳《ひらのごがく》（日田専念寺住職・咸宜園門下生）と共に政治顧問に抜擢されたことが伝わり、咸宜園の運営にも力を注いだ林外は、咸宜園を建て直し、多くの門下生が学んでいる。

ところが、明治四年（一八七一）一二月二七日、林外は塾政を都講であった唐川即定《からかわそくじょう》に託して、東京へ遊学した。その理由について、廣瀬家第七世である源兵衛《げんべえ》の記録である「源兵衛雑記」によると、「林外、今朝出立。東京へ洋学稽古罷越、一新橋まで源兵衛見送」*43 とあり、

廣瀬林外肖像　公益財団法人廣瀬資料館蔵

*42　廣瀬青邨については*41同書、四〇頁および一三四頁を参照した。

*43　「源兵衛日記」明治四年一二月七日条（『月隈教育百年史』日田市立月隈小学校、一九七五年）四一三頁。

林外は洋学研究を名目に東上したことがわかる。

東京において林外は、咸宜園の同窓であった長三洲《ちょうさんしゅう》（文部大丞《もんぶだいじょう》など）の斡旋により太政官正院歴史課（東京大学史料編纂所の前身）で勤務するが、明治七年五月、三九歳の若さでこの世を去った。

林外に学んだ著名な門下生は、青邨にも学んだ横田国臣を始めとして、河村豊洲《かわむらほうしゅう》（海軍軍医総監）・清浦奎吾《きようらけいご》（内閣総理大臣）・朝吹英二《あさぶきえいじ》（実業家）・倉富恒次郎（福岡日日新聞社長）などがいる。また東京に出た林外は、自身の門下生であった横田国臣・廣瀬敬四郎（異母弟）・田代丈吉《たしろじょうきち》らが、福澤諭吉の慶應義塾に入社する際にはその保証人となっている。

林外期の咸宜園は幕末の動乱に巻き込まれながらも、多くの塾生が学び、新時代であった明治を担う多くの人材を輩出している。[*44]

廣瀬四代以後の咸宜園

林外の留守を守っていた第五代塾主の唐川即定は、林外の訃報に接して、郷里の越前国に帰ることになった。そのため、咸宜園は塾主が不在となり、明治七年（一八七四）には一時閉塾することになった。[*45]

その間、咸宜園の建物は、郡役所や米会所として使用され、園内は歳月を経て荒れていったといわれている。この咸宜園の現状に心を痛めていたのが、日田在住の平野五岳や諫山《いさやま》

＊44　廣瀬林外については＊41同書、四一頁および一三六頁を参照した。

＊45　唐川即定については＊41同書、四二頁および一三六頁を参照した。

萩邨《しゅくそん》、椋野元卓《むくのげんたくヵ》ら咸宜園門下生出身者であった。

一時閉塾から五年後の明治一二年（一八七九）、平野五岳らが中心となって、咸宜園門下生であった園田鷹城《そのだようじょう》を第六代塾主として迎えて、咸宜園を再興している。鷹城は豊後国玖珠郡森藩（現、大分県玖珠町）の出身で、有田若八幡宮（現、日田市有田）に開かれた「有田塾」（有田学校）などで教授にあたっていた。鷹城期の咸宜園の様子を伝える史料がほとんど残っていないため、詳細はわからないが、明治一三年（一八八〇）に咸宜園を去っており、一年ほどしか指導にあたっていないが、評判がよかったことが伝わる。*46

同時期であるが、諫山萩邨が漢学教授のために明治九年、日田代官所跡に「三隈義塾《みくまぎじゅく》」を私設したといわれている。淡窓の弟である廣瀬久兵衛の婿養子・源兵衛の日記には、萩邨へ咸宜園の蔵書を貸し出した旨、記録が残っている。しかし、一〇月二三日には書籍を返しており、短期間で終わったことが伝わる。*47

村上姑南の塾主招聘と宜園保存会の発足

園田鷹城が去ったあと、五岳や萩邨らは、咸宜園門下生出身者の村上姑南《むらかみこなん》を第七第塾主として招聘した。姑南は豊前国下毛《しもげ》郡中摩《なかま》村（現、大分県中津市山国町中摩）の出身で医者をしながら、地元で塾を開き教授をしていたが、五岳らの説得により、明治一三年二月には咸宜園での教授に専念し、次第に塾生が増加していった。

---

*46　園田鷹城については*41同書、四二頁および一三六頁を参照した。

*47　三隈義塾については*41同書、一三六頁を参照した。

しかし、咸宜園の経営状況は厳しい状況にあった。この当時、咸宜園の塾舎は旧来のとおり現存するものの、人手に渡っていたという。そのため、塾生からの入社金や月謝などは、まず家賃として支払われ、残額が姑南の給料として充てられていた。

この不安定な経営状況を改善するために、五岳らは明治一五年（一八八二）二月、「宜園保存会」*48を発足させることを考えた。この時、発起人となったのが、平野五岳、諫山萩邨、南《みなみ》正次《まさつぐヵ》、椋野元卓、平島直綱《ひらしまなおつなヵ》、児玉文貞《こだまふみさだヵ》、石田又玄《いしだゆうげんヵ》、草野忠右衛門《くさのちゅうえもん》らであった。

宜園保存会の目的は、咸宜園の再興と淡窓が開いた咸宜園を永遠に維持・保存することであった。会員には、日田郡内に居住するものを正会員、郡外の者を外会員の二種類の会員を設け、五岳らは咸宜園を継続的に運営するために次の方法を考えた。

・会員よりの寄付金を募る。
・集まった寄付金を豆田・隈町の信用できる者に預け、運用し利子を得る。
・咸宜園近くの土地が売りに出た際は運用した資金で、その土地を購入する。
・購入した土地は、咸宜園の「保存田」とし、米を作る。

そして寄付金の運用と「保存田」からとれる米の売り上げの用途については、左の分配とした。

・十分の四（積立金として元金に繰入）
・十分の三（教員給料に充てる）

村上姑南肖像　個人蔵
日田市教育庁咸宜園教育研究センター編『図説　咸宜園―近世最大の私塾―』（日田市教育委員会、二〇一七年）より転載

＊48　「宜園再興保存ノ儀ニ付淡窓先生門下諸君え御相談書」
国文学研究資料館蔵

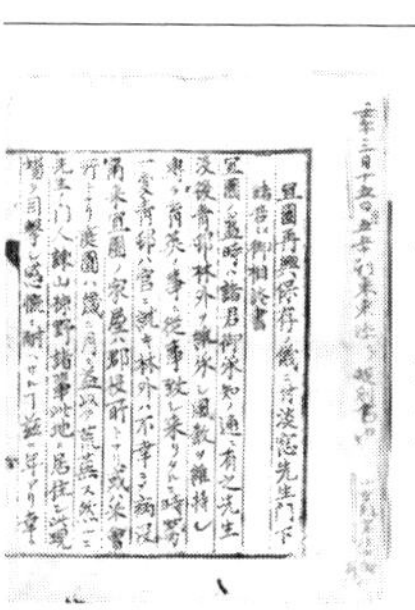

・十分の三（咸宜園の修繕並びに書籍買入に充てる）

右記のことを五岳らは計画し、咸宜園門下生らに書簡を送り相談している。実際に「宜園再興保存ノ儀ニ付淡窓先生門下諸君え御相談書」に書かれていた内容をどこまで実施したかは定かではないが、日田郡在住の咸宜園門下生らが咸宜園を後世に伝えるべく、真剣に考えていたことが伝わる。*49

咸宜園から学思館へ

明治一五年、五岳らが「宜園保存会」による咸宜園の経営支援の方策を考えていた同時期、村上姑南は、龍馬《りょうま》の森（現、日田市田島田島本町若八幡社）に「学思館」を開き、教授している。姑南が咸宜園から場所を変えた理由はわかっていないが、学思館の姑南の元には、それまで咸宜園で学んでいた門下生ら漢学を学びたい人々が集まって学んでいた。*50

日田教英中学と咸宜園

明治一一年（一八七八）一二月に中津藩士桑名《くわな》豊山《ほうざんカ》が初代日田郡長として着任し、その翌年の一二年、日田に中学校の必要性を感じた桑名郡長は、日田県庁跡（現、月隈公園）の地に明治一三年に開校したのが、日田《ひた》教英《きょうえい》中学である。

開校当時の職員は、校長・河上市蔵《いちぞうカ》、監事・中島剛蔵、村島高智《たかともカ》、司計・前田玄磨《げんまカ》、教員・

学思館が開かれていた若八幡
大分県日田市

*49　村上姑南および宜園保存会については、*41同書、四三頁および一三六―一三七頁を参照した。

*50　学思館については*41同書、一三七頁を参照した。

小松衛門、佐藤養太《ようたか》で始まったが、のちには咸宜園門下生の秋重梅俺《あきしげばいあん》、校長としては廣瀬青邨の長男である廣瀬濠田《ごうでん》（貞文《さだふみ》）らが就任している。教英中学の主な出身者には井上準之助（大蔵大臣）・吉田平太郎（陸軍中将）などがいた。

桑名郡長の熱意と日田郡民の協力によって開学された教英中学であったが、明治一九年（一八八六）四月の「中学校令」の公布により、地方税などの補助による学校は、各府県一ヶ所に限ることになった。そのため、町村立の中学校はほとんど廃止され、県下の中学は大分中学のみとなり、日田教英中学は廃止されることになった。その後、教英中学の校舎は日田郡高等小学校として使われた。

教英中学が日田に開学して、咸宜園の運営はますます苦しくなっていったといわれている。明治一三年から咸宜園において教授していた村上姑南は、前述したように同一五年には咸宜園を辞して、田島村の龍馬の森に「学思館」を開き教授にあたっていた。

そのため、咸宜園は再び閉塾することになったが、明治一七年（一八八四）に日田に帰郷した廣瀬濠田は教英中学の校長に就任するとともに咸宜園の再興にも取り組んだ。翌年の二月から咸宜園において、塾生を受け付け、明治一九年には教英中学の閉校にともない、咸宜園に転入する者もいた。濠田は閉校した教英中学の教科書類を借り受け、咸宜園の教授に用いたことがわかっている。*51

大分県立公文書館には、濠田が咸宜園の再興に取り組み始めた頃と思われる「学校主変更

＊51　日田教英中学については＊41同書、四四頁および一三八頁を参照した。

ニ付伺」[*52]という明治一八年（一八八五）二月九日付の文書が残っている。この文書は、「私立瓊林義塾」（村上姑南が塾主を務めた頃から見られる咸宜園の別称）の校主（塾主）をこれまでの椋野元卓から、廣瀬貞文（濠田）に変更する旨を申請したものである。

濠田の前の校主として記述されている椋野元卓は、淡窓に学んだ咸宜園門下生であるが、これまでの先行研究の中で、歴代塾主の一人として挙げられたことは管見の限りない。村上姑南が何らかの理由で咸宜園を出て、学思館を開いたため、椋野元卓が校主として咸宜園を預かっていたものと思われるが、椋野期の咸宜園がどのような状態にあったかは、現状ではわかっていない。ただ椋野は、咸宜園門下生の諫山萩邨が当時の日田県令であった松方正義の了解を得て開設した「日田養育館」（養育困難な幼児を育て里親を探す施設）の運営に協力したり、姑南期の咸宜園を支えるために平野五岳らと共に宜園保存会を設立するなど、咸宜園のために尽くした人物であったと考えられる。

咸宜園廃絶

明治一八年、咸宜園において教授にあたっていた廣瀬濠田だったが、明治二一年（一八八八）に上京したため、そのあとを受けて塾主を諫山萩邨が務めた。萩邨は明治になり、咸宜園の運営が不安定になる中、平野五岳らと共に咸宜園の存続に力を尽くしていた。明治二一年からは濠田に変わり、教授にあたっていたが、明治二六年（一八九三）、六九歳で亡くなった。[*53]

＊52　「学校主変更ニ付伺」『諸届書』明治一六年（大分県立公文書館蔵）。

＊53　諫山萩邨については＊41同書、四四頁および一三八―一三九頁を参照した

萩邨の没後から三年後の明治二九年（一八九六）五月、咸宜園門下生だった勝屋明浜《かつやめいひん》は、咸宜園復興のために講師として招聘された。塾生が減少し、経営が苦しい中、明浜は、月旦評による成績評価のほか、「宜園儒冠《ぎえんじゅかん》」[*54]を制定したという。

また、従来は日中の講義しか行われていたが、夜間も開講するとともに、門下生への特典として蔵書類の自由閲覧を売りとして新聞広告に掲載するなど、門下生獲得のための努力を行っていた。[*55]

しかし、明治三〇年（一八九七）九月、ついに咸宜園は経営が立ち行かなくなり、五〇〇〇人を超える門下生を輩出した日本近世最大規模の私塾「咸宜園」も近代教育が整備されていく中で、文化一四年の開塾から約八〇年の歴史に幕を閉じることになった。[*56]

その後の咸宜園、そして現代へ

咸宜園が完全に閉塾してから一二年後の明治四二年（一九〇九）、全国から五〇〇〇人を超える人々が学び、海内にその名を轟かせた咸宜園は、「絃誦声絶テ塾舎頽廃シ、松杉漸影老テ庭園荒涼タリ。今ヤ昔日ノ記念トシテ見ルベキモノ、僅ニ淡窓先生ノ旧居和粛堂、遠思楼及ビ蔵書五千巻ヲ存スルノミ」となっていた。

この現状を憂いた日田の人々の間から咸宜園の保存運動が起こった。そのことを示す文書「宜園文庫創立趣意書草案」[*57]が伝わっている。この文書には、廣瀬淡窓から始まる咸宜園が

---

*54　高倉芳男「咸宜園の最後の講師 勝屋明浜先生」（『大分県地方史』五六号、一九七〇年）八〇―八一頁。
「宜園儒冠」とは月旦評の等級に対応する、冠と徽章（バッジ）の服制を定めたもので、塾生の増加と向学心の助長を期待したものであった。

*55　*54同論文、八〇頁。

*56　咸宜園廃絶および勝屋明浜については*41同書、四五頁、一三八―一三九頁を参照した。また『日田新報』（明治三〇年九月二五日号）に咸宜園廃絶の記述が見られる。

*57　「宜園文庫創立趣意書案」国文学研究資料館蔵。

収集してきた蔵書類や著作等を後世に伝えるべく、「宜園文庫」を創立し、順次そのほかの咸宜園関係の施設も永久に遺すべく、その賛同者を募る旨が書かれていた。

大分県内では明治三七年（一九〇四）に大分県教育界付属福沢記念図書館（大分県立図書館の前身）が開館している。また竹田文庫（竹田市）・小幡記念図書館（中津市）・帆足《ほあし》記念図書館（日出町）・梅園《ばいえん》文庫（杵築市）などが開館し、それぞれの地域の先哲の名前を冠した図書館・文庫が相次いで起こっていた。[*58] このように県内各地で図書館建設の機運が盛り上がるなか、日田においても「宜園文庫」の設立の機運が起こったが、この時は設立までには至らなかった。

しかし、大正二年（一九一三）の淡窓先生頌徳祭《しょうとくさい》（生誕一三〇年祭）が開催され、これが図書館建設運動再出発の契機となった。御大典《ごたいてん》（大正天皇の即位の礼）記念を間近に控え、日田郡内の町村長も、「好適の記念事業」として図書館建設に賛同したという。大正五年（一九一六）に咸宜園の旧講堂跡に淡窓図書館が建設され、咸宜園の貴重な資料が図書館に収められた。[*59]

また、大正一四年（一九二五）から昭和二年（一九二七）にかけて、日田郡教育会編の『淡窓全集』上・中・下の三巻が刊行された。刊行にあたっては、門下生であった清浦奎吾や、日田郡出身の井上準之助らが顧問を務めている。昭和五年（一九三〇）には国定教科書に淡窓が掲載され、同七年には咸宜園跡が国の史跡に指定された。[*60] 明治末期より起こった廣瀬淡

*58　「図書館の開設状況」（『大分県教育百年史』大分県教育委員会、一九七六年）八九九頁。

*59　「淡窓図書館の開館」（『日田市史』日田市、一九九〇年）六一三―六一四頁。

*60　日田市史および咸宜園跡の国史跡指定「咸宜園阯」『史蹟調査報告』第七輯（文部省、一九三五年）。

窓や咸宜園の顕彰活動はこれらの成果をもたらした。

昭和四四年（一九六九）には、淡窓の生家である豆田町の廣瀬家敷地内に廣瀬家に伝わる貴重な史料を保管する「廣瀬先賢文庫」が廣瀬正雄氏により建設され、平成元年（一九八九）には淡窓図書館が咸宜園の地から移転開館するに伴い、淡窓図書館で保管されてきた咸宜園関係の史料類も、廣瀬家に返却され、廣瀬先賢文庫の中で現在にわたって大事に保管されている。

平成に入ってからは、秋風庵や遠思楼を解体・修理し、江戸時代末期の姿に復原、平成二二年（二〇一〇）には、国史跡咸宜園跡に隣接する敷地に日田市により咸宜園教育研究センターを開館、平成二七年（二〇一五）には、咸宜園跡や豆田町が「近世日本の教育遺産群―学ぶ心・礼節の本源―」として、日本遺産に認定された。*61

以上、咸宜園の成り立ちから近代の閉塾に至るまで、簡単に見てきたが、第三代塾主である廣瀬青邨から最後の塾主である勝屋明浜までについては、史料上の制約もあり、淡窓期ほど、詳細な研究はまだ充分な状況ではない。しかし、青邨・林外の日記は、一部ながらも残存していることや歴代塾主や門下生らの史料発掘も進みつつあることから、近代の咸宜園研究はこれからもっと進展するものと思われる。

＊61　その後の咸宜園については＊41同書、一三九頁を参照した。

【参考文献】
中島市三郎『増補訂正 教聖廣瀬淡窓の研究』（第一出版協会、一九三五年）
広瀬恒太編『日田御役所から日田県へ』（帆足コウ、一九六九年）
日田郡教育会編『増補 淡窓全集』全三巻（思文閣、一九七一年復刻）
中島市三郎『咸宜園教育発達史』（中島国夫、一九七三年）
日田市立月隈小学校開校百年祭事務局「月隈教育百年史」編集部 編『月隈教育百年史』（日田市立月隈小学校、一九七五年）
日田市編・刊『日田市史』（一九九〇年）
海原徹『広瀬淡窓と咸宜園』（ミネルヴァ書房、二〇〇八年）
大分県立先哲史料館編『大分県先哲叢書 廣瀬淡窓資料集 書簡集成』（大分県教育委員会、二〇一二年）
日田市教育庁文化財保護課編『廣瀬淡窓の生家』（日田市教育委員会、二〇一二年）
日田市教育庁世界遺産推進室編『廣瀬淡窓と咸宜園』（日田市教育委員会、二〇一三年）
井上敏幸 監修 髙橋昌彦編著『廣瀬淡窓』（思文閣出版、二〇一六年）
日田市教育庁咸宜園教育研究センター編『図説 咸宜園―近世最大の私塾―』（日田市教育委員会編、二〇一七年）

【付記】本稿脱稿後に左記の口頭発表に触れた。本稿では十分に検討が出来なかった明治期の咸宜園における教育内容についても触れられている。また明治期の日田の経済力が低いことにより教育要求度も低く、就学状況が悪かったことを指摘している。

鈴木理恵「明治期再興後の咸宜園」『教育史学会』第六三回大会発表、二〇一九年

第三章　松下村塾の近代

亀田一邦

第一節　維新の胎動――吉田松陰と松下村塾

架橋者・吉田松陰

吉田松陰《よしだしょういん》（一八三〇―一八五九）は伝統社会から近代社会への転換に際し、理想に殉じて次代を牽引した開明的兵学者である。彼は海防の先覚者世代と明治維新を実現した志士世代の分界に位置し、双方を橋渡しする役割を担い、[*1]体制・社会・歴史の変革に能動的・主体的に関わった。

門下からは勤皇の志士が輩出、一部は新政府で顕官となり、近代日本の創成に中心的役割を果たした（「主要門人一覧」）。化育の母胎・松下村塾《しょうかそんじゅく》は「漢学私塾」（儒学中心の漢文テキストを学ぶための私設教育機関）に分類される。佐久間象山《さくましょうざん》の「東洋道徳、西洋芸術」[*2]（道徳や社会体制の面では伝統を固持し、西洋の科学技術を積極的に摂取する）に共鳴する松陰にとり、「漢学」（中国古典学）は武士層が共有する儒教的教養と価値観を身につけ、これを知的基盤とし

＊1　森田吉彦『兵学者吉田松陰　戦略・情報・文明』（ウェッジ、二〇一一年）一四頁。

＊2　『省諐録《せいけんろく》』巻上。

図1　吉田松陰肖像　山口県立文書館蔵

て思想的言説を展開するのに必須の学問であった。*3

回天の大事業を企図し、実現へと突き進んだ松陰とその門下生たちは、新旧の多様な学問・技芸が混在する中、新時代を切り拓く知的資本として「漢学」に実益性を認め、その積極的摂取と活用を心がけた。

松下村塾の沿革

松下村塾（松下塾、村塾等と略す）は萩東郊の松本村にあった。おじ玉木文之進《たまきぶんのしん》が興し、母方のおじ久保五郎左衛門《くぼごろうざえもん》が継承し、その後、実家の杉家で謹慎した松陰が主宰して全盛期を迎えた。ふつう松下村塾といえばこの松陰時代を指す。安政三年（一八五六）三月から五年（一八五八）一二月までの三年にも満たぬ期間である。

松陰は密航一件で下獄していたが、安政三年から杉家の幽室に移されて講義を始めた。翌年、物置を改造して塾舎を整え、五年三月に増築なって急増の塾生に対応し、七月には家学教授の藩許をえた。

安政六年（一八五九）の堀江克之助《ほりえかつのすけ》への書簡には「同志の会所を松下村塾と申し候」*4（九月一一日）とあり、この時期になると政治結社的色彩が濃厚になる。松陰の刑死後は、二人の妹婿・小田村伊之助《おだむらいのすけ》（のちの楫取素彦《かとりもとひこ》）と久坂玄瑞《くさかげんずい》が指導的立場につくが、主要な門人は行動期に入り、塾はおのずと衰退した。

図2　松下村塾　山口県立文書館蔵

*3　土田健次郎『儒教入門』（東京大学出版会、二〇一一年）、苅部直『「維新革命」への道―「文明」を求めた十九世紀日本』（新潮社、二〇一七年）を参照。

*4　大衆版『吉田松陰全集』（大和書房、一九七二―一九七四年）巻八、三八九頁。以下これを「大」と略し、定本版『吉田松陰全集』（岩波書店、

維新後、玉木が再興したものの、明治九年（一八七六）、養嗣子・正誼《まさよし》が萩の乱に参加して戦死、文之進も割腹して果てた。次いで松陰の兄・杉民治《すぎたみじ》が同一三年（一八八〇）から二五年（一八九二）頃まで続けるが、老齢と生徒数の減少で閉塾を余儀なくされた。再々興に際しては民治と前原党との関係が疑われ、公許をえるのが難航したという。*5

村塾の歴史はほぼ半世紀に及ぶ。我々はともすると熱気にあふれた教場のイメージを抱きがちであるが、渾身の育英のかげには数次の受難があり、松下村塾は時代の荒波に翻弄されて浮沈を繰り返していた。

第二節　松陰の学問と教育の特色

松陰と儒学・兵学

松陰は逆境を乗り越える知的エネルギーを儒学と兵学に求めた。端的にいえば、理想に燃える『孟子』（『講孟《こうもう》余《よ》話《わ》』）と実利に徹する『孫子』（『孫子《そんし》評註《ひょうちゅう》』）の思想を統合・調和させ、陽明学を推進力にすえ、動乱期にふさわしい危機管理学を生み出そうとしたのである。彼はさらに史学、地理学等をも綜合し、領域横断的な学知の形成を図り、現実の政治・経済への有効利用を考えた。そこには実戦を想定して必勝法を練る兵学者らしい姿が認められる。

兵家は徹底した現実主義で結果が全てであった。そのため情報収集・情勢分析に力を入れ

一九三四―一九三六年）を「定」と略す。

＊5　海原徹『松下村塾の明治維新　近代日本を支えた人びと』（ミネルヴァ書房、一九九九年）一一頁。

氏名	生没年	身分	履歴など
高杉晋作	1839 － 1867	大組 200 石	奇兵隊の創設。藩論回復・対幕戦争の主導。下関で病没。
久坂玄瑞	1840 － 1864	藩医 25 石	文久・元治期の政局を主導。禁門の変で自刃。
入江九一	1837 － 1864	地方組中間	尊攘の志士。禁門の変で戦死。
吉田稔麿	1841 － 1864	百人組中間	尊攘の志士。池田屋の変で闘死。
※木戸孝允	1833 － 1877	大組 90 石	参議。版籍奉還・廃藩置県。（※兵学門弟）
前原一誠	1834 － 1876	大組 47 石	参議。兵部大輔。萩の乱の首謀者として斬首。
伊藤博文	1841 － 1909	蔵元付中間	英国留学。憲法公布。内閣制度。初代首相。公爵。
山県有朋	1838 － 1922	蔵元付中間	兵制改革。町村制。元帥・陸軍大将。第 3 代首相。公爵。
品川弥二郎	1843 － 1900	十三組中間	信用金庫・産業組合法。駐独公使。内相。子爵。
山田顕義	1844 － 1892	大組 102 石	参議。法典整備。国学院・日本大学の創設。司法相。伯爵。
野村　靖	1842 － 1909	地方組中間	枢密顧問官。駐仏公使。内相。逓信相。子爵。
松本　鼎	1839 － 1907	防府の農	和歌山県令。衆議院議員。貴族院議員。男爵。
渡邊蒿蔵	1834 － 1923	大組 47 石	英国留学。工部省（造船）官僚。長崎造船局初代所長。
岡部利輔	1842 － 1921	大組 40 石	工部省（造船）官僚。製作権助。兵庫造船局所長。
飯田俊徳	1847 － 1939	大組 88 石	蘭国留学。工部省（鉄道）官僚。鉄道敷設に貢献。
正木退蔵	1846 － 1896	大組 188 石	英国留学。教育者・外交官。東京職工学校初代校長。

表１　松下村塾主要門人一覧（筆者作成）

（飛耳長目《ひじちょうもく》の説）[*6]、判断を下す際にも弾力性・変通性が重視された。この兵家式の思考が、松陰の儒学思想を陳腐な常識論に堕するのを食い止め、実用活学へと脱皮させた。

吉田家は萩藩に山鹿流《やまがりゅう》兵学師範として仕えた。素行《そこう》兵学は儒学で士道・武教を組織したため、家学の性格上、松陰も幼少期から経書学習に精を出した。だが伝統兵学は時代の緊迫と乖離した武人の教養でしかなかった。そこで松陰は兵学を「治国平天下《ちこくへいてんか》」の根本を研究する徹底した実学と捉え直し、太平の兵学を臨戦の兵学に切り替えるべく、『練兵実紀《れんぺいじっき》』、『紀効新書《きこうしんしょ》』などによる明・清の新式兵学、長沼流兵学、海防論を学んで補い、さらに『百幾撒私《ペキサンス》』（小山杉渓《こやまさんけい》訳。フランスの砲術書）、『台場電覧《だいばでんらん》』、『砲台概言《ほうだいがいげん》』などで西洋兵学を吸収し、和漢洋混合の折衷兵学を独自に構築して事変への対応に備えた[*7]。

*6　出典は『管子』九守。君主には観察力・情報収集力が求められた。松陰は「飛耳長目」と題する帳面を塾に置き、来訪者に見聞や噂話を書かせ、全国の情報をリアルタイムで把握しようとした。

*7　松陰の兵儒統合論については、広瀬豊『吉田松陰の研究』（東京武蔵野書院、一九四三年）、野口武彦『王道と革命の間』（筑摩書房、一九八六年）、前田勉『近世日本の儒学と兵学』（ぺりかん社、一九九六年）、*1の森田著作、須田努『吉田松陰の時代』（岩波書店、二〇一七年）を参照。

精究を加速させた要因に、嘉永期の『聖武記附録《せいぶきふろく》』（巻一一から一四の「武事余記《ぶじよき》」。アヘン戦争後の軍事・財政の再建策等を記述）、安政期の『海国図志《かいこくずし》』（西洋各国の事情を記し、近代的軍備と殖産興業による富国強兵を説く経世実学の地理書）との出会いがある。陽明学再評価の先駆者でもある魏源《ぎげん》の著述の実読で、松陰は救国の学問の樹立が急務と気づく。その結果、対外関係・政治情勢の打開策として、「君臣上下一体」論と「富国強兵」論が展開する。*8 かくして松陰は外的刺激を受けて家学の祖述を逸脱したが、かえって主体性・独創性が磨かれ、山鹿流を時代状況の変化に即応可能な新式兵学へと改変することに成功した。

のちに松門からは優れた軍事的才能をもつ一群（高杉、前原、山県、山田）が現れるが、これは兵学者・松陰の薫陶の功による。文官・品川の「兵陣の戦《いくさ》」よりも「経済の戦」の勝敗が国家の興廃に直結するとの卓見（「商工経済論序」、明治二八年*9〈一八九五〉）も、師の兵学的思考をもとに練られた所説であろう。

松陰は儒学から多様な思想を吸収した。これらは内面的価値観（忠誠観、学問観など）と外面的思想（対外観、政治観など）の両方の形成に深く関わった。注意すべきは「為政者批判」と「身分制批判」の思想をも受容した点である。安政三年、生涯最大の自己解体が起こる。すなわち「諫幕《かんばく》」から「討幕《とうばく》」への大転換である。*10 これが封建身分制の超克の可能性を秘めた「草莽崛起論《そうもうくっきろん》」*11の提唱につながり、在塾の下級武士や三民層を発奮させ、彼らを政治行動へと駆り立てる思想的機能を果たす。

*8　須田、*7同書、一三三―一四五頁。

*9　村田峰次郎『品川子爵伝』（大日本図書、一九一〇年）五九三―五九五頁。

*10　当初、松陰は水戸学の影響下に幕府の過ちを正す「諫幕」を主張していたが、真宗僧・黙霖（一八二四―一八九七）との書簡往復で、その「即今討幕」論に啓発され、ついに後者に転じた。

*11　最晩年に提唱した変革主体に関する論。当初は天下の浪人的存在を糾合しての義挙を考えたが、のちに民衆のもつエネルギーに注目した。

この画期的な所論の生起には、『孟子』の放伐《ほうばつ》革命論、『史記』（陳渉世家《ちんしょうせいか》）の人間平等論、孔孟の古典儒学のもつ社会変革的観点を称揚した陽明学との関連が指摘できる。また松陰が敬慕した蘇軾《そしょく》、王陽明、李贄《りし》の乱世における狂狷《きょうけん》活用論が深甚な影響を与えたが、この点は「陽明学の受容」の項で触れたい。

伝統思想の再解釈——「古ヲ以テ今ニ宛テ思フ」

松陰は「善変《ぜんぺん》の豪傑《ごうけつ》」（梁啓超《りょうけいちょう》「自由書」）であった。兵学者の自在な変通性を発揮し、状況に応じて絶えず思想・対策を変化させた。*12 なるほど松陰の思想中に前近代と近代が混在するのは事実である。その人間観や社会秩序観には尊卑の正当化が含まれ、士道論は君主への忠義が安民に優先され、学問・教化観も士（善良な治者）と三民（従順な被治者）を明確に分断する。そこには身分制の解体、国民意識といった近代の萌芽は見られず、旧態の論理をそのまま利用して現状対策を行っているに過ぎない。*13

国家存亡の危急時、尚古主義を尊奉するだけでは解決策はえられない。しかし儒学思想の完全な放棄も松陰にはできなかった。いうまでもないが、松陰の価値観と教養は経書学習を主体とする儒教的教育で培われた。よって四書五経は古聖賢の叡智の結晶として威を保ち、有識の士大夫《したいふ》の意見もまた尊ばれるべきものであった。ただし古道はあくまでも理念であり、万能の政策ではない。「心を実地に置*14」き（「資治通鑑抄《しじつがんしょう》」）、「時に随《したが》ひ、地に随ひ、用《もち》ふべき

---

*12　藤田省三はこれを「徹底的に状況的な存在」（「書目撰定理由—松陰の精神史的意味に関する一考察」、日本思想大系五四、『吉田松陰』解説、岩波書店、一九七八年）と表現した。六〇〇頁。

*13　唐利国「吉田松陰の思想の近代性について」（『環日本海研究年報』一九、二〇一二年）六九—八四頁。同氏『武士道与日本的近代化較型』（北京師範大学出版、二〇一〇年）、『兵学与儒学之間—論日本近代化先駆者吉田松陰』（社会科学文献出版、二〇一六年）も参照。

*14　定・二、一四四頁。

者」[*15]（同上）なのであり、時勢への適合度を吟味する必要があった。要するに松陰は、儒学思想に普遍性、有効性、政治的価値を認め、その上で当時の社会的現実に即して調整を加えるならば、国家体制と社会秩序の安定に十分に寄与できると考えたのである。

採用されたのは、儒教文献のフレキシブルな「読み替え」（唐利国[*16]、桐原健真[*17]）であった。これは『聖武記附録』に「古《いにしえ》に仿《なら》へば則《すなわ》ち今に通ぜず。雅《が》を択《えら》べば則ち俗に諧《かな》はず」（巻一二）とある警句と対応する。[*18] 松陰自身はこれを「古ヲ以《もっ》テ今ニ宛《あ》テ思フ」[*19]（「講義存稿」）、「先王の遺法を推《お》して当今の行ふべきを明らかにす」[*20]（「孟子欄外書」）と表現した。いわば伝統的な儒学思想の「再解釈」（王家驊[*21]）である。この作業は兵書にも適用され、「自己のうちに取りこみ、今日ただいまの事柄としてとらえかえ」[*22]（野口武彦）す知的営為となる。その事例は『講孟余話』、『孫子評註』、『東坡策批評《とうばさくひひょう》』等に数多く抽出できる。

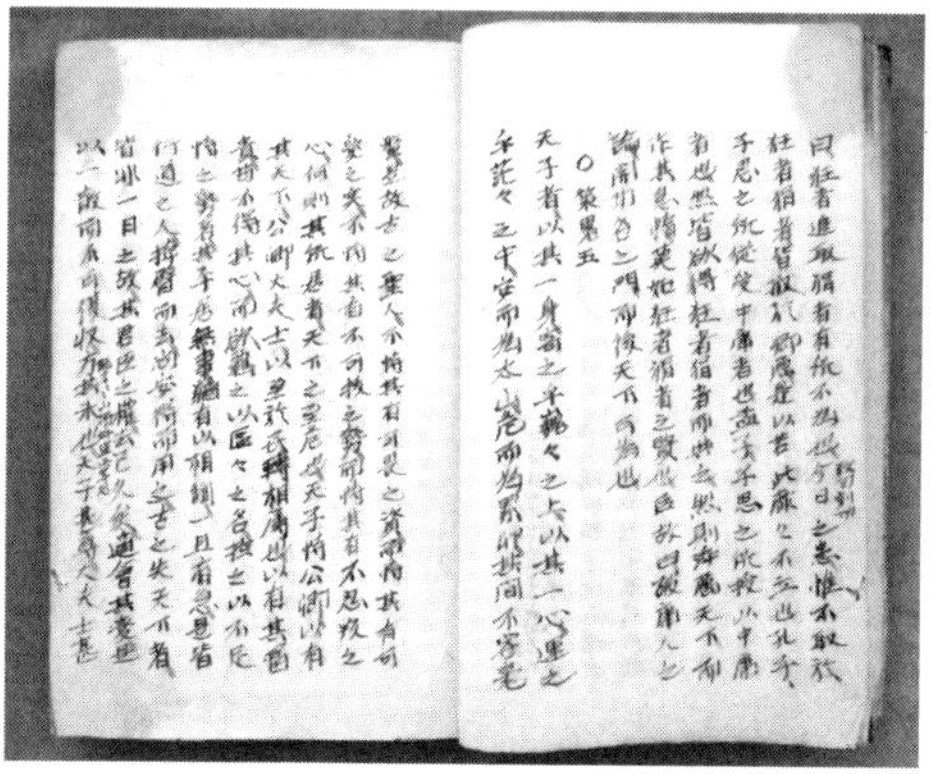

図３　渡邊蒿蔵写・吉田松陰評『東坡策批評』　萩松陰神社蔵

唐氏は従来注目されなかった『東坡策批評』（安政六年）を取り上げた。[*23]『東坡策』（三冊）は藤森弘《ふじもりこう》庵《あん》が蘇軾の策文二五篇を選んで出版した本で、これを門人の渡邊蒿蔵《わたなべこうぞう》（天野清三郎）が写し、松陰が獄中で批評を加えた。三島中洲《みしまちゅうしゅう》は「是れ東坡の策を

*15　定・二、一二七頁。

*16　唐利国「近世日本における漢学と幕末における変革思想—吉田松陰の『東坡策批評』について」（『駒沢史学』八五、角道亮介訳、二〇一六年）一一六頁。なお「読み替え」は丸山眞男が横井小楠と佐久間象山の思想考察に際し、初めて概念化した。詳しくは松沢弘陽「丸山眞男における近・現代批判と伝統の問題」（大隅和雄・平石直昭編『思想史家丸山眞男論』、ぺりかん社、二〇〇二年）を参照。

*17　桐原健真『吉田松陰の思想と行動—幕末日本における自他認識の転回』（東北大学出版会、二〇〇九年）は「伝統の読み替えによる変革—それは本書の一つのテーマでもある」（四頁）と述べる。

*18　『西遊日記』（九月一六日）に「聖武記（附録）を読む。老師記中、『仿古則不通今、択雅則

借りて以て己が策と為《な》せば、則ち之《これ》を松陰策と謂《い》ふも亦《ま》た可なり」（「松陰評東坡策小引」*24）と、内実は「松陰策」であると看破したが、松陰の状況認識と対策論を全面的・具体的に示して貴重である。唐氏は思想の保守性を指摘しつつも、「幕末において西洋からの衝撃に対面した際、漢学の伝統を含め、近世日本に蓄積された学問は簡単に崩壊することなく、積極的な読み替えによって、西洋からの挑戦に対応していった」*25と、松陰の学知形成の時代的意義を総括した。

松下村塾は学問の閉鎖性や権威主義とは無縁であった。その環境下に養われた思考の柔軟性は、すでに知的基盤となっていた漢学を教養の次元にとどめず、現実対応が可能な学問とみなし、松陰の巧みなリードで塾生はその創意を抵抗なく受け入れてゆく。こうして漢学に国学・西洋学に劣らぬ学問としての新たな生命が吹き込まれ、変革のエネルギーが旧套の儒学に宿ることを証明してみせたのである。

松下村塾の教育――「会読」の重視

松陰は危機意識と使命感を経史に学び、超克の方策を広く漢籍に求めた。塾生にも忠義の精神、愛国心、政治思想などを漢学主体に学ばせ、その識見と気魄を長じることに努めた。そうして観念や思想の想像よりも行動・運動に重点をおき、青年に基本方向を示し、推進力を与えることに心血を注いだ。

不諳俗』の語に至り、嘆称して欄外に標して他日考索に易からしむ」（大・九、三六頁）と見える。

*19　「未忍焚稿」所収「講義存稿三篇」（論語、嘉永二年五月）、定・一、二七七頁。

*20　定・四、五七一頁。

*21　王家驊『日本の近代化と儒学』（農山漁村文化協会、一九九八年）三四八頁。

*22　野口武彦『江戸の兵学思想』（中央公論社、一九九一年）二八九頁。

*23　唐、*16同論文、一〇三―一一八頁。

*24　吉田庫三編『松陰先生批評東坡策』（松下村塾蔵版、一九〇二年）。編者は松陰の曾孫で、三島の二松学舎に学んだ。

*25　唐、*16同論文。

その教育論は「士規七則《しきしちそく》」の「立志」「択交」「読書」に集約される。また、⑴社会的制約を超越した士庶共学、⑵個別学習の奨励、⑶野外学習（剣術・水練・農耕等）の共同学習的利用、⑷課題解決型の学習による実学・実践の重視、⑸広義の政治教育の導入、という五点は他塾には見られない異色の教育である。[*26] これらは松陰が次代に備える士道錬成の方途を多角度から探って具体化したもので、村塾の教育が経世致用の意義を喪失した昌平官学派へのアンチテーゼとして構想された教育論であったことが理解できる。

学習方法には、講釈、会読、順講、討論、対読、看書、対策、私業などがあった。[*27] このうち注目すべきは「会読」である。「会読」とは「一つのテキストを複数の人々が討論をしながら読むという共同の読書方法」[*28]で、どこの藩校・私塾でも採用されていた。しかし村塾のものは型破りで、これが幕末の「横議《おうぎ》・横行《おうこう》」（幕末の志士が藩や身分の境界を越えて横につながり、政治的な議論を行うこと）の発生源となる。[*29] 前田勉は「自由闊達な会読の場では、経書・史書の読書にとどまらず、政治的行動が謀議されていた」といい、また松陰による会読の重視は「弟子の自発性と個性を尊重し、身分や年齢などを一切問わない平等主義にたつ松陰の教育観」の現れであるとともに、松陰自らの自己形成の方法でもあったと分析する。[*30]

さらに「会読」という共同読書法の思想史的意義を村塾のケースで考えると、以下の二つの特徴が指摘できるという。⑴儒学の基本理念では読書・学問は道徳的修養のためのものと考えられたが、松陰はこれを否定し、「自得」したものを内蔵せず、不特定多数の人々に「語

＊26　湯川宗一「松下村塾とその教育」（日本大学『教育学雑誌』一〇、一九七六年）、犬飼喜博「吉田松陰の教育と思想」（前掲誌二〇、一九八六年）、辻信吉「松下村塾の教育の特性」（『聖徳大学研究紀要』一六、一九八三年）を参照。なお日本大学の学祖は松門の山田顕義である。

＊27　広瀬、＊7同書、三一六—三二七頁。

＊28　前田勉「吉田松陰における読書と政治」（『愛知教育大学研究報告、人文・社会科学編』六〇、二〇一一年）五五頁。

＊29　＊12藤田論文、六一一頁。

＊30　＊28同論文。

る」ことを積極的に勧めた。(2)朋党を組むことを肯定し、同時代の通念を否定した。前者は江戸期の読書観の枠を超えるもので、また後者は江戸期の徒党禁止のタブーを打破する革命的な考えであった。そうして上記の問題は幕末の尊王攘夷運動を越えて、明治期のさまざまな自己の思いを語るという学術・政治集会における演説の台頭、また同志を集め、朋党を増やし、自発的な結社を成立させることと深く関わる点でも注目されると結論した。*31

安政五年六月の「諸生に示す」*32では、「沈黙自《みずか》ら護《まも》るは余甚《はなは》だ之《これ》を醜《にく》む」と語り、「苟《いやしく》も語るべきものあらば、牛夫馬卒と雖《いえど》もまさに与《とも》に之を語らんとす。況《いわん》や同友をや」と記す。松陰は塾生間での自発的討究に大きな期待を寄せていた。村塾では師弟及び塾生の間で議論を活発に闘わせ、相互討究を通して問題意識が共有され、連帯して解決への手段が模索されたのである。

漢学私塾としての教育実践

村塾では一般の漢学塾と同様の教育も施された。たとえば詩文の場合、天野御民《あまのみたみ》が「作文は勧奨せらるれども、詩作は強《しい》て励されず。蓋《けだ》し文章を能《よく》せざれば己の意を達すること能《あた》はずと云《い》ふにあり。詩は多くは風流に属すればなり」*33と語っている。卑見を開陳する上書、同志との思想的共鳴、どれも論理的思考で正格な漢文を作る力が求められた。そのため村塾でも作文を重視、添削や合評を取り入れ、相互陶冶を行った。前掲の学習方法では、塾生に課

*31　*28同論文、五八―六二頁。
*32　大・四、三五八―三五九頁。
*33　天野御民編述『松下村塾零話』（山陽堂、一九〇八年）六―七頁。

題を与え、答案を書かせ、批評・添削する「対策」が該当する。

　学科は「別に課目と云ってはない。教科書も皆別々で、自分は明史や東坡策などを教はつた」[*34]という。『東坡策』は儒学の政治・政策的価値を具体的に学べる生きた教材として村塾で歓迎された。松陰は前引「講義存稿」で、今の漢学者は時代に即した「読み替え」ができず、時務の役に立たぬと批判した。この反省にもとづき、類似の政治・社会情勢の中で熟慮をへた政策が満載する本書を塾生に推奨したのである。

　さて松陰は「観史《かんし》の益《えき》」を強調し、経学以上に史学を尊重した。史書を読むことは、歴史に真実を学び、今に活かすためであった。他に義烈の人々の伝記を読ませてモデルと仰ぎ、塾生の意気を昂揚させ、高志の育成をも目的とした。渡邊が学んだ「明史」も列伝であろう。成果は門下から志士が輩出した事実で立証されるが、興味深いのは明治政府の高級技官・正木退蔵《まさきたいぞう》が、松陰の教育は「君子」を育てる教育であったと回想し、忠臣義士の伝記を学んだことが後々まで記憶に残っていると述べた点である。[*35]松門には複数の技術官僚がある。彼らは政治・軍事・外交とは別の次元で日本の近代化を支えた。松陰の歴史教育が学究・技術者へと進んだ若者の将来の立志や人間形成に一定の役割を果たした点も見落としてはならない。

　松陰は尊攘思想を貫いたが排外主義者ではなかった。『講孟余話』に「夷《えびす》の礮碩《ほうこう》・船艦、医薬の法、天地の学、皆吾《われ》に於《おい》て用あり、宜《よろ》しく採択すべし」[*36]（巻二、一六場）とあるのはその証である。しかも「続愚論」に「万国航海」によって世界への智見を広め、各国の状況を

＊34　広瀬豊「渡邊蒿蔵問答録（昭和八年八月十三日）」、大・十、三五九頁。

＊35　広瀬、＊7同書、三〇六―三〇七頁。なお史書への傾倒、読史の目的については、桐原健真『松陰の本棚　幕末志士たちの読書ネットワーク』（吉川弘文館、二〇一六年）を参照。

＊36　大・三、一一九頁。

参考に「富国強兵の大策」を立てることが肝要だと述べ[*37]、この師説を受けて伊藤、正木、渡邊、飯田は、松下村塾という攘夷党に属しながら、幕末に海外へ留学する。松陰と村塾は大胆に変通性を作動させていた。こういった思考・行動の基底には『海国図志』の他、『西洋列国史略』、『洋史紀略』、『蕃史』等の西洋史関係書や世界地理書を貪り読んだ塾主の経験が深く関わり、門人もこれに感化されて開明的思考が培養されたといえよう。

「続愚論」の意見は、笠谷和比古によって岩倉遣外使節（明治四—六年）にまでつながる先駆的提言と評価される[*38]。使節団には木戸、伊藤、山田、野村が随行した。また山県は明治二年から三年に兵制調査のため渡欧、品川も普仏戦争の観戦、公使館勤務等で明治三年から九年まで滞欧し、新政府に入った主要門人はみな外遊を経験した。松陰は『聖武記附録』の「夫《そ》れ外夷《がいい》を制馭《せいぎょ》する者は必ず先《ま》づ夷情《いじょう》を洞《うかが》ふ[*39]」（巻一二）に刺激され密航を企て失敗したが、「彼を知り、己を知らば百戦殆《あや》ふからず」という『孫子』の恒常原理は門下に継承され、日本の近代化を進めるための国家プロジェクトとしての海外視察へと結実した。

第三節　「狂狷」と化す師弟——陽明学への傾倒

陽明学の受容

松陰に思想的活力を与えたものに陽明学がある。本来、陽明学は倫理的側面を高揚したが、

＊37　大・四、三四八頁。

＊38　笠谷和比古「武士の儒教的エートスと近代化」（国際日本文化研究センター、『東アジアにおける近代化の指導者たち』、一九九七年）六二—六四頁。

＊39　『西遊日記』（九月一七日）に「佳語」（大・九、三七頁）として抄録する。

日本では政治的側面が強調され、「行動主義」と「非体制性」を特色とした[*40]。松陰はペリー来航後、幕藩体制が抱える矛盾の深刻化を憂え、克服の方途を探った結果、陽明学的教養にもとづき変革する行動を選択した。松陰の王学受容とこれにもとづく打破的革新主義の誕生は、日本陽明学が近代化の端緒としての明治維新に与えた大きな影響を示す事例とされる[*41]。

王学の影響は随所にうかがえる。松陰の「立志」を第一とする教育観は、『伝習録』中の「示弟立志説」、「訓蒙大意」、「教約」を読んで生まれた（『西遊日記』[*42]）。また村塾の開放的な雰囲気、個性の尊重、多様性の許容といった教育の特色も、「陽明年譜」を読み、自然の中での連帯意識を重視する伸びやかな人間教育に共鳴して導入されたものである（『戊午幽室文稿』所収「諸生に示す」[*43]）。

前述した「草莽崛起論」の理論的正当性は『孟子』に求められるが、陽明学のもつ人間の本質的・社会的平等思想との関係も否定できない。特に原始共産制ともいうべき理想社会の実現を情熱を込めて訴えた「抜本塞源論《ばっぽんそくげんろん》」（『伝習録』中）の影響は大きい[*44]。王学徒の久坂と高杉は師の農兵構想を発展させ、「集撰組《しゅうせんぐみ》（光明寺党《こうみょうじとう》）」[*45]、「奇兵隊」[*46]を結成、これが封建身分制崩壊の序章となる。彼らによる市民軍構想の実現は、維新後の四民平等、国民皆兵の思想との連続性が認められ、明治国家における国民意識の思想的萌芽へとつながる。

そして何といっても李贄《りし》（卓吾《たくご》）への傾倒を忘れることはできない。安政六年頃、松陰は『焚書《ふんしょ》』を耽読、正月二七日の入江宛書簡に「吾れ嘗《かつ》て王陽明の『伝習録』を読み、頗《すこぶ》る味

＊40　＊21同書、七八―八九頁。
＊41　＊21同書、九四―九八頁。
＊42　大・九、三九頁。
＊43　大・四、三五八頁。
＊44　『西遊日記』（九月一九日）に抄録がある（大・九、三八―三九頁）。また嘉永四年一一月六日付某宛書簡にも熟読玩味すべき書（「東坡策」等二十種）として掲出する（大・七、一〇七頁）。
＊45　文久三年五月結成。長藩有志と諸藩浪士で組織した攘夷実行集団。光明寺党は萩士側からの貶称。
＊46　文久三年六月、高杉の構想のもとに結成された武士・庶民混成の軍事組織。小倉戦争、戊辰戦争では正規兵以上に勇戦、最盛期には六五〇名ほどを擁した。明治二年に解散。

あるを覚《おぼ》ゆ。頃《このご》ろ『李氏焚書《りしふんしょ》』を得《え》たるに、亦《ま》た陽明派にして、言々《げんげん》心に当《あた》る。*47」（『己未文稿』）と述べた。他に「卓吾居士《たくごこじ》は一世の奇男子《きだんし》、其《そ》の言往々僕の心に当り、反復して甚《はなは》だ喜ぶ*48」、「頃《このご》ろ李卓吾の文をよむ。面白き事沢山《たくさん》ある中に童心説甚《はなは》だ妙*49」等の感想を述べ、『焚書』は最晩年の死生観をも左右した。

増井経夫は並々ならぬ傾倒は「李贄が迫害に屈せず講学をつづけた生活とここに醞醸《うんじょう》された忿激《ふんげき》の気配*50」にあるとし、類似の境遇への深い共感によると述べた。しかも李贄は「官学者批判」、「男女の同権」、「商利の肯定」、「人民安養の重視」等を説き、反封建思想を内包する点でも松陰を魅了する。我が国ではこの泰州学派の異端学者に関心を寄せた知識人は殆どなく、松陰と松門がその思想を積極的に受容・支持したことは特筆に値する。

同年初夏、在獄中の松陰は自身の運命を予感し、筆写した「李氏焚書抄」を江戸の高杉に届けるよう久坂に命じた。添状の後半にはこうある。「一日世に在るも苦悩堪《た》ふる能《あた》はず…十年生存してもかかる狂悖人《きょうはいじん》なれば、素《もと》より脱囚《だっしゅう》の時は自《みずか》ら期せず。此の世にて老兄を見ること能はず。老兄に小生の事必ず思ひ出され様成《な》され度《たく》候。僕頃《このご》ろ李氏焚書を抄録仕《つかまつ》り候。卓吾は蠢物《しゅんぶつ》にて僕景仰欽慕大方《けいぎょうきんぼおおかた》ならず。僕若《も》し遂《つい》に老兄に見《まみ》ゆる能《あた》はざらんも、右の抄録を残し置き候間、御一見下さるべく候。*51」（四月頃）

抄録には「狂狷《きょうけん》」を称賛する話（巻一、「耿司寇《こうしこう》に与へて別れを告ぐ」）があり、圏点で埋まっている。李氏は先聖の学問を継承し、正義を実行できるのは「狂狷」しかいないのだと断言

*47　「（入江）子遠に告ぐ」、大・五、一七七頁。

*48　「（小田村）士毅に与ふ」（安政六年一月二三日）、大・五、一六二頁。

*49　入江杉蔵宛書簡（安政六年正月二三日以後）、大・八、二〇五頁。

*50　増井経夫『焚書―明代異端の書』（平凡社、一九六九年）一〇頁。

*51　大・八、三二三頁。

する。実はこれこそ松陰が晋作に伝えたかったメッセージである。高杉がその点を理解するまでにさほどの時間はかからなかったに違いない。松門は亡き師の遺志を継ぎ、待望の「狂狷」となって戦闘性を発揮する。陽明学は松門における幕府打倒の壮図を正当化する行動哲学としての機能を担っていた。

松陰を維新革命の思想的指導者とし、精神的原動力を陽明学に求める理解は、清末の康有《こうゆう》為《い》、梁啓超《りょうけいちょう》、朝鮮の朴殷植《ぼくいんしょく》らにも大きな影響を与えた。ことに梁啓超は松陰の「至誠観」（失敗を覚悟して天下のために身を犠牲にしても信念を全うする姿）、「感化教育」、「尚武精神」等に感銘を受け、強い憧憬を抱く。彼の民族革命を鼓吹する政論の多くは、松陰の革命思想（局面打破・破壊主義）と内面的理解に依拠し、その精神で改革者の決意を固めさせ、奮起を促そうとした。[*52] しかし松陰のもつ帝国主義的な思想にまでは思い至らず、のちに門人の主導によるアジアの植民地化が待っていようとは予想だにしなかったであろう。

松下村塾は小規模な漢学塾であったが、松陰の至純な心映えに発した思想は、東アジアの儒教文化圏を巻き込むまでの強烈なエネルギーを放出した。それは社会進化に向かう栄養分を供給し、次世代を肥育し続けたのである。

「松門の双璧」と陽明学

萩明倫館は全国有数の規模と陣容を誇る藩校であった。しかし天保以降、漢学科は振るわ

＊52　郭連友「梁啓超と吉田松陰」（お茶の水女子大学、「『対話と深化』の次世代女性リーダーの育成」、二〇〇七年）一九六―二〇六頁。同氏『吉田松陰与近代中国』（中国社会科学出版、二〇〇七年）も参照。

ず、急激な社会変動を予感し、時局に即応する学問を求める有志青年を失望させていた。その典型が久坂と高杉である。

早熟な久坂は朱学改変後の歴代学頭の保守性を指摘、学風は「繁文修飾の弊に陥り・・・士気一振など申す事は竟《つい》に目途《めど》もこれ無き様に相見え候[*53]」(万延元年九月二四日、藩主宛建白書案)と批判、藩校改革を進言しようとした。高杉の不満も遊学で頂点に達し、思誠塾と昌平黌を短期で退学した。

大橋訥庵《おおはしとつあん》は字句解釈だけで退屈、昌平黌は出世優先の諸藩エリートが鼻もちならず辞めた。全国規模で朱学一尊の教学体制が確立、教養的要素の強い官僚養成学が展開したが、二人はこれに難局打開の価値を認めなかった。

両者の懊悩は村塾入門で一度は落ち着くが、指導者を失い、情勢も緊迫の度を増し、再び迷走が始まる。これを解決へと導いたのが陽明学である。久坂の場合、安政六年に書かれた三通の入江宛書簡が印象深い。久坂は陽明学を「有用の学」とし、『伝習録』を読むよう助言する[*54](九月二一日)。九月晦日付には「其《そ》の学(筆者註―陽明学)を主として国難に死する者幾百人ぞ。色々其《そ》の学の弊を論駁《ろんばく》する者あれど、遂《つい》に実学に帰するなり・・・繁文収飾の弊、此《ここ》に至っては、是《こ》の弊を一洗《いっせん》する者は、夫《そ》れ姚江《ようこう》の学(同)に過ぎたるは莫《な》し[*55]」と、陽明学の実践主義にもとづき、現実の矛盾と格闘することの大切さに言及した。

門下随一の信奉者は高杉である。関心は「王陽明伝習録其の外《ほか》真味あり[*56]」(安政六年七月中旬、

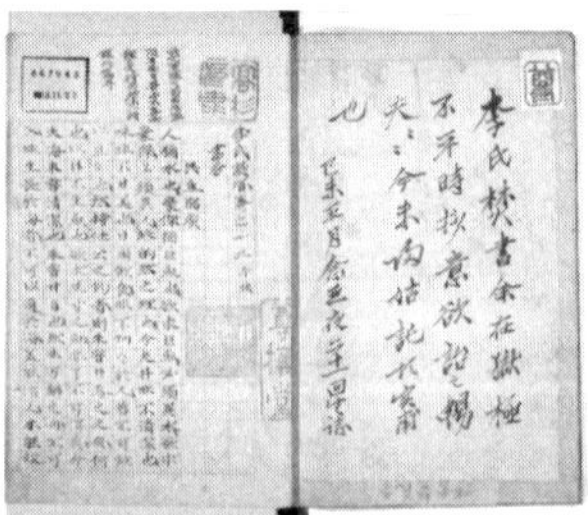
図4　吉田松陰自筆「李氏焚書抄」　京都大学附属図書館蔵

*53　福本義亮『松下村塾偉人久坂玄瑞』(誠文堂、一九三四年)四九一頁。

*54　妻木忠太『久坂玄瑞遺文集』上巻(泰山房、一九四四年)一六一頁。

*55　*54同書、一六八―一六九頁。

*56　大・八、三六八頁。

高杉宛）という松陰の読書指導に始まる。当初、高杉は陽明学を死生の脱離や心腸の鍛錬に資する精神修養に有益な学とだけ見ていた節がある。ところが万延元年、久坂らと『伝習録』を会読して心酔、そこで「狂者」の気概に共感し、松陰の遺命の真意を悟り、変革者の道を歩むべく決意を固めたのではないかと思う。有名な「伝習録を読む」（王学振興して聖学新《あらた》なり／古今の雑説遂《つい》に沈淪《ちんりん》す／唯《ただ》能《よ》く良知《りょうち》の字を信じ得《え》たれば／即《すなわ》ち是《こ》れ羲皇《ぎこう》以上の人たらん）もこのころ作られたものであろう。儒学は陽明学によって革新された。ひたすら良知の説（人に生まれながらに備わる道徳意識を発揮すれば、全ての行動が理にかなうとする所説）を信じて実践すれば、上古の理想の世が再び訪れるのだ、と高杉は王学を絶賛した。

翌年の『暬御日誌《せつぎょ》』には「某《それがし》は良知を以て一物（筆者註―心中に何か一つのものを思いつめて精神集中する際の対象）となす落着なり」[*57]（文久元年三月二四日）と記し、重ねて『伝習録』、『陽明文粋』を読み、陽明学派の主要著作をリストアップした。高杉の陽明学への傾倒はしだいに過熱し、小倉戦争の際は常に『王陽明全集』がそばにあったという。[*58] 彼の王学信奉は松陰が『李氏焚書抄』を残したときを発火点とし、以後、晋作は「狂」の精神を理想にかかげ、先師が果たせなかった志業の実現に邁進する。

松陰の陽明学への親炙は「松門の双璧」へと感染し、「双璧」もまた危機の超克に不可欠なエネルギーを宿す革新思想として王学を進んで摂取、幕末の難局を打開する突破力として期待を寄せたのである。

＊57　一坂太郎編『高杉晋作史料』巻二（マツノ書店、二〇〇二年）四一頁。

＊58　＊57同書、巻三。田中光顕（土佐、伯爵）の談話。三四八頁。

図５　桜山神社霊標　山口県下関市

「狂狷」による明治維新

松門は討幕運動に突き進むに際し、先師の遺志を継いで「狂狷」と化す。「狂」は「果敢に行動する理想家」、「狷」は「意志堅固で自らの節義を守る偏屈者」をいい、古く『論語』（子路篇）、『孟子』（尽心章句下）に見える。『講孟余話』には「道を興《おこ》すには狂者に非《あら》ざれば興す能《あた》はず。狷者に非ざれば守る能はず。則《すなわ》ち狂狷を渇望する、亦《ま》た豈《あ》に孔孟と異《こと》ならんや」[*59]（巻四下、第三七章）と、回天の大事業は「狂者」の創業と「狷者」の守成があって完成するとし、自身「狂狷」をえて改革に乗り出すことを切望した。

のちに同じ意見を『焚書』（巻一「与耿司寇告別」、既出）に発見、松陰は意を強くした。狂狷の活用は前引『東坡策』（巻上、策略四）にもある。太平の世は中庸を好む凡士ばかりで、乱世を乗り切る才知・器量ある人物に乏しい。だから優れた決断力と果敢な実行力を備え、堅実で辛抱強い人材（狂狷）を登用せよと蘇軾は力説した。伝統儒学を尊重した松下村塾にとり、「狂狷」こそが動乱期における理想の改革者像であった。

＊59　大・三、四一六頁。

村塾の人々は、東洋の伝統儒学と西洋の近代科学のはざまで種々の葛藤を経験し、直面する危機や課題を乗り越えようともがいた。松陰は旧来の知識人の文化資本である漢学の有用性を積極的に肯定し、これを新時代に即した再解釈を行うことで、変革の知的資源として最大限に利用し、国家的危機の超克を目指した。松陰の熱誠に感化された旧門生は一致結束、陽明学的教養を背景とする「脱常識の知」をもって困難な時代と対峙し、それぞれの立場で狂者・狷者となって日本の近代化に貢献したのである。

【参考文献】

海原徹『吉田松陰と松下村塾』（ミネルヴァ書房、一九九〇年）
海原徹『吉田松陰—身はたとひ武蔵の野辺に』（ミネルヴァ書房、二〇〇三年）
河上徹太郎『吉田松陰—武と儒による人間像』（文芸春秋、一九六八年）
玖村敏雄『吉田松陰の思想と教育』（岩波書店、一九四二年）
広瀬豊『吉田松陰の研究』正続（東京武蔵野書院、合本改訂版、一九四三年）

研究の窓

安積艮斎と近代日本の教育

安藤智重

明治期の多くの政治家・官僚・教育者たちを育成した安積艮斎《あさかごんさい》は、寛政三年（一七九一）、奥州安積郡郡山村、安積国造《くにつこ》神社第五五代宮司安藤親重《ちかしげ》*1の三男に生まれた。幼時より学を好み、二本松藩儒に学ぶ。柴野栗《りつ》山《ざん》の詩文に憧れ、その学僕にならんとして一七歳で江戸に上る。たまたま出会った本所の妙源寺《みょうげんじ》住職日明《にちみょう》の紹介で佐藤一斎《いっさい》に入門。次いで大学頭として文教を取り仕切る林述斎《じゅっさい》に学んだ。一斎は「陽朱陰王《ようしゅいんおう》」の思想家で、艮斎もその影響を受けて、朱子学《しゅしがく》を主としつつも、陽明学《ようめいがく》を積極的に取り入れた。

艮斎は、王陽明《おうようめい》『伝習録《でんしゅうろく》』から多くの語を引用して道を説いている。『艮斎間話《ごんさいかんわ》』上巻に、「道は天下の公道なり。学は天下の公学なり」とあるのも、『伝習録』中巻からである。「公道」「公学」の重要性を認識し、陽明学の自由平等思想を世に広めたのである。これは朱子学にもとづいた身分制度や幕藩体制とは対立する。当時としては大胆な主張である。なお、艮斎の門人十《そ》河晋斎《ごうしんさい》は一斎の『伝習録欄外書《らんがいしょ》』を書写している。*2陽明学が一斎、艮斎、晋斎と継承されていることを示すものであろう。

ところで、儒学者は漢文で書くのが流儀だが、『艮斎間話』は漢文訓読調の和文である。「学は天下の公学」という見地に立てば、幅広い層で読まれることが期待される文体こそ、「公学」にふさわしい。その後、明治期には漢文訓読調の和文が標準的な文体となり、今も法律の文章などに用いられている。

艮斎は論文「儒を原《たず》ぬ」*3において、孔孟は勿論のこと、釈迦《しゃか》や老荘、諸子百家も皆儒とし、学派や思想間の垣根を取り払った。「儒を原ぬ」について、艮斎門人の重野安繹《やすつぐ》は「艮文中出色の文字なり」*4と評している。

さらに艮斎は『洋外紀略』*5中巻で、儒教文化圏の外の、ワシントンの治政をも高く評価した。

艮斎は「明善堂記《めいぜんどうのき》」*6に、「聖賢の学は誠身よりも大なるは莫く、而して其の道は明善に在るのみ」と書いている。いくら知識や技能があっても、「誠身」「明善」(『中庸』の語)をおろそかにすれば、その力を社会や国家のために発揮することはできない。学や道の実践において「わが身を誠実にすること」「現実の事態について正しい善をはっきりと認識できること」は欠かせない。

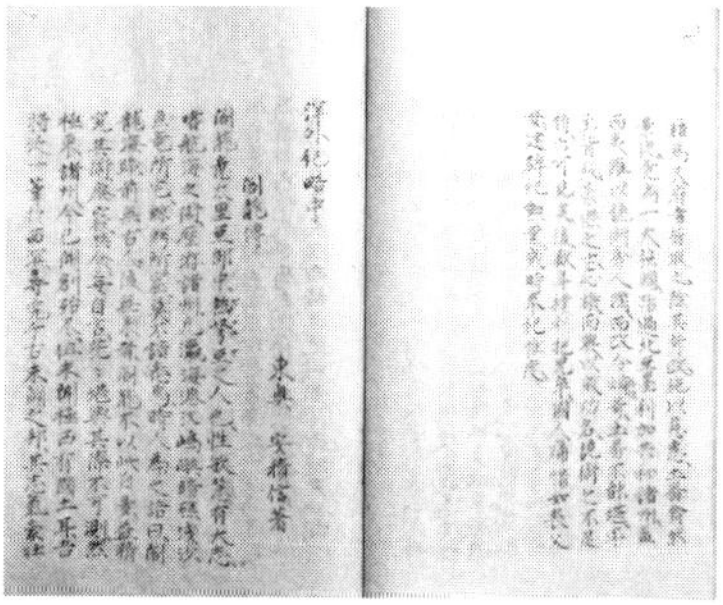

上：図１　安積国造神社（４世紀半ばの創建）
下：図２　『洋外紀略』写本

また、「人倫の道は、吾心に具はる。而して四書六経は乃ち吾心の理を提挈闡発《ていけつせんぱつ》する所以の者なり」とある。これは陽明学の「心即理説」にもとづく言と解せられる。「四書六経」、いわゆる儒学の経書は、自分の心の理を掲げ出し明らかにするための手段ということになる。外的な権威の経書の助けによって、心の内にある理を完成させることが求められている。

艮斎は中背痩形で色黒く、蓬頭乱髪《ほうとうらんぱつ》、田舎風、人の上下を問わず、腹蔵《ふくぞう》なく口角泡を飛ばして快談し、天真爛漫の人であった。講釈は流暢な江戸弁、時には日本史を自在に語って驚かせたりもした。決して人をそしらず、詩文を見れば称揚し、詩文が拙ければその手跡を賞し、詩文手跡ともに下手であれば、その紙をほめた。

図３　安積艮斎門人帳（福島県重要文化財）

およそ儒学の輪講・会読[*7]という教育法は、自由な討論をする土壌をつくった。経書のある部分を題材とし、塾生同士が討論する。先生は会頭を務めてそれぞれの説に批判を加え、当否を言う。艮斎は学問修業時代を回想し、「勉めて諸書に渉り諸説を抄して覚へ居たれば、林（述斎）門に在りて輪講会読等為したる節は、大抵いつも議論に打勝ち、外々の諸生に負けし事なかりし」（『五月雨草紙《さみだれぞうし》』）と門人に語っている。艮斎は文化一一年（一八一四）、二四歳にして江戸神田駿河台に私塾を開き、三七歳の時、その近くに「見《けん》山楼《ざんろう》」を建てて移った。安積塾は二と八が付く日を講義日と定め、毎月六回開講した。夜間も六回ずつ開講したこともあった。通学生と寄宿生とがいて、嘉永期駿河台紅梅町に居た頃は、三、四〇人が寄宿した[*8]。「幕末の儒宗[*9]」として仰がれた艮斎のもとに、全国から志を持った若者らが陸続として集まってきた。当時、身分制度の枠を越えて活躍するためには、学問修業が唯一の道であった。安政二年（一八五五）正月に入門した三菱の岩崎弥太郎は寄宿生である。その頃、艮斎は昌平坂学問所教授[*10]で、淡路坂上[*11]の屋敷に居た。一〇月に大地震が起こって屋敷がはなはだ損壊、弥太郎は奥の間にいた艮斎の所に駆けつけた。安積塾はその後、学問所御役宅[*12]に移り、弥太郎は国許の事情でその年の一二月土佐に帰る。

艮斎は万延元年（一八六〇）、七〇歳にして官舎に没するまで、四七年間にわたって教育に力を注いだ。艮斎の門人帳[13]には、二二八〇余名の門人の出自氏名が艮斎自筆で書かれている。そのほか昌平坂学問所や長州藩校有備館・二本松藩校敬学館などの受講生もふくめれば、三〇〇〇人ほどの学生を教えたことになる。

艮斎は、細井平洲の教育論を引用して、「総て人を教育の方は菊好の菊を作る如くするは宜しからず。百姓の菜大根を作る如くすべし」と説き、人は一様ではないので、自分の考えをおしつけず相応に教育すべきで、見識が狭量の人は先生とすべきではない[14]、とした。

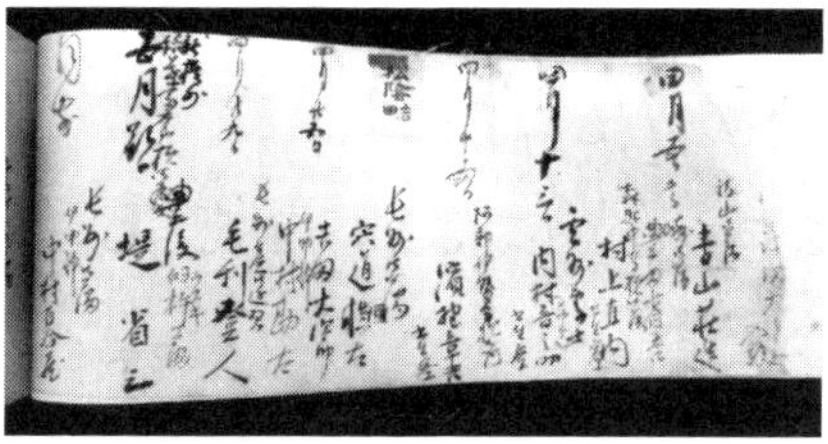

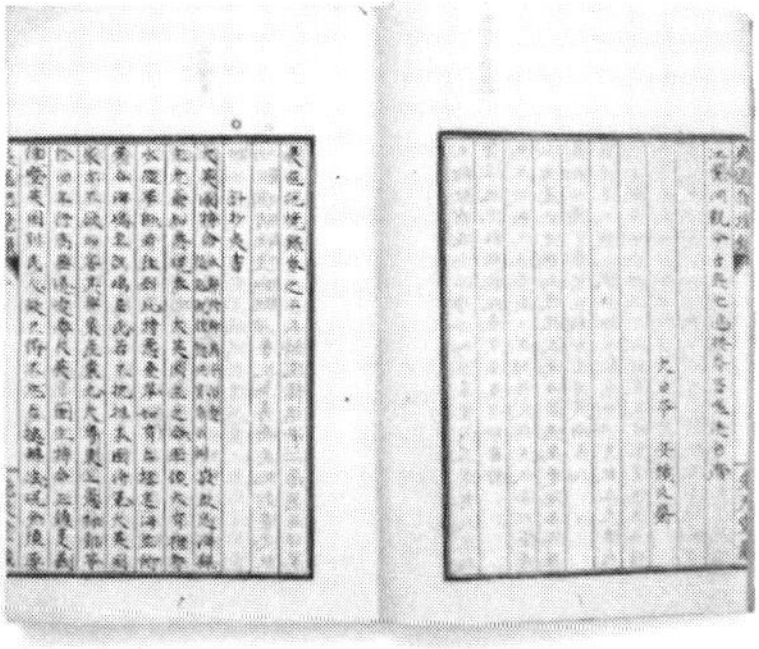

上：図４　吉田松陰入門の記載（艮斎門人帳）
下：図５　『夷匪犯境録』（先天堂）

平洲・艮斎の、学習者の主体性を重んずる教育は、吉田松陰（艮斎の門人）の松下村塾にも受け継がれた。しかし、松陰は教育者から革命家へと変貌する。岡鹿《ろく》門《もん》（艮斎の門人）は「松陰は幕府違勅の罪を問ふを以て従游少壮輩を鼓舞す[15]」と記している。

ところで、西洋列強の侵略を受けた清国では、主にキリスト教の宣教師たちが西洋の文献を漢文に翻訳していた。いわゆる漢訳洋書は、長崎を経て江戸に持ちこまれた。だから、漢文を読めれば世界の概況を知ることができた。アヘン戦争は清国人がその惨状を詩文に書いているので、漢籍からも伝わった。『乍《さ》浦《ほ》集《しゅう》詠《えい》』[16]（一八四六年）や、『洋外紀略』の巻末に付した清国人某の『平夷策《へいいさく》』などもその類である。

艮斎は一八四四年頃『禦戎策《ぎょじゅうさく》』を著して、諸侯を要害の地に配して軍の機動力を高めることを提言した。

一八四八年には『洋外紀略』を著して、世界の歴史地理、西洋列強の脅威と国防、軍艦の建造等を説き、貿易による建造費用の調達を示唆した。またアヘン戦争の詳細を知らしめるために、清国で出されたアヘン戦争の記録『夷匪《いひ》犯境《はんきょう》聞見録《ぶんけんろく》』[*17]の日本における出版を導いた。対外問題に詳しく、国防に確乎たる識見を持っていた。

清河八郎は東条一堂の塾から安積塾に転じ、それをきっかけに海外への関心を高めた。[*18]横須賀造船所建設を推進した小栗上野介《こうずけのすけ》や栗本鋤雲《じょうん》も（ともに艮斎の門人）、学問修業時代から艮斎を通して海外を見ていたからこそ、問題意識を早くから持つことができた。明治期、岡鹿門は、私塾の講義に『西洋事情』『地球略記』『地理全誌』『博物新編』そのほかの訳書を加えた。[*19]艮斎の海外への強い関心は、門人たちに受け継がれたのである。

前島密[*20]が「漢学は諸学の素なり」（『鴻爪痕』）と言うように、当時は漢学が諸々の学問の基盤であった。さらに漢学修業は異言語習得の訓練でもあるので、漢学から洋学へと移るのは容易であった。安積塾には、箕《み》作麟祥《つくりりんしょう》、福地源一郎《ふくちげんいちろう》、神田孝平《たかひら》、宇田川興斎《うだがわこうさい》、佐藤尚《たか》中《なか》、木村鉄太など、洋学者も多く学んでいる。

石井研堂《けんどう》（艮斎と同郷。岡鹿門の門人）は、日本の英和辞書が草創期において、清国で刊行された辞書を原著として用いたことを指摘している。福沢諭吉『増訂《ぞうてい》華英通語《かえいつうご》』（一八六〇年）は、子卿《しけい》『華英通語』（一八四九年、清国）に、福沢が和訳を加えたものである。柳沢信大《しんだい》『英華字彙』（一八六九年）は、英人ウィリアムズ『英華韻府歴階』（一八四四年、清国）中の「英華字彙」を取ったものである。中村正直《まさなお》校正・津田仙《せん》等訳『英華和訳字典』（一八七九年）も、原著はロプシャイト『英華字典』（一八六六年、香港）である。研堂は、「わが明治の文明鋳造は、その原料中に、支那の西洋文明書が、媒熔剤として介在したるがために、直輸入の西洋文明の鎔治を、容易ならしめ[*21]」たとしている。

明治の文豪たちは皆、漢学教育を受けて鍛錬し、その後に西洋文学をとり入れ、試行の中から近代文学を生み出した。森鷗外、夏目漱石、正岡子規、幸田露伴、尾崎紅葉、田山花袋らは、はじめ漢学者の塾に通って勉強した。漱石は三島中洲《ちゅうしゅう》の二松学舎に学び、子規は大原観山《かんざん》（艮斎の門人）に、紅葉は岡鹿門に、花袋は吉田陋軒《ろうけん》（館林藩儒、艮斎の門人）に習っているので、艮斎の孫弟子にあたる。

また、旧制中学に漢文の授業があったことは、語学や文学、諸々の学問の基礎を作り、また人格を陶冶した。中国古典にとどまらず、艮斎や齋藤拙堂《せつどう》など江戸の文

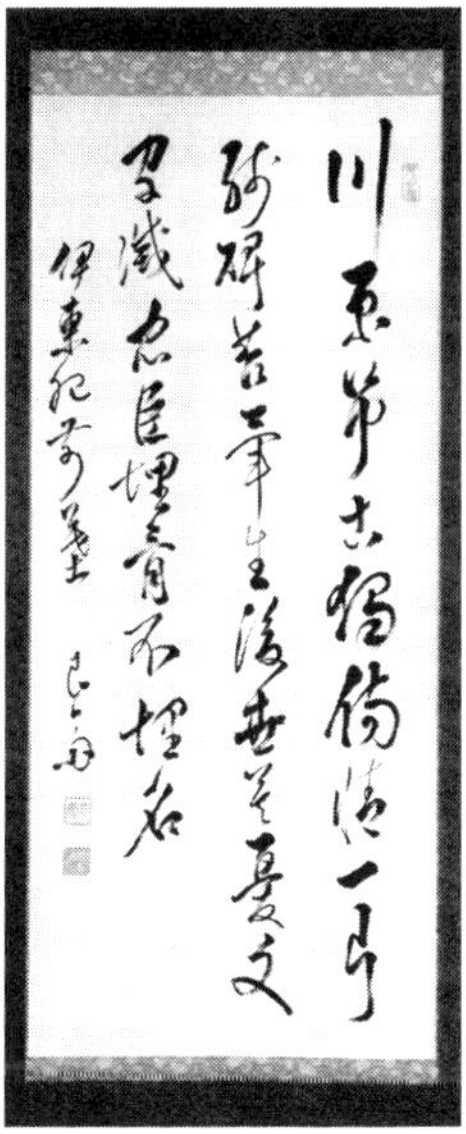
図６　安積艮斎墨蹟（伊藤肥前墓）

人の詩文も教科書に載せられた。文章を通じて、艮斎は戦前の教育にも大きな役割を果たした。

艮斎は、育材によって天下に貢献することを強く意識していた。『艮斎詩略』「甲午元日酔後縦筆《しょうひつ》」詩に、「見ずや河汾《かふん》の老　平生軒に乗らず　教育して俊傑を成し経綸して帝闔《ていこん》を輔く」とある。この詩の中で艮斎は、隋末の儒学者王通《おうつう》*[22]が貞観の治の功臣を輩出したことに思いを馳せている。そして、自ら「丈夫勲業を立つるは　爵位の尊きに在らず　教誘誠に力を尽くさば　雲龍必ず騰騫《とうけん》せん」と決意を表明するのである。

そして、安積塾から明治の政官学界に重きをなした者、近代の教育に貢献した者が多く輩出した。東大教授としては秋月悌次郎、南摩綱紀《なんまつなのり》、重野安繹、三島中洲、中村正直、島田篁村《こうそん》。また、宍戸璣《たまき》（文部大輔）や松岡毅軒《きけん》（文部大丞）、阪谷朗廬《さかたにろうろ》、菱田海鷗《かいおう》などは文教行政に携わり、要職を歴任した。佐藤誠実《じょうじつ》は文部省に出仕、『古事類苑』の編修長となる。那珂梧楼は文部省に出仕

して『古事類苑』『小学読本』編纂に加わった。岡鹿門は東京に私塾「綏猷堂」を開いた。郵便の父前島密は東京専門学校（早稲田大学）校長を務めた。

楫取素彦は群馬県令として殖産興業や教育に力を入れ、群馬を教育県に育てた。地方の学校の校長や教諭を務めたり、漢学塾を開いて教授した者も大勢いて、それぞれ指導者を育成した。菊池三渓《さんけい》（大阪）、江田霞《か》邨《そん》（遠野）、中村三蕉《さんしょう》（丸亀）、三田称平《しょうへい》（黒羽）、大原観山（松山）、大須賀筠軒《いんけん》（二高教授）、東方芝山《ひがしかたしざん》（金沢）、田島訥（艮斎の外孫、遠州森町）ほか、多数。

王通が貞観の治の礎であるように、艮斎は近代日本の礎となった学者である。ともかく学制以前の教育は人物本位で考えるべきである。昌平坂学問所[*23]も、柴野栗山、尾藤二洲《びとうにしゅう》、古賀精里《せいり》らが振起し、幕末には佐藤一斎、安積艮斎、古賀謹堂、安井息軒らが教えたからこそ、近代教育発祥の地となり得たのである。

【註】

*1　本居宣長の国学に影響を受け『古事記』などを研究した。二本松藩の命により、寛政二年（一七九〇）から城下の二本松神社宮司職を兼務した。

*2　漢学者十河晋斎は「艮斎癖」で知られ、「十河氏の、人と談ずる必ず艮斎先生を口にせざることなく、殆ど艮斎癖を以て目せらる」（『安積艮斎詳伝』）という。晋斎が書写した『伝習録欄外書』は、安藤智重所蔵。晋斎の記載に、慶応元年（一八六五）津藩の江戸藩邸で書写し、再び明治一五年（一八八二）に京都府学務局で書写した、とある。

*3　『艮斎文略』中巻所収。

*4　『安積艮斎詳伝』所載。

*5　嘉永元年（一八四八）自序。上中下、三巻三冊。西洋式軍艦の建造や貿易を説いているので、当時出版は不可能。写本で読まれた。『国書総目録』に、島津久光写（鹿児島大学所蔵）、那珂梧楼写、山口の久坂家遺蔵書など二六種の写本を記す。安藤智重は写本四種所蔵、一八五〇年伊勢法泉寺空観写、一八五七年写（水戸根本氏旧蔵）ほか。一八五四年の松陰書翰に「艮斎が洋史紀略等も見まほし」とある。

*6　『艮斎文略』上巻所収。

*7　塾生が輪番に講義をし、討論を行うこと。

*8　『安積艮斎詳伝』所載、門人楫取素彦談。

＊9　『安積艮斎詳伝』巻頭に、「受業生」三島中洲の揮毫「幕末儒宗」を掲げる。中洲は昌平坂学問所で艮斎らに学んだ。
＊10　嘉永三年（一八五〇）昌平坂学問所教授となる。嘉永六年（一八五三）、ペリー来航の際、国書を和訳する。プチャーチン来航、国書を和訳し、返書を起草する。当時の外交は漢文を共通言語として行われた。
＊11　今の御茶ノ水駅付近。
＊12　学問所敷地内にあった官舎。今、湯島聖堂斯文会館の裏手。
＊13　福島県重要文化財、安積国造神社所蔵。
＊14　『艮斎間話続』上巻所載。一八五一年刊。
＊15　『在臆話記』第四集巻八所載。
＊16　乍浦の沈筠が編した詩集。刊行の年に日本にもたらされ戦禍を伝えた。乍浦は浙江省平湖県の東南にある貿易港で、アヘン戦争の激戦地である。『艮斎詩鈔』に「乍浦集詠云、劉心葭女殉節」とあるので、艮斎も読んでいた。
＊17　五巻三冊。明倫堂版本（後述）と照合するに、巻五後半以下を欠く。清の官吏編纂のアヘン戦争の記録『夷匪犯境聞見録』（天保一四年〈一八四三〉）が成立して、間もなく日本に伝わる。内容は綸旨と大臣奏議、沿海数省及び所属府県の公文書、編者の見聞、英軍と清政府中央及び地方当局との往復書簡の四部構成。それを少部数だが日本で出版したのである。版心（刷）に「夷匪犯境録　先天堂蔵」とあり、本文は細筆で墨書する。巻頭に艮斎の「夷匪犯境録を読む」と題した七言律詩十首を載せ、「東奥」ではなく「大日本安積艮斎」と署名している。安藤智重は第一冊を所蔵。なお、安政四年（一八五七）、高鍋藩明倫堂は『夷匪犯境聞見録』（六巻六冊）を刊行した。
＊18　徳田武氏『幕末維新の文人と志士たち』（ゆまに書房、二〇〇八年）に、「安積塾に来てからも、八郎は熱心に学問と剣術を続け、相変わらずの書生なのであるが、以前と変わったのは、海外へ大きく関心を向けていることである」とある。
＊19　宇野量介「岡鹿門と洋癖」（『随筆百花苑』第二巻付録所載。
＊20　郷里で艮斎の高弟倉石侗窩に学び、安政二年（一八五五）五月、安積塾に入る。
＊21　石井研堂『明治事物起原』（一九二六年）第七編　教育学術部「明治文明に鎔化せる支那書」。
＊22　隋、龍門の人。字は仲淹。門人、文中子と諡す。儒学者。長安に遊び、太平十二策を上るも、用いられず、河汾に居て教授した。
＊23　昌平坂学問所は今の湯島聖堂及び東京医科歯科大学の敷地にあり、孔子を祭る大成殿、講堂、書生寮（学生の寄宿寮）、教授の官舎などが建っていた。弘化三年（一八四六）に書生寮が再建されてからの全入寮者は五一一名である。内訳は、古賀門（侗庵《とうあん》・謹堂）一二七名、安積艮斎門一〇八名、古賀・

安積門一名、林門（檉宇《ていう》・壮軒・復斎・学斎）一〇六名、佐藤門（一斎・新九郎）六八名、中村敬宇《けいう》門五六名、塩谷宕陰《しおのやとういん》門二八名で、他は五名以下である。（関山邦宏「昌平坂学問所書生寮入寮者について―その数量的分析―」『国府台』一二号、和洋女子大学、二〇〇三年）。

＊掲載画像（史料）は全て安積国造神社蔵

【参考文献】

喜多村香城「五月雨草紙」（栗本鋤雲『匏菴十種』報知社、一八九二年）
石井研堂『安積艮斎詳伝』（東京堂書店、一九一六年）
柳田泉『田山花袋の文学』（春秋社、一九五七年）
柳田泉『心影・書影』（桃源社、一九六四年）
岩崎弥太郎・岩崎弥之助伝記編纂会『岩崎弥太郎伝』（一九六七年）
岡鹿門『在臆話記』（森銑三他編『随筆百花苑』第一巻・第二巻、中央公論社、一九八〇年）
村山吉廣氏『佐藤一斎 安積艮斎』（明徳出版社、二〇〇八年）

第Ⅲ部　地方の漢学塾

第一章　地方の漢学塾――新潟地方を中心に

町　泉寿郎

第一節　幕末明治期の東京の漢学塾――芳野金陵の逢原堂を例に

本稿は、地方の漢学塾に関する記述を主対象とするが、地方の漢学塾と対照するために、江戸―東京の転換期の漢学塾がどのような消長をたどったかを示すことから始めたい。

幕末、昌平坂《しょうへいざか》学問所の「文久三博士」の一人として知られる芳野《よしの》金陵《きんりょう》は、享和二年一二月二〇日（一八〇三年一月一三日）に、下総国相馬郡松ヶ崎村の豪農兼村医者の家に生まれ、二二歳（一八二三）で江戸の折衷学《せっちゅうがく》派儒者亀田《かめだ》鵬斎《ぼうさい》・綾瀬《りょうらい》父子に入門し、二五歳（一八二六）で浅草に自ら塾を開いた。四六歳（一八四七）で駿河田中藩（七代藩主正意《まさおき》）に仕官し、文久二年一二月一二日（一八六三年一月三一日）六二歳で安井《やすい》息軒《そっけん》・塩谷《しおのや》宕陰《とういん》とともに、昌平坂学問所付の幕府御儒者に登庸されて幕臣に列し、学問所が新政府に接収された後も、引き続き昌平学校二等教授、大学中博士などを拝命した。そしてこの間、一貫して江戸（東京）市中の私邸において、漢学塾を営んでいた。

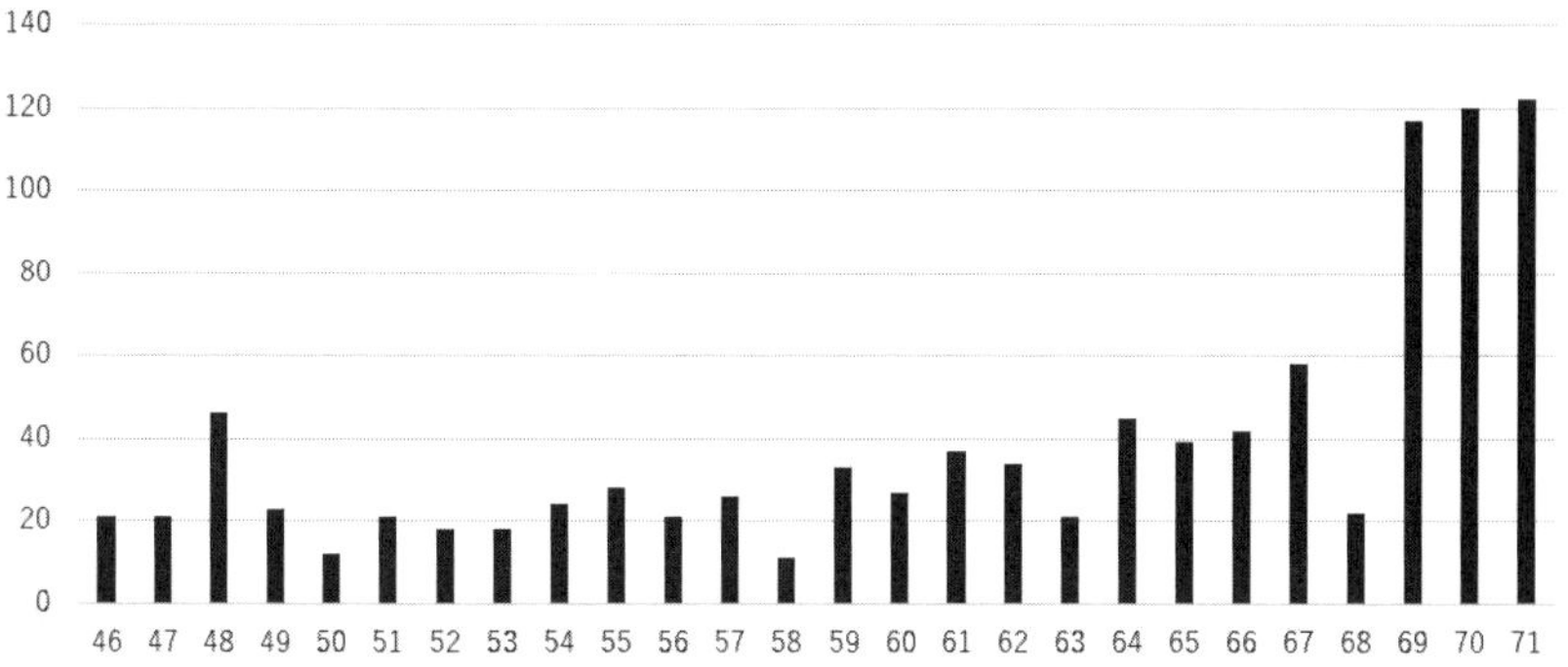

表１　芳野金陵の家塾「逢原堂」の入門者の動向　縦軸は人数、横軸は西暦1800年代

儒医であった金陵の父南山《なんざん》が、豪宕《ごうとう》無頼《ぶらい》で知られる亀田鵬斎の塾に子弟を学ばせたこと自体も、一考する価値のある問題である。庄屋クラスに属する芳野家の場合、正学派朱子学の牙城となった幕藩支配者側の学校・学統とは無縁であり、かつ在村医を兼ねる芳野家にとって、実用の学として医学と儒学の兼学が不可欠である以上、道学への傾斜を強めた朱子学よりも博覧多識を旨とする折衷学は有用であったと考えられる。

金陵は火災などによる転居を重ねながら、[*1] 主に下町

＊１　金陵の転宅の足跡は、日本橋数寄屋町（一八二八年―）、檜物町（一八二九年―）、茅場町（一八三四年―）、下谷御徒町（一八五八年―）、神田末広町（一八七〇年―）、大塚窪町（一八七四年―）。

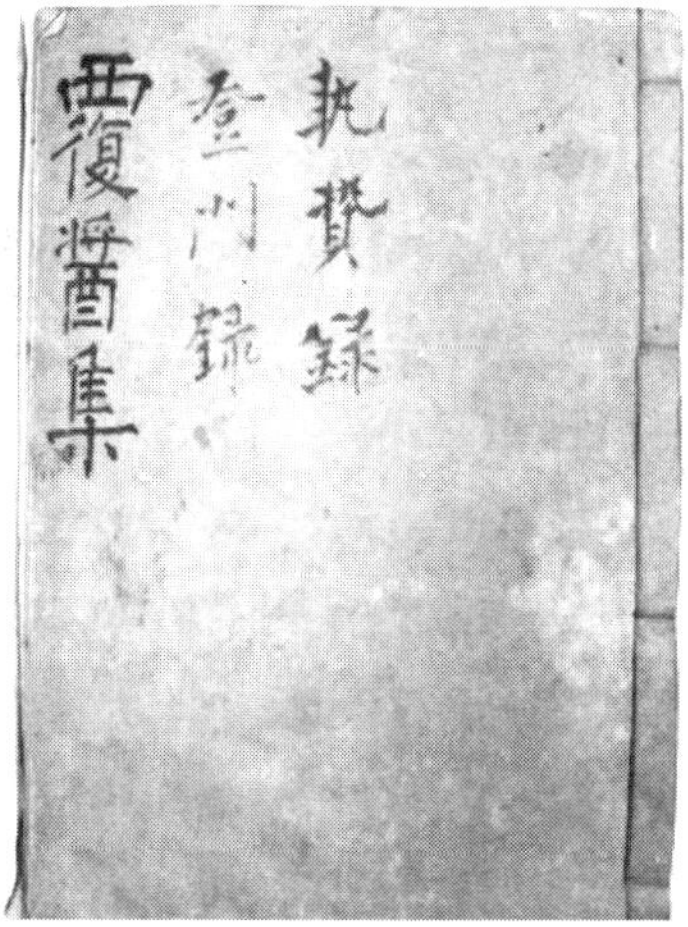

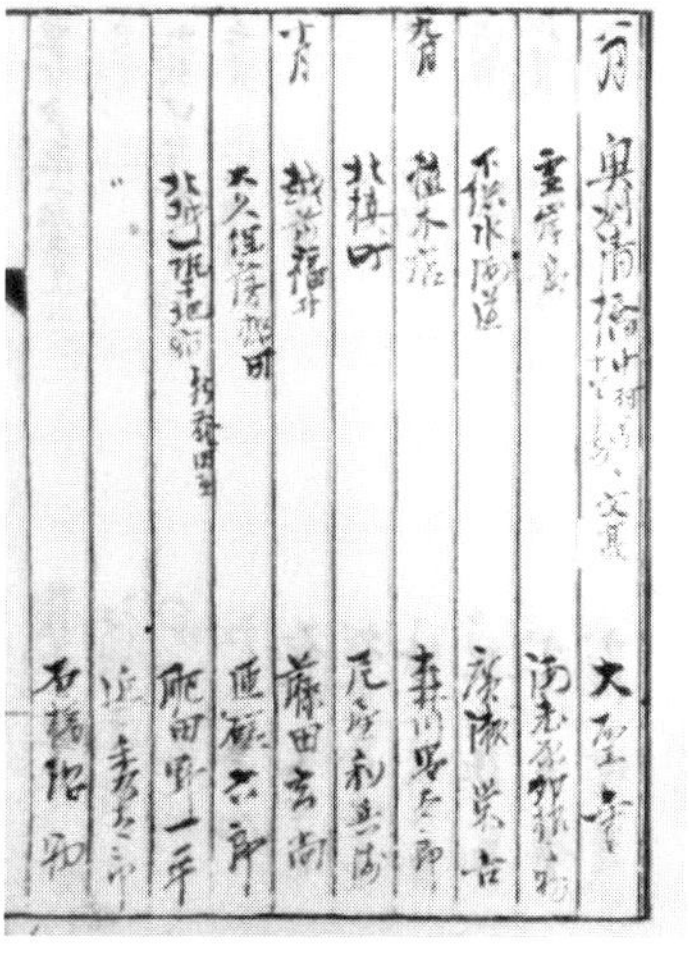

図１　芳野金陵家塾逢原堂の入門録　二松学舎大学蔵

で学を講じた。残された門人録に徴すれば、入門年次が明記されるようになる弘化三年（一八四六）以前の入門者は三二九人であり、これを、文政九年（一八二六）開塾以来二〇年間の全入門者とすれば、一年あたり、平均一五、六人の入門者があったことになる。弘化三年以降の入門者は微増して一年あたり二〇から三〇人で推移することが多く、一八六〇年頃から漸増傾向にあり、特に明治以降に入門者が激増しており、地方からの上京者が激増していることを感じさせる。入門者の身分は、当初から諸藩士など武士が比較的多く見られ、廃藩置県によって旧大名が華族に列して東京に移り住んだので、一八七一年以降は華族の入門者も増えている。

第二節　『日本教育史資料』に見る新潟県の漢学塾

表2　新潟漢学塾

名称	科目	管轄	期間	生徒数	身分	塾主
北蒲原郡						
学半楼	漢学	新発田領	天保元〜弘化三	男五三	士	丹羽惣助
困学塾	漢学	新発田領	文政一三〜継続	男六〇	平	肥田野徹太郎
光霽楼	漢学文詩	新発田領	嘉永　〜——	男四〇	士	曽我静次
絆已楼	漢学	新発田領	嘉永六〜——	男七〇	士	火野敬吉
西蒲原郡						
長善館	漢学	長岡領	天保一二〜——	男四〇	平	鈴木健蔵
峰岡義塾	和学漢学算術	峰岡領	——〜——	男五〇	士	新保正輿

謙待書院	漢学	長岡領	天保八〜安政四	男三〇	浪人	小沢孱守
聚石堂	漢学算術筆道	峰岡領	文久三〜明治五	男五五女五	僧	菅井甘露
静修学舎	漢学	池ノ端領	不詳〜明治六	男八〇女二〇	医	松井珉平
南蒲原郡						
尚絅館	漢学	新発田領	安政二〜明治五	男一〇〇	平	渡辺順次
北海学舎	漢学詩文習字	桑名領	文政初〜——	男五〇	庄屋	北澤貫之助
三島郡						
耕読堂	漢学	幕府領	——〜——	男六五女二三	平	丸山貝陵
西軽塾	漢学和学算術	桑名領	——〜——	男一二三	平	遠藤軍平
希顔堂	漢学	与板領	安政二〜——	男一〇	平	青柳藩平
行餘館	漢学和学	幕府領	嘉永六〜——	男一六五	—	宮原寿太郎
生々堂	漢学	——	天保一〇〜安政四	男四二女二	医	中山劉二
北魚沼郡						
土田謙塾	和学漢学算術筆道	清崎領	明治二〜五	男三〇女五	平	土田泰蔵
南魚沼郡						
蛍雪堂	和学漢学	幕府領	安政四〜明治五	男二五	農	関玄武
時習堂	和学漢学	幕府領	文政末〜天保六	男二五	農	黒田玄鶴
中魚沼郡						
——	和学漢学	幕府領	弘化元〜明治元	男五〇女五	医	丸山退三
下学斎	漢学	幕府領	慶應〜明治元	男四〇女三	浪人	高橋慎五郎
刈羽郡						
三餘堂	漢学	桑名領	文政三〜継続	男六〇女一五	平	藍澤祇
十六堂	漢学	——	文化〜明治一〇	男六〇女一五	平	原理左衛門
星野家塾	漢学詩文習字	桑名領	文化一四〜明治六	男二〇	—	星野菊三郎
中頸城郡						
集義塾	漢学習字	桑名領	嘉永四〜慶應三	男四〇	—	上野孝右衛門
格致誠正塾	漢学	高田領	——〜——	男四〇	士	木村市太郎
済美堂	漢学	高田領	——〜——	——	士	倉石典太

『日本教育史資料』第八冊二三巻の「私塾寺子屋表」によれば、幕末明治初期に新潟県に存在した私塾は次の二七件であり、この地域の私塾で講じられた科目は全て漢学を含んでいるので、これを新潟県の漢学塾の分布表と読み替えることができる。

このうち、塾主の事蹟や学統が判明するものを中心に、各私塾について概観しておこう。

学半楼　丹羽思亭（一七九五―一八四六）

新発田《しばた》藩は慶長三年（一五九八）に藩祖溝口秀勝《みぞぐちひでかつ》が入封して以来、幕末に至るまで一四代にわたって同家が治めた地域である。藩校としては八代藩主直養《なおやす》が安永元年（一七七二）に闇斎《あんさい》学派に基づく道学堂《どうがくどう》を開設して以来、他学派の学説をまじえることは固く禁止された。このことから、藩校の学風は早く偏狭《へんきょう》固陋《ころう》に陥ったため、一一代藩主直諒《なおあき》はこれを刷新すべく、藩士丹羽《にわ》惣助《そうすけ》と佐《さ》藤泰助《とうやすすけ》を江戸に遊学させ、林述斎《はやしじゅっさい》門下の松崎慊堂《まつざきこうどう》や述斎の三男林檉宇《ていう》に従学させた。丹羽が五年間の修学ののち、帰藩したので、藩校教授に任用しようとしたが、在任教授たちの強い抵抗に遭ったため、断念せざるを得ず、丹羽は私塾を開いて学を講じた。

丹羽は寛政七年（一七九五）二月二八日に生まれ、名は経徳・悳、字は伯弘、通称は惣助、別号に思亭・学半楼・積善堂などがある。弘化三年（一八四六）閏五月八日に五二歳で没した。

丹羽が残した文章を集めた『積善堂文草《せきぜんどうぶんそう》』（新発田市立図書館蔵）には、江戸遊学前の文政

図1　松崎慊堂の墓碑（題字部分）

初年からの文稿と、江戸遊学後の文政一〇年（一八二七）から天保元年（一八三一）にかけての文稿が収録され、この間に丹羽の学問が大きく変遷したさまをよく伝えている。江戸遊学後の丹羽は、師事した松崎慊堂とその門人知友（狩谷棭斎《かりやえきさい》ら）との交流を通して、それまでの闇斎系道学から、急速に目録学・考証学に傾斜していった。「跋日本国見在書目録《にほんこくげんざいしょもくろくにばっす》」「跋寛永本古文真宝後集《かんえいぼんこぶんこうきょうこうしゅうにばっす》」「跋慶長本玉篇《けいちょうぼんぎょくへんにばっす》」「跋嘉靖板十三経注疏《かせいばんじゅうさんぎょうちゅうそにばっす》」「跋弘治本二程全書《こうじぼんにていぜんしょにばっす》」「跋再刻聖教序碑《さいこくしょうぎょうじょひにばっす》」など、丹羽が善本漢籍《ぜんぽんかんせき》類に書き付けた題跋《だいばつ》類は、文献を道徳的価値からのみ論ずるそれまでの姿勢から、その歴史性に配慮するものへと、彼の学問が変化していったさまを最もよく表している。

丹羽が江戸から持ち帰ったこうした新しい漢学は、新発田藩の公的な学問の中には受容されることがなかったが、丹羽がその後も私塾学半楼において考証学を維持し続けたことは、越後の江戸後期における漢学の広がりや展開を考える上で無視しえないことである。

困学塾　初代肥田野築村（一八〇一―一八七四）・二代肥田野竹塢（一八三五―一八八七）
三代肥田野金洲（生没年未詳）

肥田野築村《ひだのちくそん》は、通称は徹太郎、名は徹、字は士朝、別号は築村。肥田野は享和元年（一八〇一）に蒲原郡築地村の裕福な農家に生まれ、幼時より学問を好み、一一歳の時に亀田鵬斎の北越遊歴時に面謁する機会があり、その縁で江戸遊学して鵬斎の嗣子綾瀬や鵬斎門下の池守秋《いけもりしゅう》水《すい》に入門した。江戸遊学中は同門の小浜清渚《おばませいしょ》・寺門静軒《てらかどせいけん》・斎藤陶皐《さいとうとうこう》らと親交があり、三〇歳ごろに帰郷してのちは前述の丹羽思亭《にわしてい》や内藤鐘山《ないとうしょうざん》ら同郷の儒者と交流した。一時、壬生藩に出講したこともあったが、ほぼ郷里築地村の私塾困学塾で学を講じた。『築村遺稿《ちくそんいこう》』五冊（新発田市立図書館蔵）が伝えられている。明治七年（一八七四）一月三日に築村が七四歳で没した時、嗣子竹塢《ちくう》の依頼を受けて、芳野金陵が築村の墓碑銘を撰文している。*2

築村の二男竹塢は、天保六年（一八三五）に生まれ、名を節、字を士操、別号を竹塢といい、父の学統を受け継ぐかたちで、江戸に遊学して亀田綾瀬門下の芳野金陵に入門した。一八六二年に帰郷して父築村を助けて困学塾の教育活動に従事し、明治以降は新潟県立第二中学校新発田分校にも教鞭を採った。藩政時代の道学堂においては肥田野のような折衷学系統の漢学が採用されることはあり得なかったが、新時代の公立中学校における「漢文」の担当者としては、肥田野のような学風は何の問題にもならなかったのである。

困学塾に学んだ生徒の総数は一八〇〇人に及ぶとも言われ、竹塢の門下からは市島謙吉《いちじまけんきち》（一八六〇―一九四四、別号春城、早稲田大学初代図書館長）や速水柳平《はやみりゅうへい》（一八六四―一九二三、実業家、二松学舎理事）などが出ている。市島は新発田の豪農の出身、速水は村上藩士の出身であり、困学塾が明治初期にこの地域の修学需要を満たし、人材を輩出していることが分かる。竹塢は明治二〇年（一八八七）に五三歳で没した。

竹塢の嗣子金洲《きんしゅう》は、字を子温といい、父の没後四年にして早世した。竹塢の弟黙《もく》（字子《し》

図2　肥田野築村の墓碑（題字部分）

成《せい》）は三人の遺稿を編集して『三野《さんや》遺稿《いこう》』（一九〇五年）を刊行している。

新発田市立図書館には肥田野家の旧蔵書が肥田野文庫として伝えられている。

長善館　初代鈴木文台（一七九六―一八七〇）・二代鈴木惕軒（一八三六―一八九六）
三代鈴木柿園（一八六一―一八八七）・四代鈴木彦嶽（一八六八―一九一九）

前述の丹羽思亭・肥田野築村とほぼ同世代の鈴木文台《すずきぶんたい》が、長岡藩領の粟生津《あおづ》村（現、燕市吉田町）に開設した漢学塾長善館は、後述の藍澤南城《あいざわなんじょう》の三餘堂《さんよどう》と並ぶ越後地方の私塾として著名である。

鈴木文台は寛政八年（一七九六）に粟生津村の村医者鈴木見義《けんぎ》の二男として生まれた。名は弘・弘信、字は子毅、通称は陳蔵、別号は文台・石舟。文化一一年（一八一四）一九歳で江戸に遊学し、亀田鵬斎・綾瀬父子や大田錦城門下の諸子と交わって、折衷学を学んだようであるが、詳しい学統は分からない。その著述には『賈子新書纂註《かししんじょさんちゅう》』『読春秋繁露《どくしゅんじゅうはんろ》』『揚子《ようし》法言注《ほうげんちゅう》』『呂氏春秋考《りょししゅんじゅうこう》』『管子考《かんしこう》』『国語考《こくごこう》』『老子集成《ろうししゅうせい》』などがあったとされ（伝存しないものもある）、先秦諸子文献の研究に傾注したことが分かる。僧良寛との交流が深かったことでも知られ、『文台文集』『長善館詩文集』には良寛に関連する文も散見される。また、文台の兄桐軒《とうけん》（隆造）の子順亭《じゅんてい》（名は柔嘉、字は文則）は早世したが、諸本を博捜して浩瀚な『孝経《こうきょう》疏証《そしょう》』という注釈書を残している。前掲の文台の著作ともども、これらの著作から長

＊2　『金陵遺稿』巻六所収（一八八七年刊）、「肥田野士朝墓碣銘」。

善館鈴木家の学風を知ることができる。

文台は、天保四年（一八三三）三八歳の年に、郷里に私塾長善館を開設し、明治三年（一八七〇）に七五歳で没するまで、三八年間にわたってこれを主宰し、もっぱら漢学によって、生徒に講授した。文台の没後、長善館二代目を継承した惕軒《てきけん》*3は、天保七年（一八三六）に三島郡《みしまぐん》片貝《かたがい》の小川玄沢《おがわげんたく》の三男に生まれ、一五歳で鈴木文台に師事し、二三歳で文台の娘を娶って鈴木家に入婿した。名は謙、字は光卿、通称は健蔵、別号に惕軒・蛾術楼・洗心堂・老梅書屋などがある。長善館の運営を主宰した惕軒は、従来の漢学に加えて国史を科目に入れ、明治一一年（一八七八）に家塾規則を起草し、開学願書を新潟県に提出している。

次いで、明治一八年（一八八五）には惕軒の二男で東京・同人社に学んだ柿園《しえん》（通称は鹿之介）が講師に加わって惕軒を助け、教授課目も時代のニーズに合わせて英学と数学を加える塾則改正を行っている。しかし、明治二〇年（一八八七）に柿園が早世したため、惕軒は明治二九年（一八九六）に没するまで引き続き塾を主宰した。次いで、明治三〇年から同四五年（一九一二）までは、健蔵の三男彦嶽《げんがく》（一八六八―一九一九、東京専門学校卒、通称時之介）がこれを主宰した。

長善館は、天保四年（一八三三）から明治四五年まで、鈴木家が四代、八〇年にわたって維持した。当初、文台の時代の塾舎は小規模なものであり、三八年間に入門した生徒の数は四三〇人ほどであった。惕軒の時代に南北一三間、東西四、五間の二階建ての大規模な寄宿

図3　長善館趾碑

*3　鈴木虎雄著『鈴木惕軒先生年譜』一九六二年。

舎を新築し、この時代の生徒数は計五、六〇〇人を下らないとされる。

長善館に学んだ人物としては、まず鈴木家の出身（二代惕軒の六男）で、京都帝国大学文化大学教授となった中国文学者の鈴木虎雄（一八七八―一九六三、別号豹軒）を挙げるべきである。ほかにも、長谷川泰《はせがわやすし》・竹山屯《たけやまたむろ》らのごとき医家、小柳司気太《おやなぎしげた》のごとき漢学者、萩野左《はぎのさ》門《もん》・小柳卯三郎《こやなぎうさぶろう》・大竹貫一《おおたけかんいち》らのごとき政治家など多彩な人物を輩出している。

長善館に関する資料は、新潟県立図書館に日記・学則学規・門人録等が収蔵され、長善館の跡地に建てられている長善館史料館には書籍・書幅・写真・文書などが収蔵され、資料目録も作成されている。*4

朝陽館・耕読堂

初代酒井右内　寛政二年（一七九〇）没
二代藍澤北溟　寛政九年（一七九七）没
三代皆川葵園　文化一〇年（一八一三）没
四代鶴田東野　文政一一年（一八二八）没
五代横井豊山　安政二年（一八五五）没
六代浅野柳所　生没年未詳
七代丸山貝陵　明治元年（一八六八）没
八代丸山貝村　昭和六年（一九三一）没

＊4　燕市教育委員会『長善館史料館所蔵資料目録』二〇一七年。

朝陽館《ちょうようかん》は、安永八年（一七七九）に幕府領の三島郡小千谷片貝において開塾した郷校である。天保一三年（一八四二）塾舎を建て直し、耕読堂《こうどくどう》と改称したという。

二代塾主は次項に説く三餘堂の創設者藍澤南城の父であり、江戸に遊学して片山兼山《かたやまけんざん》に学んだ。三代塾主皆川葵園《みながわきえん》は藍澤北溟《あいざわほくめい》に学び、さらに片山兼山門下の松下葵岡《まつしたきこう》に学んだ。七代塾主丸山貝陵《まるやまばいりょう》は、江戸の儒者萩原緑野《はぎわらりょくや》に学んでおり、萩原緑野の父萩原大麓《たいろく》が片山兼山門である。このことから、朝陽館・耕読堂の学問が一貫して片山兼山の学統を引くものであったことが分かる。

明治七年（一八七四）に耕読堂は八代塾主貝村《ばいそん》（恭二郎）から売却され、旧六大区小九区第一九番番小学片貝校として開校している。現在も続く小千谷市立片貝小学校は、こうした経緯を自校の前史としてとらえているようである。

耕読堂に関してもうひとつ注目すべき点は、上掲の越後の私塾（漢学塾）の中で、生徒の男女比において女生徒（男六五人、女二三人）が占める割合が最も高い学校であったという点である。在村の教育機関において、明治初年にすでにかなりの女生徒が学んでいる事実は、注目されてよい。

明治以降に形成される公教育における男女格差は、帝国大学など選良養成機関であればあるほど先鋭化する問題である。一方で、それとは対蹠的な教育近代化にともなって制度外学校へと周縁化されていく漢学塾において、男女にどのような差が設けられていたか（いなかったか）は、検討の余地がある問題である。ただ、残念ながら本稿ではこの点を指摘するにとどめるしかない。

三餘堂　初代藍澤南城（一七九二―一八六〇）・二代藍澤朴斎

三餘堂は長善館と並ぶ新潟の漢学塾の中核として知られた。その活動時期から見れば、三餘堂のほうが長善館よりもやや早い。

三餘堂の創設者藍澤南城は、村山敬三《むらやまけいぞう》氏の『南城先生年譜』に拠れば、寛政四年（一七九二）八月二〇日に、北溟の長男として三島郡小千谷片貝に生まれた。父北溟（一七五六―一七九七）は刈羽郡加納村の出身で、江戸の折衷学者片山兼山に学び、片貝の郷校朝陽館の塾主を務め、越後に折衷学をもたらした嚆矢というべき存在である。

南城は名を祇、字は子敬、通称は文蔵、のち要輔、別号に鉢山・抜山・南城・五輪山人・三友斎などがある。文化六年（一八〇九）一八歳で江戸に出て、父が師事した片山兼山の門人松下葵岡（一七四八―一八二三、松下烏石の甥）に師事した。一〇年の修学を経て、文政二年（一八一九）二八歳で帰郷し、翌年、南条村に私塾三餘堂を開いた。

南城は、二〇〇〇首を数える漢詩のほか、『周易索隠《しゅうえきさくいん》』『古文尚書解《こぶんしょうしょかい》』『三百篇原意《さんびゃっぺんげんい》』『礼《らい》記講録《きこうろく》』『春秋左氏伝私説《しゅんじゅうさしでんしせつ》』『春秋左氏伝杜註講義《しゅんじゅうさしでんとちゅうこうぎ》』『論語私説《ろんごしせつ》』『孟子古注考《もうしこちゅうこう》』『孝経《こうきょう》考《こう》』『讀国語《どくこくご》』『荀子定義《じゅんしていぎ》』『讀文選《どくもんぜん》』『三餘経義考《さんよけいぎこう》』『経伝愚特《けいでんぐとく》』『三餘剳記《さんよさっき》』など、多くの経書解釈を残しており、新潟県立図書館にその自筆稿本を含む多くの著作が伝えられている。これ以外にも、三餘堂の門人を中心に南城の著作が筆写されて伝えられたことを物語る伝本が各所蔵機関に残されていて[*5]、南城の学問が一定の影響力を持ったことが分かる。

また、新潟県立図書館には三餘堂の入塾者名簿が残されていて、開塾した文政三年（一八二〇）から万延元年（一八六〇）に南城が六九歳で没するまでの四〇年間に三餘堂に学んだ生徒は、『三餘堂弟子籍』と名付けられた名簿から七二三人を数え、年平均一八人程度の入塾者があったことが分かる。南城没後、養子朴斎が継承して運営した万延元年（一八六〇）から明治五年（一八七二）まで一二年間の入塾者は二四五人を数え、年平均一二人程度の塾生を維持していたことが判明する。その後もしばらくは三餘堂が三餘義塾と名称を変えながら存続していたらしく、明治二七年から二九年にかけての三餘義塾の『塾生名簿』も残っている。これらの入塾者名簿は、単に三餘堂の消長を示すだけでなく、越後の在村地域における学習の動向などを知る貴重な手がかりとなる。

なお、上記のほかに三餘堂の旧蔵漢籍などは柏崎市図書館に収蔵されている。

済美堂　倉石典太（一八一五―一八七六）

上越高田藩には倉石典太が創設した済美堂（文武済美堂とも）があった。江戸後期の高田は徳川譜代の名門榊原家が姫路から転封となってここを支配していたが、高田藩では財政難

＊5　国会図書館、尊経閣文庫、無窮会図書館などに収蔵されている。

等の理由から藩校の建設はようやく慶応二年（一八六六）のことに過ぎず、藩士たちの学問は一九世紀に入っても、昌平坂学問所に学んだ柴田紫秋《しばたししゅう》（一七七九―一八五七）や折衷学者山本北山《やまもとほくざん》に学んだ中島嘉春《なかじまかしゅん》（一七七二―一八三五）など、なお諸派が混在していた。

一方、天保一三年（一八四二）に幕府から一〇万石以上の諸藩に対して大部な漢籍の校刊が奨励された際に、高田藩では『明史藁《みんしこう》』三二〇巻の刊行を担当することとなったため、弘化四年（一八四七）に至って、折衷学派に属する東条琴台《とうじょうきんだい》（一七九五―一八七八）を藩儒として江戸から招聘し、東条琴台が編纂事業の責任者となり、藩内の学者を糾合した編纂体制が組織された。城下で私塾を営んでいた倉石典太もこの時に藩御用を拝命し、藩の儒者集団に加えられることになった。

倉石家は古くから高田に定住した豪商であり、典太の学問も高田藩の動向とは関係なく進められた。典太は文化一二年（一八一五）八月一七日に倉石甚五郎《くらいしじんごろう》（名は直通）の五男として高田城下の長門町に出生し、字は子緝、別号を侗窩《とうか》と称した。天保四年（一八三三）一九歳で江戸に遊学して安積艮斎《あさかごんさい》が営む私塾見山楼に入門し、かたわら兵法を好んで清水赤城《しみずせきじょう》門に出入りして長沼流兵法を学んだ。安積艮斎塾での従学は前後七年に及び、この間に塾頭に進み、帰郷する際に艮斎が撰文した送序には「期以大成《きするにたいせいをもってす》」の語があり、将来を嘱望されたことが分かる。帰郷した典太は天保一三年（一八四二）に、城下に私塾済美堂を開塾して、身分に関係なく入門を許した。当初、元明諸家の説を博採する典太の学問は「異学」視されることが多かったが、典太は全く意に介せず、年とともにその優秀さが知られて入門者が漸増した。藩からも俸禄が支給され、士分に列し、慶応二年に藩校修道館が開設されるとその副督学に任じられている。典太の著作としては、『大学集説』『春秋左氏伝集説』があったとされるが、伝存未詳である。

また、幕末の勤皇・佐幕の問題に関しては、典太は早くから勤皇の立場を鮮明にしており、典太のもとに各地から勤皇の志士が訪問することもしばしばあった。例えば、大儒安井息軒の門人で女婿である北有馬太郎《きたありまたろう》（中村貞太郎、漢学者安井小太郎の実父）が嘉永五―六年（一八五二―一八五三）に越後各地を遊歴した際に、高田城下の典太のもとに逗留し、その後も書簡の往復など盛んな交流があった[*6]。

したがって、戊辰戦争に際会して勤皇・佐幕に藩論が二分した時、典太は佐幕論を説得して藩論を勤皇でまとめ上げるうえで功績があった。倉石家の墓地は真宗大谷派の本誓寺にあるが、それとは別に多くの藩士たちが眠る金谷山《かなやさん》墓地の入り口に顕彰碑「侗窩倉石君碑」（一八八〇年）が建てられている。その碑文は安積艮斎門の同門で幕臣の栗本鋤雲《くりもとじょうん》の撰文、長三洲の揮毫にかかり、題字の揮毫は東久世通禧《ひがしくぜみちとみ》である。

済美堂の活動は、天保一三年（一八四二）から明治九年（一八七六）までの三五年に過ぎないが、入塾者は一〇〇〇人におよんだとも言われる。済美堂に学んだ人物としては、洋学者で郵政事業の開拓者として知られる前島密（一八三五―一九一九）があり、室孝次郎・

＊6　拙稿「安井息軒宛て中村貞太郎（北有馬太郎）書翰の翻印と解題」（『日本漢文学研究』10、二〇一五年）。

貞蔵兄弟のごとき尊攘運動家・政治家があり、また、典太の孫に中国文学者の倉石武四郎（一八九七―一九七五）が出ている。

現在、済美堂の跡地には倉石家の後裔による記念碑が建てられている。

私立有恒学舎　増村度次（一八六八―一九四二）

以上、既述した機関は、『日本教育史資料』の「私塾寺子屋表」に収載されている、幕末から明治初年に開設され私塾である。それ以外の例として、明治以降に新設された私立学校である有恒学舎について触れておきたい。

創設者の増村度次《ますむらたくじ》（一八六八―一九四二、別号朴斎）は、中頸城の出身で、東京に遊学して斯文学会が開設した中国古典講座「斯文黌」などに出席し、西村茂樹・南摩綱紀・三島中洲ら親炙して儒教や詩文を学んだ。帰郷後、明治二九年（一八九六）に中頸城板倉村針に私立有恒学舎を設立した。有恒学舎は恐らく中学校認可を目標としつつも、設置基準を満たすことは難しかったらしく、当初は修学期間三年、入学資格は高等小学校四年終了という特殊な学校であった。明治四〇年（一九〇七）には規則改正して、従来の本科三年、高等科二年を併せて五年制とし、この改革時期に英語教師として招聘されたのが会津八一であった。会津は四年間奉職している。増村は彼が有恒学舎の経営取り組んだ四八年に、約二〇〇〇人の卒業生を送り出した。

増村の生前にはついに中学校の認可を得ることができず、昭和一七年（一九四二）五月一七日に増村が七五歳で没した翌一八年（一九四三）に漸く有恒中学校が認可されている。戦後、新制高等学校へと移行したが、全日制の私立有恒高等学校と定時制の村立（町立）有恒高等学校が併存する形が続き、昭和三九年に新潟県に移管された際に県立有恒高等学校として一本化されて、現在に至っている。

有恒高等学校では、創設者の増村度次の遺志を継ぎ、今も儒教文献に基づく次のような道徳訓を掲げている。

綱領

一、君子喩於義、小人喩於利（君子は義に喩り小人は利に喩る）。

一、人有不為也、而後可以有為（人為さざるありて而る後に以て為すあるべし）。

一、先公後私（公を先にし私を後にす）。

学規

一、志気充実にして操守堅固なるべし。

一、質朴剛毅の風を養い深く懦弱と軽薄とを戒むべし。

一、礼譲を重んじ虚飾の風を除くべし。

一、勤勉励精生徒たるの本分を尽すべし。

一、摂生に注意し身体の強健を図るべし。

【参考文献】

海原徹『近世私塾の研究』（思文閣出版、一九九三年）
生島寛信編『幕末維新期漢学塾の研究』（渓水社、二〇〇三年）
池田雅則『私塾の近代　越後・長善館と民の近代教育の原風景』（東京大学出版会、二〇一四年）

第二章　東海地方の漢学塾

加藤国安

第一節　近代日本の基盤を形成したもの
――「薫化」と「世襲的観念の克服」

「「日本のえらさは、寺子屋だった」という結論に達しました」。昔、大学の教職科目で学んだ小原国芳《おばらくによし》[*1]（一八八七―一九七七）の『全人教育論』[*2]を開くと、ロンドン大学の日本学者ロナルド・P・ドーア博士の言葉として、こう引かれている。ドーアは日本文化の源流を探求する中で、藩校・郷学などの体制側機関は無論のことだが、民間の寺子屋教育においても「お師匠様のうちに泊り込んで、共に、水も汲み、薪も拾い、フロもわかし、共に学び、食べ、働き、子守りも、豆腐買いも、「君汲川流吾拾薪」（中略）これだと、大発見」し、この言葉を発したのである。すなわち小原は、全国に五万もあったとされる寺子屋の大勢の師匠らが庶民を対象に初等段階から、「身を以て「弟子」たちを薫化」するという全人格的な教育を行った所に、近代日本の基盤が形成されたのだと説き、ドーアの右の賛辞を取り上げたのである。

＊1　玉川学園創立者。同大学の教育博物館には藩校・私塾の資料が豊富に収蔵される。

＊2　玉川大学出版部（一九六九年）三五―三六頁。

ドーアの著書は、石川謙[*3]（一八九一―一九六九）らの研究成果をもとにして書かれた半世紀も前のものだが、ただ、海外の目で捉えた比較の箇所はやはり面白い。一例を挙げると、「日本における初等教育の水準を見て我々は赤面する他ない」と述べ、明治初年までの基礎教育の普及により、日本は世襲的観念から抜け出し、「決意さえすれば社会を変革したり、社会における自分の地位を変えたりできるという考えを既に起している人の多い社会だった」（『江戸時代の教育』[*4]）と受け止めている部分などは、一個の民として責任ある者への自立意識の向上過程を考える際に、今でも分析誘引に駆り立てる力がある。

ここでは東海地方の漢学塾に即して、その「薫化」や「世襲的観念」の克服により障碍を越えて、近代化を推し進めていった一端を見てみよう。塾は藩校とは異なり士庶共学であることや、民間の自発性などを基本的特色とする。ただその自発性の程度により形態はさまざまである。私塾は文字通り自発的な塾だが、藩校の教授の家塾も塾だし、半官半民の郷学も塾風の場合がある。さらには、寺子屋でも漢学風を掲げるものもあり、じつに幅が広い。相互の境界線はあいまいで、『日本教育史資料』[*5]でも「藩校」と並べて「私塾・寺子屋」という大まかな分類法を取っている。同書の統計は古いものだが、その後の東海地方の調査報告も加えると、この地の漢学塾と寺子屋の裾野の広がりや文化力がかなり見てとれる。これらは公的な藩校とは異なり、塾主の教育理念のもと比較的自由で個性的な教育が行われ、入塾者の身分も士庶を問わなかったから、果敢な行動や実績を生む人材を多く輩出した。以下、

＊3　近世教育史研究の大家。『日本庶民教育史』（刀江書院、一九二九年）、『日本学校史の研究』（小学館、一九六〇年）などがある。ドーア博士にも大きな影響を与えた。

＊4　岩波書店（一九七〇年）二六八―二六九頁。

＊5　明治一六年、政府が全国の旧藩の教育資料をまとめたもの。

その諸相を取り上げる。

第二節　尾張藩の漢学塾——細井平洲の開明的教育

愛知の「旧藩政期漢学塾一覧」（高木靖文氏*6）によると、尾張藩三七校、岡崎藩一三校、刈谷藩・挙母《ころも》藩が六校など、計一四〇校が掲げられている。この中から代表的な漢学塾を取り上げると、まず、叢桂《そうけい》社だが、これは尾張藩家老竹腰《たけこし》の家宰中西曾兵衛の婿養子・中西淡淵《たんえん》（一七〇九—一七五二）が三六歳の時に名古屋に開いた家塾である。そこへ農民の子・細井平洲（一七二八—一八〇一）が入門、一七歳の時だった。「大いに其の徳に服し、遂に師事」（細野要斎『尾張名家誌*7』）、こんな近くに我が師がいたとはと感嘆し（「淡淵先生行状*8」）、多くの啓示を得た。その仁政・徳教主義は、後に米沢藩主上杉鷹山《ようざん》に仕えた時の大きな柱となる。淡淵が江戸に居を移すと、平洲もその後を追い叢桂社を支えていった。多くの入門者の中に、あの伊沢蘭軒の師・泉豊洲もおり、「平洲に従つて学び、終《つい》に平洲の娘壻《むこ》となつた。要するに所謂《いわゆる》叢桂社の末流である」と、森鷗外『伊沢蘭軒』第一〇節に述べられる通りである。

まもなく淡淵が没すると、同社を継承して嚶鳴館《おうめいかん》を開設。その後、名古屋に戻り、藩校明倫堂の初代督学となるが、あわせて「廻村講話」を行った。自身が農民出身であることもあり、平洲は「教学の道は、人君の貴きより下民のいやしきまで、第一のわざとはすること也」

図1　細井平洲画像　平洲記念館・郷土資料館蔵

*6　高木靖文「漢学塾の普及と地域学習環境の形成」（生馬寛信編『幕末維新期の漢学塾の研究』〈渓水社、二〇〇三年〉）五一〇頁。

*7　関儀一郎編『日本儒林叢書』第三巻（東洋図書刊行会、一九二八年）所収「初編巻之下」。

*8　鬼頭有一『細井平洲・附中西淡淵』（叢書日本の思想家、明徳出版社、一九七七年）。

（『嚶鳴館遺草』[*9] 巻二「教学」）との認識に立ち、士庶の別なく教育を提供せんとしたのである。平洲の言葉と実践に突き動かされるように、民衆らも因襲的固陋性を越えた新しい世の道義を期待して多数集まった。講釈は各地で行われ、「岐阜表へもまいつたが、人数千人よも集た。今日の通りとをくりと咄《はな》して聞《きか》した」（同、巻一一「細井先生講釈聞書」）。その先駆的な庶民教化は、明治の国民的機会均等制まで突き進むものではないものの、同地における維新期の開明的教育の基盤を用意することとなったのである。

その一例を上げれば、明治二年、名古屋郊外の陣屋（代官所）の中水野《なかみずの》村に開かれた「興譲館」（現、瀬戸市水野小学校）がある。[*10]「教授一名、助教五名」、「寄宿生凡十五人、通学生凡五十人」の記録、及び郊外の農村部であることなどから、現地の属吏の子弟のほか近隣の庶民にも開かれていたと推測される。旧名古屋藩の一郷校ながらも、先取の気性を以ていち早く自己変革に取り組んだ様子が窺える。

さらに、愛知・岐阜では、この頃より「義校」という民間の寄付による初等教育機関が多く設立されていく。[*11] 明治四年の「義校大意」には、「幼少より文字を読習させ、人と才智を以て身を護り、広く世界の用をなさしめんとの主意を篤《とく》と会得《えとく》可致也」と謳われ、市内の寺院を「義校」として開校。名古屋第八区では洞仙寺にて生徒二八八名（男一六〇名、女一二八名）を受け入れた。愛知県はこの義校を普及させるべく布達を出し、「今般、一村一校之目的ヲ以テ、義校取立サセ候ニ付、私塾・家塾等、暫時相廃」（明治六年二月）、すと宣言する。こ

＊9　高瀬代次郎編『平洲全集』（平洲会蔵版、一九二一年）。

＊10　『日本教育史資料』（三）巻九「郷学」（復刻版、臨川書店、一九七〇年）三三五—三三六頁。『愛知県教育史』第一巻（愛知県教育委員会編、一九七三年）四七六頁—四七八頁。

＊11　『愛知県史』「資料編」三四（愛知県、二〇〇四年）四一七頁。

の義校も「学制」の普及により、やがて、公立小学校へと変化していく。

第三節　尾張の民間の漢学力——蟹養斎と細野要斎

もともと、尾張は民間の文化力の高い土地柄である。そもそも、藩校の明倫堂自体が、藩の文教政策に先行する形で、一人の浪人儒者・蟹《かに》養斎（一七〇五—一七七八）によって、礎が築かれたものである。元文元年（一七三六）、養斎が三二歳のとき、尾張に私塾「観善堂」を開き、その理念を「諸生規矩」「諸生階級」「読書路径」に著した。*12 それは平明な言葉で教育理念や、学習者の能力に応じた教授法を示したものであり、今日のシラバスのような斬新さがある。

まず「諸生規矩」だが、学習する心得について、「講釈御聞被成候ばかりにては無之」（ただ講釈を聞くばかりではだめで）、「平生の心入身持、奉公家業、歴々は国郡の取まわしの上迄も」（日頃の振る舞いや、奉公や家業、またひとかどの身分を得た後は、国郡での言動に至るまで）、「随分気を付け、段々と仁義にかなひ、不仁不義のなくなる様にと、御心懸を候」と、自塾の教育大綱を記しすこぶる丁寧である。

また、段階的学習については、「誰によらず、面々学問のたけによつて、久学（既修者）・新学（初心者）の二ツにわけ、其内を又両座（二種類）にわけ置、よみ申書、よみ方、惣体

＊12　『名古屋叢書』第一巻「文教編」所収（名古屋市教育委員会、一九六〇年）。

の心入しかた共に、それぐ〳〵にわけて教候」と、全員を対象に勉学の状況により「新学」「新学上座」と「久学」「久学上座」の四段階に分けた上で、読むべき書のリストやその読書法などの教育法を説く。

さらに、学校を出てから先の学習についても、「師をはなれ、自分にすまし候分に而《て》は、自分に道理と心得たる事に甚《はなはだ》心得違《ちがい》多く候。増而《まして》それきりに打捨候而《て》は、事済《すま》ざる義、兎角《とかく》一生の内、心懸あるべきに候」と説き、先生のもとを離れた後は急な変化のゆえに、自分では正しいと思っていることでも違っていることがとても多い。ましてそれを放棄していたらただでは済まなくなるので、一生学びの気持ちを心掛けなければならないという。

また「諸生階級」では、四段階の「それぐ〳〵の心がけ、よむ書の順、よみかた、つとめかたをしめす」。「読書路径」でも、必読書について「其書の作者、作らるゝいわれ《ママ》、其中に云てある所の大くゝり、その書のよまで叶《かな》はぬわけ、其書のよみ方、其書に引合せ考てよき書物の名、又いづれをさきにしてよく、いづれをあとにしてよきと云《いう》わけをも、書述《かきのべ》たり」と、いわば学習支援のための懇切な解題書である。

学習者の身に即した熱意あふれる指導法が評判となり、入塾者が増加。それに対応すべく寛延元年（一七四八）、場所を幅下《はばした》（現、名古屋市西区）に移すことを藩主宗勝に願い出ると、その保護と援助を受けることとなり、翌年には「明倫堂」の名を賜り、やがて尾張藩の学問所の誕生となる。尾張藩校・明倫堂は、この一介の浪人儒者の情熱によって開校の契機を得たのである。しかも全国的に藩校が開かれる、その先駆的事例として――。

尾張の塾はとにかく熱心である。嘉永六年（一八五三）には、書店主の茶屋宗斎と熊野屋喜平治が、「三都に準じ候《そうろう》御城下」ゆえに、「町人童蒙之為《た》め、修学所取立申度」[13]として、なんと市井による市井のための学問所を設立。儒者細野要斎（一八一一―一八七八）らの講義を行い、かつ困窮者には「四書五経等は借遣」するほどだった。

この要斎、名は忠陳が、また注目すべき文化人である。前述の平洲の「講釈聞書」一篇を伝えた柴田応助の伝記も、本篇の所蔵者であった要斎の筆になる。その学問はどこから来たものなのかというと、崎門《きもん》派の三宅尚斎の学統を受けた蟹《かに》養斎、その高弟・中村習斎がいて、その後を継いだ藩校の諸士に学んだものである。要斎はこの尾張崎門学の有終の美を飾る。が、崎門学を専門としつつも、要斎はそのほかの学術書や古文書、また古美術や社寺・古蹟にも明るく、じつに多くの文化人と交流を持った。

彼の自由な気質をよく反映するのが、四五年にわたって書き継がれた『感興漫筆』[14]という雑纂書である。全四二冊からなるが、特に目を引くのが、雑学者・本草家・画家・蔵書家ら同好の士による研究会において、書籍・書画などの話に花を咲かせた旨の記述で、まさに彼の真骨頂を物語る。

要斎は一時期、明倫堂に出仕していたものの（約七年間）、生涯のほとんどを自らの私塾日新堂の運営に意を注いだ。『感興漫筆』首巻にいう、「天保七年丙申、正月十三日、余、家

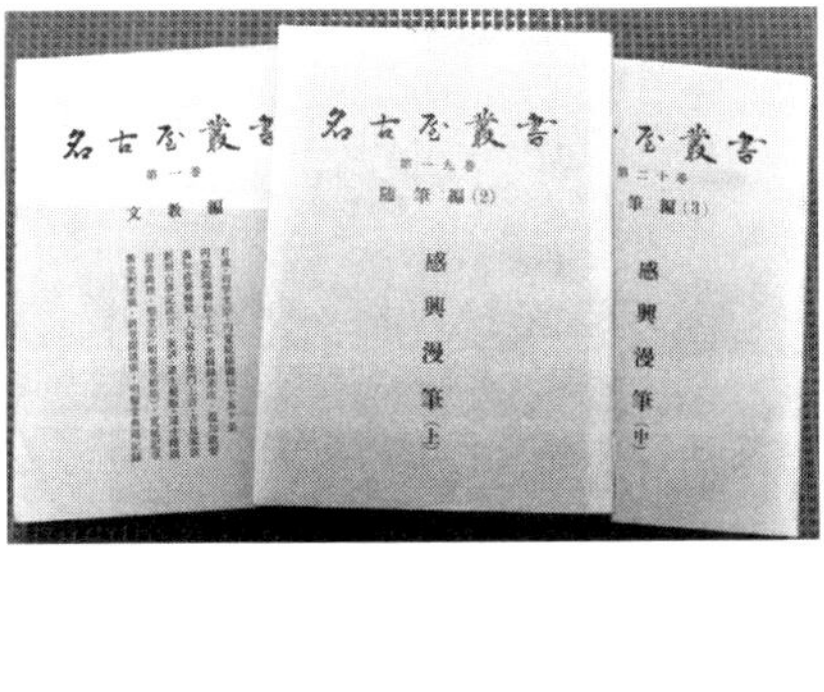

図2　名古屋叢書　第一巻・一九巻・二〇巻　名古屋市蓬左文庫蔵

＊13　前掲、高木論文に言及。引用文は『名古屋叢書』第二十巻「随筆編」（三）（名古屋市教育委員会、一九六一年）一一一頁の「感興漫筆」十三所収。

＊14　同高木論文に詳しい。「細野要斎小伝」は『名古屋叢書』第十九巻「随筆編」（二）

塾開筵。小学を講ず」と。時に二六歳だった。その翌年の漫筆「蜂問答」が、この頃の要斎の「心入」（蟹養斎の言葉）を端的に示している。

今、その大意を掲げるに――、ある日、用事があって庭を通り、垣根の外へ出ようとした。すると、草むらの中に十数匹の蜂がいて、自分の頭上に集まってきた。そこで手で顔を覆うと、一匹が右手の人差し指を刺した。その痛いこと。自分は草むらを踊り出て、蜂を責め立てて言った。「一体、何の怨みでこんなことをするのか。聞けば、汝らにも君臣の義があるというではないか。それなりに筋の通った賢明さを有しているはず。人間は万物の霊長であるぞ。汝はそれを尊重すべきだ。今後は慎んで人を傷つけてはならぬぞ」と。

蜂が答えて言った。「ご主人、そんなに誇られたら困る。余もまた太極の命を享《うけ》て生きておるもの。余の行為自体、その命を全うするため。人を刺すのも太極の命による。余はそれに従ったまで、あえて私するものではござらぬ。人に危害を加えるといっても、役立つこともしておる。時にはわが身を損ない、命を落としてでも、人のためになることもな。今日は、が、ご主人がわが住み家を驚かしたがゆえに、一針お見舞いしたまで。ご主人は余を責め立てるが、ご主人は万物の霊長たる分限をよく尽くしてお出でなのかな。ご主人の勉学ぶりは固陋かつ怠惰。こんな有様ではおそらく成就はすまいぞ。天に対して恥じる所なしとはせずじゃな。余は昆虫の一微物だが、天命を尽くし分を尽くしておるゆえ、天に対して何の恥ずることもない。されば古人も言っておるわ。『人を責むるの心を以て、己を責めよ』と。これは

（一九六〇年）。「感興漫筆」も同「随筆編」（二）所収。

ご主人のことでござる。ご主人、自分を責める心を以て、自身の鞭とされよ」と。

「善き話しを承った。そうしよう。」

　蜂はブーン〳〵といって飛び去った。以後、志を立て、しっかり勉学に励むこととしたのである。

丁酉七月十二日　　忠陳識

　また『感興漫筆』第一冊には、家塾のこんな厳粛なたたずまいが記されている。「諸藩の学校に、釈菜《せきさい》を行ふ事はあり。然るに同志の友、家塾に集りて書を読む如きは、釈菜の礼をも行ひ難し」と。釈奠《せきてん》のような儀礼は藩校では行えても、個人の塾となると難しい。ところが、要斎の師の「習斎中村先生の家塾には、春秋の仲丁には門人を会して、秋日拝読せしめ、其終に経伝の中にて、聖賢の恩を仰想し、学術正しく、徳に進むに切要なるべき一章を講説して、釈菜の礼に換へ玉へり」と、釈菜の精神を実行。その精神を顕現してみせたという。

　思うに、要斎の家塾もこのような篤学の塾風を受け継いでいたのではないか。さらに『感興漫筆』第廿一冊には、彼がいかに蟹養斎の綱領を伝承していたかを伝える、こんな記述が見える。安政五年（一八五八、要斎四八歳）、美濃の円城寺村の野々垣氏の「培根舎」に出張教授していた時の、「舎約」の一節である。いわく、「たゞひろく書を読候計《ばかり》にては無之、平生之心入身持、奉公家業の上に立候方は、国郡の取廻しの上に気をつけ、段々と仁義にかなひ、不仁不義のなくなる様にと心懸け云々」と。また、卒業後の学びにも触れ「平生の会合は、温順遜譲を本といたし候は、勿論に候へども、心得違等有之節は、互ニ異見をいひ合、尤も先方より言過し有之とも、異見するは親切より起り候儀に候へば、深く喜び忝く思ふべく候」と。すなわちこれは蟹養斎の前掲の教則を細野要斎がいかによく継承し、実践していたかを物語る。かくして要斎は、今日の尾張の人文文化に繋がる大きな基礎を形作ったのである。要斎著『尾張名家誌』[*15]は、まさにこの地域の漢学者の理解にとって不可欠の書といえる。

第四節　その他の地域の塾――有隣舎・両村塾・寿硯堂ほか

さて、日新堂に勝るとも劣らない存在感を示した塾が、詩吟社として名高い有隣舎《ゆうりんしゃ》である。[*16]鷲津《わしづ》幽林《ゆうりん》が丹羽《にわ》郡（現、一宮市）の自宅に開くと、幽林の学徳は四方に広まり、入塾者が群れをなして集まってきた。舎は松陰・益斎・蓉裳《ようしょう》・香雲と五代続き、松陰・益斎の時に隆盛期を迎える。門弟には、益斎の子の鷲津毅堂《きどう》（一八二五―一八八二）、いとこの大沼枕山《ちんざん》（一八一八―一八九二）、毅堂の義息の永井禾原《かげん》（永井荷風の父）、また漢詩人森春濤《しゅんとう》らもいる。春濤は東アジアの共通筆記語たる漢語を用いて日清の重鎮らと交流し、新時代の詩壇の旗手となっていく。民間の塾主による高次の教育施設がこれだけ長く続き、かつ社会的な影響をもったことは特筆すべきである。その後、時は流れ中学校の整備が進むと、明治三一年、有隣舎学校は一二〇年の歴史に幕を下ろすのである。

＊15　『日本儒林叢書』第三巻所収。その訳注稿が『名古屋大学中国語学文学論集』二五・二六・二七（二〇一三―二〇一四年）に連載。

＊16　石黒万逸郎編『有隣舎と其の学徒』（一宮高等女学校校友会、一九二五年）などがある。

また、刈谷藩の伊藤民之助（号、両村）は、愛知郡沓掛《くつかけ》（現、豊明市）に両村塾[*17]を開いた。両村は昌平黌で佐藤一斎に師事し、大槻盤渓《ばんけい》・斎藤拙堂《せつどう》・安積艮斎《あさかごんさい》らとともに研鑽を積んだ後、帰郷。父の後を継いで庄屋となったが、両村塾を開校してその運営に意を注いだ。犬山藩・刈谷藩からの招聘もあったが、地域教育を第一義に尽力した。「学を論じて家塾諸生に示す」[*18]には、「凡そ来つて余が門に游ぶ者、当《まさ》に志を立てること堅確《けんかく》にして、昼夜精研《せいけん》すべし」と記され、高い教育理念のもと、「遠近の来学者は数十百人、郷塾の盛んなること近郡に比《ひ》無し」（「両村碑文」）だった。その子弟らに両村は、動揺する国の未来を託すのである。その中に天誅《てんちゅう》組総裁の松本奎堂《けいどう》（一八三一―一八六三）もいた。森銑三《せんぞう》著『松本奎堂』[*19]にいう、「飽くまでも直往邁進《まいしん》し、王政維新の捨石」（第一章―二）になったと。森自身「刈谷に生まれて刈谷に育った」（「自序」）者として、深い鎮魂の祈りを刻むのである。ちなみに近世教育史研究の第一人者石川謙は、近隣の旧挙母《ころも》（現、豊田市）の出身である。

ドーア博士が瞠目した寺子屋についても一瞥しておくと、刈谷の山本忠佐の家塾、西尾の勝庵《しょうあん》塾（木村武兵衛）、大垣の喬木《きょうぼく》塾（角田錦江）、美濃・山県《やまがた》郡の習貫《しゅうかん》堂（千葉弘道）など[*20]がよく知られる。当時、寺子屋は全国各地にまさに網の目のように広がっていた。そして初等教育ながらも全人格的な「薫化」の指導が行われ、未来の担い手たる子供らに自主独立の気概や徳力・知力・情操などを培っていったのである。

伊勢松坂の農村部に開かれた「寿硯堂《じゅけんどう》」も特色がある。[*21]「読み・書き・算術」は当然だが、

＊17　『新修名古屋市史』第四巻（名古屋市、一九九九年）六七一―六七二頁。

＊18　『愛知県教育史』第一巻、五一五―五二九頁。「学を論じて家塾諸生に示す」の全文が掲げられており、修行の場のごとき張り詰めた訓話が印象的。

＊19　『森銑三著作集』第六巻（中央公論社、一九七一年）第一章―二は一九五頁、「自序」は五一七頁。

＊20　西村覚良「幕末維新期の寺子屋―美濃国山県郡高富村の習貫堂の場合」（『金鯱叢書』第五輯、徳川黎明会、一九七八年）五〇九―五三五頁。

＊21　梅村佳代『日本近世民衆教育史研究』（梓出版社、一九九一年）第一章「寛政期寺子屋の一事例―伊勢国「寿硯堂」を中心にして―」を参照。

上級になると儒学の初歩（四書・五経・文選など）も学んだ。儒教倫理により「家」や共同体の安定化に資するとともに、また終業後は彼らの多くが都市部の商店に奉公に出たが、漢学に内在する社会・対人意識の道理が、職業人としての基礎的教養や商業倫理の基盤を担ったと考えられる。一民間人であっても世襲的境界を越えて、「決意さえすれば社会も自分も変えることができる」（ドーア）という国民的な進取の気性は、このような庶民教育網により広い裾野をもって形成されていったことが知られるのである。

第五節　基層的な親文化としての漢学――未来を支援する「知」

寺子屋での学習は、上級になるとかなりの塾で漢文教材が加わり、右の教材のほかに小学・十八史略・史記・国史略・唐詩選なども用いられた。これらの漢学は、明治以降、初中等教育制度が整備されると、世界地理・万国史・万国公法・博物新編などの洋学および和（国）学とともに、全体の一端を担う形に大幅縮小となる。これをもって学界では、近代国語の成立・発展の視点から漢学の衰退史観を定論としている。[*22] 衰退宣告を受けた者として、自己のアイデンティティはどこにあるのか、また、未来はどうあるべきなのか。今、ドーアの「決心しさえすれば自分を変えることができる」という言葉を護符にして、この問題について、少し考えてみたい。

＊22　加藤国安編『明治漢文教科書集成』第Ⅰ～Ⅲ期（不二出版、二〇一三―一五年）。

漢学衰退史観というのは、国語発展史の面からするとそうではあるが、ただ漢学は国語との関係においてのみ存在していたわけではない。国語の重要性は、十分理解した上でのことだが、過去において、国語が過剰に漢学衰退史観を唱えた背景に、国家主義的な膨張政策やナショナリズムがあったことも忘れてはならない。それを引きずった議論の枠組みの中で、いくら漢学の意義を検討しても、日本文化における本来の漢学の位置づけはできようはずもない。幕藩体制の思想軸からは降りたけれども、その後も多くの人々が、自らの内的生命活動を通して、教育や研究・創作などで各々の対し方で漢学を活用していった現実もあわせ見なければならない。前述の寺子屋に即していえば、「身を以て薫化」した基盤の上に、若人らが和漢洋の異文化間の学びを通して、新たな「世界」へと応変していく様子を見守らんとした慈師らの胸の奥までは見ていない。それはいわば、わが子の行末を思う親心を以て、次世代に信託したという一つの発展のありようを指す別義なのである。

未知の世界へ旅立つわが子を案ずる父母の思いが、変革を促す強い力を与えてくれたことで、それまで統合化されていた「基層的な親文化」の中から、異文化的要素＝「漢学」をさっと切断し異化するだけで、即、我々は日本国家・日本国民・日本語・日本文学を立ち上げることができた。すなわち、決心しさえすればすぐ自分を変えることができるだけの基盤を、長年の漢学受容により形成していればこそそれは可能だったのである。これが近年、「漢文脈の近代[*23]」として世に注目されているものである。

＊23　斎藤希史著『漢文脈の近代―清末＝明治の文学圏』（名古屋大学出版会、二〇〇五年）がある。ほかに『漢文脈と近代日本』（日本放送出版協会、二〇〇七年）も刊行。東京大学教授。

また、長年養育してもらった異文化「漢学」の世界性により、西洋中心の単系型文化理解に囚われず、多様な文化の複合的思考や人類的情操を根底に据えることができ、未経験の「世界環境」に乗り出す大きな糧ともしえたのである。その歴史的深意を軽視し、ただ国語との関係に限定して一面的に衰退史観を説くのは、我々の教育思想が、ある意味の近代的自国主義の内向的史観のまま、足踏みしていることを示す。

今日、世界的な交流の進展が我々に教えるのは、民族的一国史観や文化的局地主義また単線型進歩史観といった教条性、いわば「近代」のもつ大きな限界である。その「近代」的民族主義を軸にした教育政策を続ける限り、万人が万人、国際的な民族対立の感情を免れず、民族を超えた政治・経済の論理も生み出しがたく、また国際的人材の育成も難しい。

日本についていえば、親文化から異化された漢学の収縮を今後も続けるのかもしれないが、漢学は我々の脳内に深く組み込まれた「基層的な親文化」、すなわち「国語」の一部であることにもっと刮目しなければならない。幾つもの時代を超えて異文化との複合型装置を高度に発達させ、我々の内面の深部において巧みにプログラミングされ、その精華として東洋の「道」や生命観、美学や詩情という生き生きとした自己運動を起こし、歴史に多くの輝きを刻んできたことを、もっと誇りをもって認識しなければならない。それは長年にわたり民族を超えたソフトとして機能してきた、先行する脱単線型言語文化ではないか。

ドーア博士のいう「薫化する師」だが、それだけの広い視野と高い見識を有していたからこそ、寺子屋教育を近代日本の基盤を形成した源流と見なしたのである。今日の日本の国際言語は英語だが、それは我々の「基層的な親文化」としての古典でもなければ、歴史自体もきわめて浅く漢文ほどの基層性はほとんどないに等しい。

遠い昔から苦難の長旅を続けて、ようやく自身にたどり着いた命のリレー。この間、危難に直面した時、祖先らの指針となったものは、「人としての道」だった。人が人である尊厳をリレーして行く限りは、その源たる「道」も自ずと自己運動を続けていく。それを思う時、「道徳の園は、人之（これ）を愛し之を慕ふ。之を壊《やぶ》るに忍びざるなり」（中江兆民『三酔人経綸問答』[*24]）という、あの漢文調の言葉が想起されてくる。「中江兆民の漢学[*25]」という鼎談の中で、溝口雄三[*26]は、「彼の理想主義的なところに孟子がある」かと問い、その名古屋大学院生時代の恩師である入矢義高は、「孟子や荘子の言葉が原典から離れて、兆民の中で血肉化しているという面もある[*27]」と発言する。世の中を根源的な所で考えるには、長年にわたり「血肉化」してきた自らの古典を足場にするよりない。

幾多の先哲を生んだ東海の漢学文化を通覧しながら、それまでの世の中と「近代」のどこが異なり、「近代」にどんな過誤があったのかを振り返り、また、不確定要素の増す「未来環境」を思うとき、現代の人類は幾多の難問を抱えてしまったことに改めて気づかされる。それをどう解決して行けるのかは、すべての学問が問われていることではあるが、とくに古典はどこの国のものであれ、そもそもの生い立ちが局地主義的な性格が強く、近代の科学技術や経

＊24　『中江兆民全集』第八巻（岩波書店、一九八四年）二一二頁。

＊25　『中江兆民全集』第六巻、月報十三（一九八五年）「座談会―中江兆民の漢学」（二）。

＊26　溝口（一九三二―二〇一〇年）は名古屋市生まれの東京大学名誉教授。『中国前近代思想の屈折と展開』（東大出版会、一九八〇年）『方法としての中国』（同、一九八九年）ほか。

＊27　同月報。入矢（一九一〇―一九九八年）は鹿児島市生まれで、名古屋大学・京都大学名誉教授。中国詩人選集、中国古典文学全集、禅籍関係の著書が多い。

済とも繋がりが希薄なだけに、とりわけ困難な局面に立たされている。

古典の世界的な衰退史観というステロタイプ的宣告を前にして、いずこの文化圏でも古典資源の新たな発信力が問われている。今日のような、多様な文化の行き交う複雑系世界に対応するには、自らの古典を足場にして世界や人類といった根本問題を掘り下げながらも、ある面で古典自体の自己限界を自ら脱する度量と創見がなければ、国際的な信頼を得たり活動の場を広域的に展開することは難しい。こうしたジレンマ下の状況では、それぞれの古典を大切にしながらも、一方では、もっと和漢洋などといった文化的局地主義を越えた世界的思考や葛藤の経験を積み重ね、それぞれの古典の意味を問い直しながら今日的な問題との往還を繰り返す必要がある。

これについて前述の「中江兆民の漢学」の鼎談者の一人、島田虔次《けんじ》の発言が、今なお我々の心に響く。「本当に漢学を全然やらないで兆民がヨーロッパへ行って、ルソー主義者になって帰ってきてルソーを説いた場合に、果たしてあれだけ迫力をもったかどうかということですね」[*28]と。このような先例を掘り起こしながら、未来の人類を支援する新たな古典（我々にとっては「基層的な親文化」たる漢学）論の構築を、今後の目標に掲げていかなければならない。

日々新たな課題が襲いくる現場にあって、はたして人類は自らが「決心しさえすれば自分を変えることができる」のか。互いに共存し合わなければならない隣国関係を一対二百（民族関係ならば一対数千にも上る）も有する人類が、困難な未来をともに生存していくためには、

＊28　同月報。島田（一九一七―二〇〇〇年）は広島県三次市生まれの京都大学名誉教授。『中国における近代思惟の挫折』（筑摩書房、一九四九年）ほか。

この自問は避けることのできない大命題なのである。

【参考文献】

愛知県教育委員会編『愛知県教育史』第一巻（愛知県教育委員会、一九七三年）
愛知県史編纂委員会編『愛知県史』「資料編」三四　近代一一　教育（愛知県、二〇〇四年）
生馬寛信編『幕末維新期の漢学塾の研究』（渓水社、二〇〇三年）
石川　謙『日本庶民教育史』（刀江書院、一九二九年）
石川　謙『日本学校史の研究』（小学館、一九六〇年）
石黒万逸郎編『有隣社と其の学徒』（一宮高等女学校校友会、一九二五年）
梅村佳代『日本近世民衆教育史研究』（梓出版社、一九九一年）
尾張名家誌研究会編「細野要斎著『尾張名家誌』訳注稿」一、二、三（『名古屋大学中国語学文学論集』二五、二六、二七、二〇一三―二〇一四年）
加藤国安編『明治漢文教科書集成』第Ⅰ～Ⅲ期（不二出版、二〇一三―二〇一五年）
斎藤希史『漢文脈の近代―清末＝明治の文学圏』（名古屋大学出版会、二〇〇五年）
斎藤希史『漢文脈と近代日本』（日本放送出版協会、二〇〇七年）
新修名古屋市史編集委員会編『新修名古屋市史』第四巻（名古屋市、一九九九年）
細野要斎『尾張名家誌』（『日本儒林叢書』第三巻、東洋図書刊行会、一九二八年）
鬼頭有一『細井平洲附中西淡淵』（明徳出版社、一九七七年）
高瀬代次郎編『平洲全集』（平洲会蔵版、一九二一年、国立国会図書館デジタルコレクション）
徳川黎明会編『金鯱叢書』第五輯（徳川黎明会、一九七八年）
中江兆民『同全集』第八巻（岩波書店、一九八四年）、「同月報」一三（岩波書店、一九八五年）
名古屋市教育委員会編『名古屋叢書』第一巻「文教編」（名古屋市教育委員会、一九六〇年）
名古屋市教育委員会編『名古屋叢書』第一九巻「随筆編」二（名古屋市教育委員会、一九六〇年）

名古屋市教育委員会編『名古屋叢書』第二〇巻「随筆編」三（名古屋市教育委員会、一九六一年）
森　銑三『同著作集』第六巻（中央公論社、一九七一年）
文部省編『日本教育史資料』（再版、冨山房、一九〇三―一九〇四年）
『鴎外全集』著作篇　第八巻（岩波書店、一九五二年）

研究の窓

四国地方の漢学塾

加藤国安

――あしの国なら、あしのような者は、箕《みい》ですくうほどおりますらい。

松山の漢学を象徴するせりふである。あの秋山好古《よしふる》（一八五九―一九三〇）[*1]が、大阪府庁での小学校本教員検定試験に首席合格したとき、担当役人が「おまえは、よくできるな」といい、だが「学力があるからといって慢心してはいかん」と戒めたのに対して、好古は「そりゃ、心外でござる」と抗弁し、この言葉を吐くのである。

司馬遼太郎『坂の上の雲』[*2]の初回「春や昔」の一場面だが、この回には中予《ちゅうよ》と呼ばれる松山の漢学教育についてたびたび言及があり、そのなかに一町内だけでも『資治通鑑《しじつがん》』『孟子』に精通した人がかなりいたと記される。それなのに、「自分程度の者がこんなうまい目をしていいのか」「かえって心細い」と好古はつぶやく。それがこの役人をむっとさせるのだが、松山が漢学の盛んな土地柄だというのは、好古のごくごく正直な感想だった。

第二回「真之《さねゆき》」では、好古の弟真之（一八六八―一九一八）[*3]や、正岡子規[*4]が漢学塾に学ぶ様子が描かれる。真之が通っていたのは、近藤元修《げんしゅう》の塾だった。元修の父は、その名を名洲《めいしゅう》といい、田中一如《いちじょ》の開いた心学の六行舎《ろっこうしゃ》[*5]を継承し、士庶の公徳心教育に大きな成果をあげた。その長子の元修は藩校明教館《めいきょうかん》の助教だったが、廃藩置県後は私塾を開校。その弟があの近藤元粋《げんすい》（南州　一八五〇―一九二二）[*6]である。好古が受験のため、初めて大阪へ向かった時、一緒に同行したのが、やはり、小学校教員に新たな活路を求めていたこの元粋だった。以後、大阪で活躍し、その大量の蔵書は今日、大阪天満宮御文庫に収蔵されている。

近藤元修の塾へ通う少年の足音を毎朝聞いて育ったのが、安倍能成《よししげ》（一八八三―一九六六）[*7]である。いわく、「当時松山に近藤元修、元弘《げんこう》、元粋といふ兄弟の漢学者があり、元粋は大阪に出て著述なども し派手にやつて居たが、元修の家は私の家と同じく大街道《おおかいどう》にあり、朝まだほの暗い頃から、素読を受けにゆく市中の少年達の下駄の音が、私達の寝床にまで聞こえたものである」と回顧する。ただ、能成は「近藤塾へは通はないで、父から素読を受けて居た」（『我が生ひ立ち』[*8]「小学校以前の幼年時代」）。

彼の父は医師で、また熱心な漢学の愛読者でもあったから、四書を始め、漢学の基本をみずから授けた。なかでも、「孟子は一番多く読まされたし、又『孟子』の本文を三四冊分も書写させられたりした」「父の政治思想は孟子一点張りであつた。父は芸州《げい》の生まれとして同郷の頼山陽《らいさんよう》を崇敬し、山陽の『日本政記《せいき》』の思想が全く『孟子』から出たことを説き、漢籍で骨組を作つておかねば人間は駄目だ、といふことを絶えず口にした」（同「その頃の読物」[*9]）。これが基礎となり、後年の『孟子・荀子』[*10]が生まれるのである。

能成の父が「師事して居て、随分親しい交わりがあつた」のが、子規の外祖父の藩儒・大原観山《かんざん》だった[*11]。能成が少年の頃は、大原家一統が「松山の文化の中心を形作つて居たやうに思ふ」（同「大原一統《いっとう》」[*12]）というほどだった。好古が「箕ですくうほどおる」という漢学の素養をもった人材は、観山を代表とする松山藩の熱心な教育によるところが大であった。観山とともに幕末期の藩政に深く関与した崎門学の三上是庵《ぜあん》（一八一八―一八七六）も、「三上学寮」を開設しており、『松山藩学事』[*13]に詳しい記録が残されている。門弟には、石井周庵《しゅうあん》（漢学者）・勝田主計《しょうだかずえ》（蔵相・文相）らがいる。

二〇一七年、観山の旧蔵書の調査中に、伊予小松《こまつ》藩儒・近藤篤山《とくざん》（一七六六―一八四六）の「篤山先生勧学」「近藤篤山書付」「大正元年十月調、所有書画扣《ひかえ》」（篤

山を含む）を発見した。若い頃、観山は篤山に面会し親しく教えを受けているが、これらはその先哲を偲ぶ遺愛の品々である。

　近藤篤山[14]、いうまでもなく尾藤二洲《じしゅう》の高弟で、佐久間象山が「徳行、天下第一」と称えた人物である。東予《とうよ》地方の小松藩校の養正館《ようせいかん》（現、愛媛県西条市《さいじょうし》）での活動のほか、閑静な邸内に私塾を二つ開いていた。藩内の有志のための挹蒼亭《ゆうそうてい》、他藩の士庶のための緑竹《りょくちく》舎である。徳を慕って多くの来訪者があり、池田草《そう》庵《あん》・宇津木静区《うつぎせいく》・河田迪斎《てきさい》（佐藤一斎の養子）・菊池惕《てき》所《しょ》（寛の曾祖父）・森田節斎・林良斎ら錚々《そうそう》たる人物が名を連ねている。私塾は近藤家により代々営まれて明治の世まで続き、この間に多くの人材を輩出した。

　また、篤山の温厚な人柄を物語るのが、県内最初の女子教育の創設に関わったことである。小松藩士の丹《たん》信積の妻美園《みえ》が自宅に開いた女子向け寺子屋がそれである。信積は篤山の高弟で、江戸藩邸に住み佐久間象山にも学んだ。象山が篤山を知ったのは、この信積を介してだった。美園が小松に開いたこの寺子屋は、現在、小松高校家政科として受け継がれ、その「愛媛近代女子教育発祥の地」碑文には、「近藤篤山の『四如《しじょ》の喩《たとえ》』を教育理念とし、愛媛で初めて婦女子のための寺子屋をこの地に開く」と刻される。「上につかふるは布とんをしく如くふっこりと正しく、客をもてなすは家具をあつかふ如くかたひしとせず大事に」など、「四如」からなる味わい深い教えは、今も活きている。

　朱子学者・近藤篤山に再三書簡を送って、その問題点を細やかに討論したのが、香川の多度津《たどつ》藩家老で陽明学者の林良斎（一八〇七―一八四九）[15]である。「土僻《へき》にして境幽、蹄輪《ていりん》の到ること罕《まれ》なる」堀江の地に弘《ひろ》浜《はま》書院を開き、「此学（陽明学）を講明し、復《ま》た一語も世情に及ぶ無し」（池田草庵「弘浜書院記」[16]）だった。そして、大塩平八郎や草庵・春日潜庵《せんあん》らと交流し[17]、鋭意実践的道義とは何かを探求し、多くの門人を養成することとなったのである。

次は西予《せいよ》地方。大原観山旧蔵書の調査中に、宇和島藩の上甲振洋《じょうこうしんよう》（一八一八―一八七八）[18]の書簡が出てきた。振洋は篤山の緑竹舎で学んだ後、江戸の安積艮《ごん》斎《さい》・古賀侗庵《とうあん》に師事。帰国後、宇和島藩で藩儒を務めたが、開明派の伊達宗城《むねなり》と合わず、退任。八幡浜《やわたはま》に私塾を開設、名を謹教《きんきょう》堂といい、九州・中国からも生徒が集まった。のちに春日潜庵と交流し、門弟・末広鉄腸《てっちょう》の教育を託すとともに、西南方面の不平士族の運動に深く関わっていった。

振洋の門弟にまた左氏珠山《さししゅざん》（一八二九―一八九六）がいる。珠山は宇和島の明倫館《めいりんかん》にて振洋に師事するかたわら、自身の塾でも教えていた。それが西予《せいよ》市の申《しん》義《ぎ》堂である。これを発展させたのが四国最古の小学校・開明《かいめい》学校で、明治の洋風校舎が今なお美しい。明治二五年（一八九二）、松山中学校（現、松山東高校）の漢文教師に着任。このときの同僚が夏目漱石である。

坊っちゃんが初出勤し、同僚に挨拶回りをする場面で、「漢学の先生は、さすがに堅いものだ。昨日お着きで、さぞお疲れで、それでも授業をお始めで、だいぶご精励で――とのべつに弁じたのは、あいきょうのあるおじいさんだ」（『坊っちゃん』二）とあるが、この「おじいさん」というのが、じつは左氏珠山である。

漱石と入れ違いに松山中学に入学してきた安倍能成の目には、「個々の事は論じないとしても、……作者の構想力によつて結合したものはあるが、或る人間を全体的にモデルにしたものは皆無だといつてよい」[19]と映ったが、この場面はまさにその「個々」の例にあたる。漱石より少し遅れて着任し、同様に職員室で挨拶回りをした〝坊っちゃん〟こと、弘中又一《ひろなかまたいち》の記録がじつに面白い。

> 僕が貍《たぬき》校長に連れられて、教員室に一人々々辞令を見せて廻つた時、六十七歳の左氏橦《すなお》先生が礼儀正しく、今日御着きで、嘸《さぞ》御疲れで、大分御精励で、

今後は公私とも宜しく、とのべつ幕無しに弁じられて恐縮した。……向ふから漱石がニヤリ〱笑つて眺めて居たが、其の儘《まま》小説に書いてしまった。[20]

よって、実名通りこれは左氏本人とわかる。ただし、坊っちゃんに無礼を働いた寄宿生の処分をめぐる職員会議で、「左隣の漢学は穏便説に賛成と云った」（同六）と描かれる人物は、「構想力の結合」の面もあるかもしれない。

次に旧高知藩の塾だが、『高知藩教育沿革調』[21]には計二一校ある。ただ本書にないが、高知の近代「知」に関わる漢学塾としては、吉田東洋《とうよう》「少林塾」を第一に上げねばならない。同門からは義姪《てつ》の後藤象二郎や板垣退助・岩崎弥太郎らが出、萩の松下村塾にも比せられた。東洋（一八一六―一八六二）は、開明派の儒者として山内容堂に仕え、自由民権運動を先取りした活動を行ったが、尊攘派の手により斃《たお》された。

ここでは、紙数の関係で門人のうち岩崎弥太郎（一八三五―一八八五）のみを取り上げる。岩崎少年は儒者・小牧米山の秉彝《へいい》館に学び、経書とともに殖産学にも触れた。一五歳で、母方の親類で陽明学にも通じていた岡本寧浦《ねいほ》の私塾へ、さらに二一歳で奥宮慥斎《おくのみやぞうさい》に師事し、その従者として江戸に行くこととなり、翌年、安積艮斎の塾に入門。帰国後は、折しも高知城下に謹慎中の身で、「少林塾」を開いていた東洋の門弟となる。二五歳のことだった。以後、五年間は東洋のもとで勉学に励み、その政策である国内産業と海外貿易について鋭意取り組んでいく。後年の三菱の始まりであった。

奥宮慥斎「蓮池書院」からは中江兆民（一八四七―一九〇一）が出た。兆民についての著書は多いが、漢学塾に限定して略説すれば、藩校文武館で学ぶかたわら、慥斎から『伝習録』の講義を聴き、『王陽明全書』『靖乱録《せいらんろく》』などを読み、陽明学は禅学を儒教に直したものと解するような柔軟さがあった。このような若き日々の漢学が基礎となり、フランス留学中に『孟子』『文章軌範』『日本外史』の仏訳をなし、「欧地ニ在テ其書（ソクラテスとプラトン）ヲ読ミ、誠ニ斯道ノ古今遠邇《じ》、確乎トシテ易《か》フ可《べか》ラザルヲ知ル」（「策論」*22第三策）とする重要な体験、すなわち漢学の普遍性の確信に至る。

帰国後の明治七年（一八七四）、仏蘭西学舎（のちに仏学塾）を開くや、大原観山の子息・加藤恒忠《つねただ》（拓《たく》川《せん》、外交官。正岡子規の叔父）らが入塾（明治一二年（一八七九））。塾では仏語のほか、「真に文に長ぜんとする者、多く漢文を読まざる可《べ》からず*23」（幸徳秋水『兆民先生』「文士」）と、洋学塾でありながら一貫して漢学も学習するという兆民らしい方針を強調、恒忠も兆民に漢学を教わったと述懐するほどである。だが、兆民は学生にそう説いたのみならず、自身も高谷龍洲《たかたにりゅうしゅう》の済美黌《せいびこう》（明治一一年（一八七八））、三島中洲の二松学舎（明治一三—一五年）、岡松甕谷《おうこく》の紹成《しょうせい》書院（明治一三年（一八八〇））に学び、漢学を本格的に修めた。そうした一連の成果が、のちに欧州中心の「単系的文明発展史観のトリコにならず*24」（松永昌三）、諸文明・文化間の相対的世界観の提唱へと発展していったのである。

徳島県の塾生では、岡本監輔《かんすけ》（韋庵《いあん》　一八三九—一九〇四）が注目される。「十二三才の頃、…邑人堤《つつみ》新甫《しんぽ》に従ひて学ぶ」。堤は佐藤一斎の門人で「毎《つね》に師説を聴き、すなはち之《これ》を筆記」、しかし「秘して人に示さず」だったため、「監輔、其のなきをうかがひ、窃《ひそ》かに之を謄写して一本をのこさず」（「漢文自伝和訳」*25）というほど漢学に打ち込んだ。一六、七歳の頃に、地元の儒者・岩本贅庵《ぜいあん》（柴野碧海《へきかい》の門人）に入門、さらに高松の藤岡三渓の塾に学んだ。そこで、「（三渓）翁ガ一士人ト談ズルヲ聞クニ、曰ク「此ヲ距《へだて》ルコト一千里ノ北ニ、一大島アリテ「サガレン」（樺太《からふと》）トイフ」のを知り、「如何ニモ面白キ話ナリト思ヒツキタリ」。

その後、「京阪諸処ニ遊ビ、藤沢東涯《とうがい》、池内陶所《とうしょ》ナド諸儒ノ許《もと》ニ食客トナリ」樺太の話を追い求めたが要領を得なかった。

文久元年（一八六一）、江戸にて「下谷《したや》街道ヲ過ギテ、書林ノ架上ニ（間宮林蔵の）「北蝦夷図説」ト題セル一書アル」（以上「岡本氏自伝」[*26]）に出会い、文久三年（一八六三）、樺太探検に出発。慶応元年、間宮海峡を通り西海岸を探索し南下。樺太一周をなし遂げた。これにより、樺太北部の状況がはじめて明らかとなったのである。

維新後は箱館裁判所権判事、明治三年（一八七〇）辞職。東大予備門御用掛、一高講師などを歴任した。教育者としての韋庵の仕事に、『要言類纂』（明治一二年）、『小学新編』[*27]（明治一五年）の編著がある。和漢洋の逸話を編集したものだが、これが若き日々の勉学の成果であることは、「漢文自伝」にこう記されるのをもって推測される。

> 大全諸書を読み、博く伊物諸子之書に渉《わた》る。常に数日を経て寝《いね》ず。仁説、性論の諸篇、皆独見にかかる。……更に経世の諸書を講じ、政談経済録、草茅《そうぼう》危言の諸書の如きは抄録せざるなし。[*28]

近年、この『要言類纂』『小学新編』が、徳育の復権を目指した『幼学綱要』（明治一五年〈一八八二〉）に影響を与えたとの報告がなされている。[*29]

四国各県においてそれぞれの漢学塾を足がかりに、「近代」に向かって有為の青年が多く巣立っていったのである。

【註】

＊1　日露戦争時の騎兵部隊指揮官。戦後、松山で校長を務めた。

＊2　秋山兄弟と正岡子規の三人を中心に、明治維新より日露戦争の勝利までを描く。『司馬遼太郎全集』第二四巻（文芸春秋、一九七三年）二三頁。

＊3　日露戦争時、バルチック艦隊を破り日本海海戦を勝利に導いた。

＊4　加藤国安『漢詩人子規』（研文出版、二〇〇六年）、同『子

規蔵書と『漢詩稿』研究』（同、二〇一四年）。

＊5　『松山藩学事』（「松山叢談附録」『豫陽叢書』第七、一九三六年：復刻版、臨川書店、一九七三年）に、「旧松山藩領内卒平民教諭学舎」として記載。二四三―二四六頁。

＊6　藤野海南や芳野金陵に師事。著に『蛍雪軒叢書』『蛍雪存稿』など。

＊7　哲学者。漱石門下の四天王。岩波書店の唱導者。文相。学習院院長。

＊8　安倍能成著（岩波書店、一九六六年）一九頁。

＊9　＊8同書、五〇―五一頁。

＊10　『安倍能成選集』第五巻（小山書店、一九四九年：復刻、日本図書センター、一九九七年）。

＊11　加藤国安「幕末の一儒の載道精神―伊予松山藩儒・大原観山旧蔵書考」（『日本中国学会報』第六九集、二〇一七年）

＊12　＊8同書、一六四頁。

＊13　＊5「松山叢談附録」第四、二五四―二六三頁。

＊14　加藤国安『伊予の陶淵明―近藤篤山』（研文出版、二〇〇四年）。

＊15　『林良斎全集』（吉田公平監修、ぺりかん社、一九九九年）。

＊16　『青谿書院全集』第二編上（青谿書院主・池田禎蔵、一九一三年）、「同記」は原漢文。

＊17　岡田武彦『林良斎と池田草庵』（明徳出版社、二〇一三年）、大西晴隆他『春日潜庵・池田草庵』（同、一九八六年）、『幕末維新陽明学者書簡集』（同、一九七一年）。また、吉田公平『日本近世の心学思想』（研文出版、二〇一三年）に詳しい。

＊18　宮地正人編『明治維新の人物像』（吉川弘文館、二〇〇〇年）中の、三好昌文「上甲振洋とその思想の帰結について―幕末一朱子学者の反政府思想の形成」。

＊19　『安倍能成選集』第三巻（同前）「政和先生の追想」、一〇八頁。

＊20　『政和先生追想録』（山本亭等編、一九三五年）所収の弘中又一「山嵐先生の追憶」。また、『「坊っちゃん」先生　弘中又一』（松原伸夫、文芸社、二〇一〇年）など。

＊21　原版は高知県編、青楓会、一九三二年刊。復刻版、土佐史談会、一九六八年。

＊22　『中江兆民全集』第一巻（岩波書店、一九八三年）二六頁。

＊23　『同』別巻（一九八六年）四六五頁。

＊24　『中江兆民評伝』（岩波書店、一九九三年）第九章「兆民と現代」四九六頁。

＊25　『岡本子自伝・窮北日誌』（徳島県教育委員会、一九六四年）一九二頁。

＊26　＊25同書、三―六頁。

＊27　加藤国安『明治漢文教科書集成』第Ⅰ期第一巻（不二出版、二〇一三年）所収。

＊28　＊25同書、一九二―一九三頁。
＊29　『アジアへのまなざし岡本韋庵』(阿波学会等、二〇〇四年)。

【参考文献】

安倍能成『我が生ひ立ち』(岩波書店、一九六六年)
安倍能成『安倍能成選集』第三五巻(小山書店、一九四九年、復刻版、日本図書センター、一九九七年)
阿波学会等編『アジアへのまなざし　岡本韋庵』(二〇〇四年)
宇野哲人ほか『幕末維新陽明学者書簡集』(『陽明学大系』第一一巻、明徳出版社、一九七一年)
大西晴隆ほか『春日潜庵・池田草庵』(明徳出版社、一九八六年)
岡田武彦『林良斎と池田草庵』(『岡田武彦全集』第二四巻、明徳出版社、二〇一三年)
司馬遼太郎『坂の上の雲』(『司馬遼太郎全集』第二四巻、文芸春秋、一九七三年)
加藤国安『伊予の陶淵明―近藤篤山』(研文出版、二〇〇四年)
加藤国安『漢詩人子規』(研文出版、二〇〇六年)
加藤国安『子規蔵書と『漢詩稿』研究』(研文出版、二〇一四年)
加藤国安『明治漢文教科書集成』第Ⅰ期(不二出版、二〇一三年)
加藤国安「幕末の一儒の載道精神―伊予松山藩儒・大原観山旧蔵書考」(『日本中国学会報』六九　二〇一七年)
徳島県教育委員会編『岡本子自伝・窮北日誌』(一九六四年)
中江兆民『同全集』第一巻(岩波書店、一九八三年)、『同』別巻(岩波書店、一九八六年)
松永昌三『中江兆民評伝』(岩波書店、一九九三年)
松原伸夫『「坊っちゃん」先生　弘中又一』(文芸社、二〇一〇年)
宮地正人『明治維新の人物像』(吉川弘文館、二〇〇〇年)
山本亨等『政和先生追想録』(一九三五年、国立国会図書館近代デジタルライブラリー)
吉田公平『林良斎全集』(ぺりかん社、一九九九年)
吉田公平『日本近世の心学思想』(研文出版、二〇一三年)
豫陽叢書刊行会『松山藩学事』(『豫陽叢書』第七巻「松山叢談附録」一九三六年、復刻版、臨川書店、一九七三年)

第Ⅳ部　漢学塾を前身とする近代学校

第一章　漢学塾と漢学者

神立春樹

第一節　近代学校の源流

本論題を考究するには、漢学塾を近代日本の学校制度に位置付け考察することを要する。わが国近代の教育制度は、明治維新以降に打ち立てられたものであるが、その萌芽はそれに先立つ藩政期にある。近代学校もその源流は藩政期の学校にある。

近代以前の藩政期の学校は左記の学校一覧の如く、武家子弟のための学校である藩校とその対極にある庶民の子どもの学校である寺子屋があり、その両学校の間に郷校、私塾があった。これらの学校のいずれもが近代学校の源流となる。

藩政期の学校一覧*1

Ⅰ藩校・幕府直轄学校

昌平坂学問所（昌平黌）　起源は上野忍岡の孔子廟の学問所。湯島に移し聖堂を建て、孔子を祀る聖廟に林家の家塾ともいうべき学問所が附属、総称して聖堂。これが昌平坂学

＊1　文部省『学制百年史　通史編』（一九七二年）の「第一編　近代制度の創始と拡大・序章　幕末維新期の教育・一　幕末期における教育」における幕末期の学校についての記述を、要約的に整理して作成。

問所（昌平黌）。寛政九年（一七九七）、聖堂の学問所を幕府直轄学校とした。幕府の直参（旗本・御家人）の子弟教育を行なったが、やがて拡充され広く諸藩の家臣などの教育の道を開いた。

藩校　藩主自身が儒学者・兵学者を招いて講義させ、重臣たちも聴講。藩士にも学問奨励、文の教養を積むことを求めた。幕府の方針に基づき儒学中心、ことに朱子学。城下に学校を設け儒学者を師として学問を授けた。藩校は後期には二百数十校あった。

Ⅱ郷校（郷学）

①藩校の延長・小規模藩校　藩主、家老・重臣が領地に藩校にならって設けたもの。武家の子弟が対象で、教育内容も藩校と同類である。

②領内の庶民教育目的　藩主、代官により設立　幕府や藩主の保護・監督を受ける。

③幕末には民間有志の設立経営によるもの多くなる。近代の小学校の前身とみるべきものである。

Ⅲ私塾　教師私宅に教場、学問・芸能を門弟に授ける教育施設　秘伝思想の流を受けて師弟の緊密な人間関係にもとづき、特定の学派や流派の奥義を伝授した。近世の時代推移とともに次第に公開的性格をもち、近代学校へと発展する。

Ⅳ寺子屋　庶民の子どもが読み・書きの初歩を学ぶ簡易な学校。中期以降次第に発達し、幕末には地方都市、農山漁村にまで設けられ全国に普及した。

Ⅴ洋学校・洋学塾　幕府設置の藩書調所、海軍伝習所、西洋医学所、医学伝習所。緒方洪庵の「適々斉塾」（適塾）などの民間の洋学塾。明治維新後展開の近代教育の準備機関となった。

第二節　近代学校制度における漢学塾

近代学校制度と近世期の諸学校

近代日本の教育・学校制度は、明治五年（一八七二）の学制、明治一二年（一八七九）の教育令、明治一三年（一八九〇）の教育令改正、などを経て、明治一九年（一八六八）の帝国大学令・中学校令・師範学校令・小学校令などの諸「学校令」によって成立する。

まず、明治五年は、小学、中学、大学という三等の学校を立てるが、近世期のこれらの諸学校は、この学制にもとづく近代学校にその学校群的対応的編成替えにより近代学校となっていく。

漢学塾の中学校への転換と漢学系中学校の設立

明治五年の学制では、私塾も存続するものはこの近代学校に編成される。学制における学校の内の中学は、第二九章の上等中学・下等中学のほかに第三〇章の変則中学である。この変則中学には「私宅ニテ中学ノ教科ヲ教ル」家塾があるが、それは第三二章において、「教師証書ヲ得ルモノ中学私塾、免許ナキモノ家塾」、と規定されている。[*2]

明治八年（一八七五）一月七日「文部省達一号」にもとづく東京府の学校分類の基準は、①読書・算術・習字の如き卑近《ひきん》普通学校（寺子屋）は私立小学校、②英仏独の語学を修めるもの（洋学塾）は私立外国語学校、③高尚ならざる一科の専門学（国学塾・漢学塾・数学塾等）は私立中学校、である。[*3]

ここに、私塾は中学校（中学私塾、家塾を含み、学制追加による中学同等の外国語学校も含む）へ転換していく。漢学塾は高尚ならざる一科の専門学として中学校ということになり、私立中学校となった。この漢学塾のほかの、慶応義塾、攻玉社などの洋学系の私塾も中学校、あるいは同等の外国語学校となった。このようにして生まれた全国の中学校は、明治九年（一八七六）二一〇五校（公立一八・私立一九七）、明治一〇年（一八七七）三九二（公立二七・私立二二九五）、明治一一年（一八七八）五六九校（公立一六五・私立五一四）、明治一二年七七六校（公立九七・私立六七九）と多数ある。[*4]

その学科別については、明治八年から明治一二年の東京の私立中学校五二九校の学科内容は、漢学専科の中学一一二校、漢学を含む教科をもつ中学二〇三校、漢学のない中学一四〇校、学科不明七四校である。学科判明校の内の漢学専科・漢学含む漢学は七割、漢学なしは三割で、漢学系が主流を占める。[*5]

＊2　『学制百年史　資料編』（一九七二年）一四—一五頁。

＊3　神辺靖光「明治一〇年代の東京府の漢学塾—明治一六年・東京府管内私立諸学校表を中心に—」（幕末維新期漢学塾研究会・生馬寛信編『幕末維新期漢学塾の研究』淡水社、二〇〇三年）。

＊4　神立春樹『二松學舍史断章—近代日本私立諸学校の特質究明の一試み—』（教育文献刊行会、二〇一一年の第二表・第四〜第七表。原史料『文部省年報』）。

＊5　神辺靖光『日本における中学校形成史の研究　明治初期編』（多賀出版、一九九三年）六六八—六六九頁。

私立中学の「各種ノ学校」への移行

明治一二年の教育令により中学校の多くは中学校の枠外となり、明治一三年（一八九〇）より「各種ノ学校」（以下各種学校と表示）となった。以下東京府についてみていく。[*6] 教育令により、東京府では、それによって明治一二年に五一四校あった中学校は明治一三年にはわずか三校（東京府第一中学・同第二：公立、学習院：私立）となってしまった。そしてこの年に学制にはなかった学校類型である各種学校が一挙に四〇九校現れた以後、中学校は、明治一四年（一八八一）は二、明治一五年（一八八二）から明治二一年（一八八八）まで一、その内の私立は明治一三年、明治一四年は一校あるが、以後は〇である。私立中学はゼロとなった。他方、各種学校は明治一五年三二三校、明治一六年（一八八三）三六九校、明治一七年（一八八四）三五三校、そして明治一八年（一八八五）四三三校、明治一九年（一八八六）四三三校、明治二一年（一八八八）は五二七校と顕著に増加している。

この各種学校は、学科内容は、漢文読書は、明治一五年一九一校（五九・一％）、明治一六年二〇一校（五四・六％）、明治一七年一九八校（五六・一％）、そして明治一八年二二〇校（五二・九％）で、これに次ぐ洋学系は明治一五年英学三九校（二〇・四％）、明治一八年数学四二校（一一・三％）、明治一五年二〇一校（五四・六％）、明治一六年英学四六校（一三・一％）、明治一八年英学七九校（一八・二％）であり、漢文読書がいずれの年も半数以上を占める、と

＊6　＊4同書。一七頁第四表、一八頁第五—一表　原史料『文部省年報』『東京府学事年報』『東京府統計書』。

いう圧倒的な多さである。[*7]

幕末・明治初期の漢学私塾は、中学校を経て各種学校、という近代学校群の一つとなって行くが、その後も漢学・漢文読書の私立学校が生まれ、そして変転・消滅をたどる。

第三節　明治期の学校における漢学系学校

明治期の学校の推移、構成

本節では、明治期の全国・東京府の漢学系学校について以下数量的に検討する。[*8]

この各種学校の全国的推移をみると、主要科目別のある明治一三年二〇一六校（①漢学八〇二、②手芸三六二など）、明治二四年（一八九一）一六九七校（①和漢学七〇三、②手芸一七八など）で漢学和漢学学校が多く、所在府県別のある明治二五年（一八九二）一五三六校（①東京四三一、②大阪一九六など）、明治三五年（一九〇二）一六五七校（①東京二八七、②岡山一七八など）、明治四五年（一九一二）二三三三校（①兵庫二一四、②岡山二〇四など）となっている。明治二七年（一八九四）からは主要科目別に代わって小学校類・尋常中学校類・高等女学校類・実業学校類・専門学校類・其他類となっていて小学校類、その公立小学校類が多くなっていて、補習学校的なものが多くなっている。このために東京府は、明治二五年は

＊7　神立春樹『近代日本制度外学校史論―各種学校の社会的連繋―』（教育文献刊行会、二〇一八年）三九頁の第五表。

＊8　神立春樹「明治期東京の私立諸学校における漢学塾・漢学塾主―漢学塾二松学舎の特質を探る―」（『三島中洲研究』ＶＯＬ２、二〇〇七年）。

順位3となっているが、本来の各種学校は東京が府県別で最多であるといえよう。このように漢学の各種学校は東京が最多で、それによって各種学校の最多群の府県であるといえよう。以下、近代の漢学塾を東京の漢学塾について検討する。

東京の漢学系学校の状況

明治一八年、東京には四三三の各種学校があり、そのうち漢文読書が二二〇校、次いで英学七九校で、漢文読書の漢学塾が抜群の数であった。この漢学塾のその後をみると、明治一八年と明治二四年間は継続七一校・消滅一七〇校・新設一二九校、消滅が多数であるが、継続もかなりあり、なお新設もあるが、明治三九年（一九〇六）には漢学学校は温塾（教員一人・生徒一八人、授業料収入五〇円）、道生舘（二人・六人、一二円）、惜陰塾（一人・九人、九四円）、二松学舎（一四人、一二三人）、の四校[*9]、そして明治四一年（一九〇八）にはあるのは温塾（漢学・麹町区・教員数一人・生徒数一五人・授業料収入　学校長宮原確・明治九年創立）、二松学舎（国漢・麹町区・教員数一八・生徒数九六人・授業料収入九三六円学校長三島復《また》・明治一〇年創立）、府下に尚絅塾《しょうこう》（漢学・南多摩郡忠生村《ただお》・教員数一人・生徒数四〇人・授業料収入　学校長佐藤荘作・明治二七年創立）である。[*10]温塾など存続するものの漢学塾は規模も小さいが、その中で二松学舎は生徒数、教員数も多く、学校としての確かな存在である。

＊9　『東京府学事第三四回年報　明治三九』の「公立私立各種学校一覧表」。

＊10　『東京府統計書　明治四一年』の「私立各種学校一覧」。

第四節　漢学塾と漢学者

漢学塾＝漢学学校の塾主・校主

以上の明治期の私立中学校（明治一二年以前）・各種学校（明治一三年以降）の内漢学系の学校を漢学塾、あるいは漢学学校、その「首長タル者」・「学校設立者」などは塾主という名称で論じていく。神辺靖光氏は明治一六年の東京にある漢学塾の塾名・塾主・所在地・開業年一覧表を作成し、この一六年漢学塾を基軸に明治一〇年代（一八七七―）の漢学塾についての考察を行なっている。開業期別（幕末、明治初年・明治八―一六年）にその漢学塾塾主について検討しているが、漢学塾の塾主は士身分の儒者で、幕末開業の漢学塾主には浪人儒者、平民儒者（神社禰宜）もいるが多くは幕臣、藩士儒者、明治になってから多く開業される漢学塾主も士身分の儒者で、明治一〇年代の開業には維新以後の官職や新学校などに関係した者が目につく。「私塾寺子屋表」おける東京府漢学私塾六九校の塾主身分は、士五四人、平民一一人、医二人、僧一人、無記入一人で、士が約八割近くを占める、とされている。*11

私はこれまでに明治期の漢学塾・漢学塾主についての検討をしているが、*12 表明治期東京連続漢学塾は表注記文献により明治期の主要な漢学塾を示すものである。これらの漢学塾主・学校長であるが、身分が平民の者もいるが、ほとんどが「有名の儒者」（塩谷甲蔵　晩香堂

＊11　＊3同論文、三三八―三四〇頁。なお、「私塾寺子屋表」は、『東京教育史資料第三巻』（東京都立教育研究所、一九七二年）五八八頁に収録。

＊12　神立春樹「明治期東京の私立諸学校における漢学塾・漢学塾主」（『三島中洲研究』VOL２、二〇〇七年）。

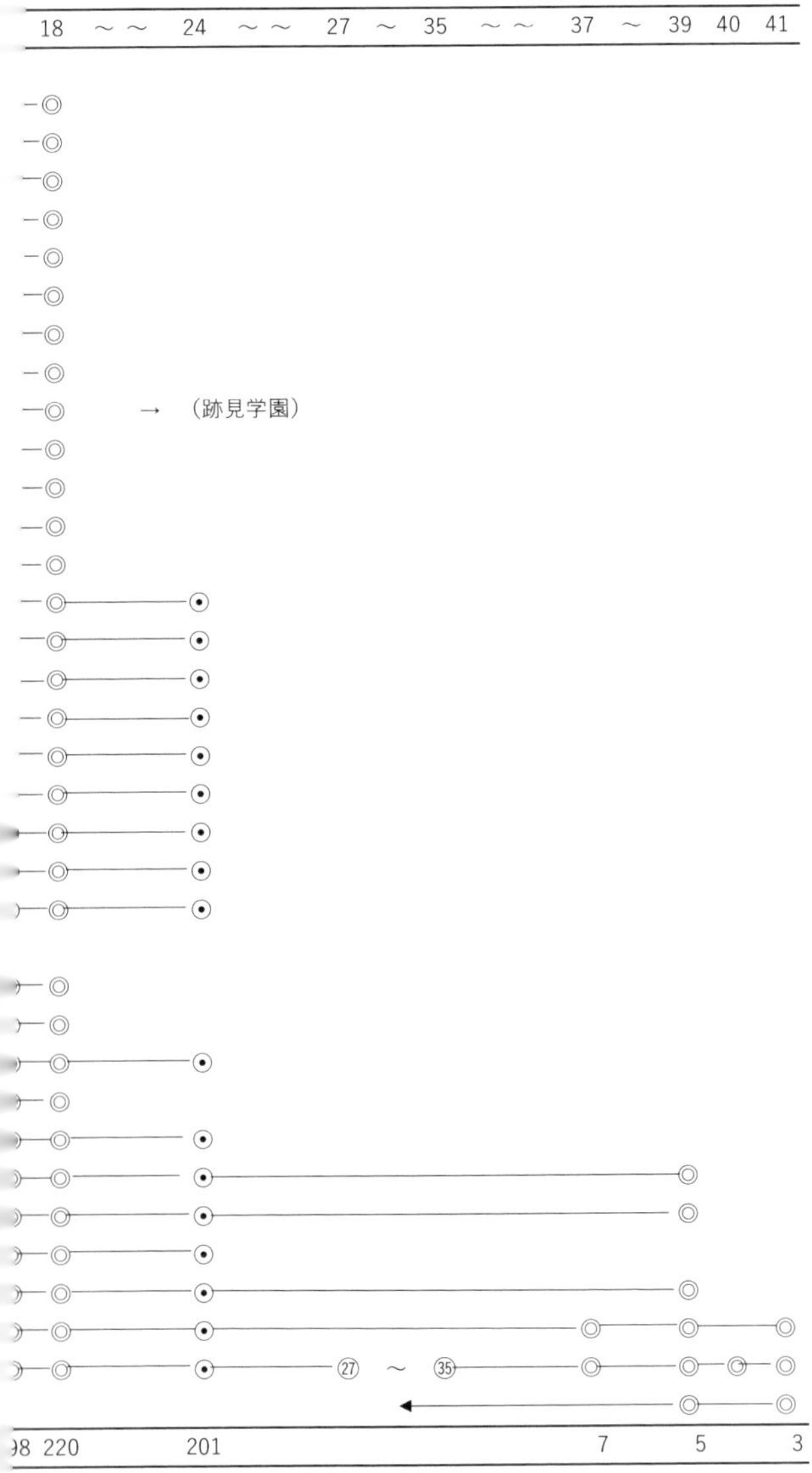

18 〜〜 24 〜〜 27 〜 35 〜〜 37 〜 39 40 41
→ （跡見学園）
㉗ 〜 ㉟
98 220 201 7 5 3

註1　◎・④・⊙は当年書、◯は後年遡及、── は存在、←は設立を示す。

2　当年の該当塾数欄：明治９年から12年は中学校数、明治17年・18年は各種学校漢文読書、明治24年は和漢学及習字之部＋漢学１、明治39年から41年は各種学校漢学。

3　明治37年の当年塾数７は、本表の３校のほか、国語伝習所（創立明治22年）、立生塾（同明治24年）、内山塾（同明治26年）、友信夜学校（同明治36年）。

4　明治27年から37年原表は一定規模以上学校表。

5　属籍欄　士は士族、平は平民。

＊東京市所在、ただし尚絅塾は所在地南多摩郡忠生村。

塾名	設立年	塾主	族籍	明治以前	明治3	4	〜	8	9	10	11	12
端塾	嘉永5	林鶴梁	士	嘉永5		◎		◎	◎	◎	廃業	
中川学校	天保14	中川泰	士	天保⑭								◎
就正舎	明治3	大久保敢斉	士		←③			◎	◎	◎	◎	◎
友輔舎	安政4	島崎栄貞	士	安政4		○						◎
尚友学舎	明治4	若松甘吉	士			←④		◎	◎	◎	◎	◎
観頤堂	天保7	西島準之助	士	天保7		○		◎		◎	◎	◎
乾々堂	嘉永3	岡　寿考	士	嘉永3		○		◎	◎	◎	◎	◎
尚白舎	明治3	菊池観一郎	平		←	○		◎	◎	◎	◎	
時中堂	明治4	稲村虎三郎	平			←④			◎			
跡見学校	明治4							←⑧			◎	◎
名聲学校	明治9								←⑨		◎	◎
知方学舎	明治9									←⑩	◎	◎
川崎学校	明治9								←◎	◎	◎	
温智塾	明治13								←◎	◎	◎	◎
晩香堂	天保1	塩谷甲蔵・時敏	士	天保1				◎	◎	◎	◎	◎
廉恥堂	弘化2	高知達三	平	弘化2		○		◎	◎	◎	◎	◎
寄倣塾	安政2	吉川髙尚	士	安政2		○		◎	◎	◎	◎	◎
有為塾	文久1	蒲生重章	士	文久1		○		◎	◎	◎		
温知塾	明治2	馬杉　繋	平		←	○		◎	◎	◎	◎	◎
児玉学舎	明治3	児玉宗平	士		←③			◎	◎	◎	◎	◎
交有塾・七曲学舎	明治3	鱸　松塘	平		←	○		◎	◎	◎	◎	
綏献堂	明治3	岡　千仭	士		←	○		◎	◎	◎	◎	◎
立志舎	明治3	村田直景	士		←	○					◎	◎
分塾	明治11	同上									←◎	◎
分校	明治11	同上									←◎	◎
第二分校	明治11	同上									←◎	◎
縫原学校	明治6	芳野世経	士			←		◎	◎	◎	◎	◎
分校	明治11	同上									←◎	◎
雙桂精舎	明治3	嶋田重礼	士		←	○		◎	◎	◎	◎	◎
惜陰塾	寛政年間	平田宗敬	士	寛政		○		◎	◎	◎	◎	◎
吹萬社	明治7	水本美孝					←					
濠西精舎	明治12	小永井八郎	士									←◎
道生館	明治15	渡辺重石丸	士									
蒼雪舎・貝崖・温塾	安政4	宮原成太・確	士	慶応④		○		◎	◎	◎	◎	◎
二松学舎	明治10	三島桂・廣	士							←◎	◎	◎
尚絅塾	明治27	佐藤荘作										
当年の該当塾数・その他共							・	82	71	201	274	255

表　明治期東京連続漢学塾

明治４年は「私塾寺子屋表」(『日本教育史資八』)、明治８年から12年は『文部省年報』、明治17年・18年は『東京府学事年報』、明治24年は『官私立学校案内』、明治27年から41年は『東京府統計書』による。

幕府儒官）に類する旧幕府・佐幕系の士・儒学者であるといえよう。以下これら漢学塾の塾主のいくつかについて、各種の近世・明治期人物伝類[*13]によってみていく。

①林鶴梁《かくりょう》（端塾）（文化三年八月—明治一一年一月七三歳）士
端塾（嘉永五年—明治一一年廃業）麻布谷町
父三世続く徳川の武器吏。甲府教官、遠州中島・羽州幸生代官。黒船来航に鎖港を唱う。次男戊辰七月上野で戦死。戊辰戦争後出仕せず、「麻布の旧第に住し生徒に教授す」、「花月月影の間に優游」、「碩儒にして循吏、勤皇の志ありて而して徳川に忠、心情亦悲しむべきものあり」（『近世人傑傳』）。

②塩谷甲蔵《しおのやこうぞう》（文化六—慶応三年三月五九歳）士→時敏
晩香堂（天保元年　最終二四年時敬）
諱世弘・号宕陰《とういん》　江戸愛宕山下に生まれた。一六歳昌平黌に入学、二一歳関西に遊学。その二年後、父死没、塾を開いて母を養う。師事した松崎慊堂の推挙により浜松藩水野侯学問職、本朝の事績を編集。やがて二〇〇石、藩政に関わる。文久二年幕府の儒官、史を修する。「近代の史家塩谷宕陰」「有名の儒者」「息軒の経籍に通ずる、宕陰の史筆に長ぜる、共に一代の選なり」、「編志は其志也」。著書「丙丁烱戒録二巻、丕揚録九巻、阿芙蓉彙聞七巻、籌海私議一巻、隔韡論一巻、大統歌一巻、韡黠録一官、視志緒言二巻、学制彙集二巻、文集、日乗亨保叢書、昭代記若干巻（『近世人傑傳』）」。桂精《けいせい》舎主の嶋田《しまだ》

＊13　各種の近世・明治期人物伝類：『萬国古今碩学者列傳』（西村竜三編、自由閣、明治二三年）、『明治百傑傳』（干河岸貫一編、青木嵩山堂、明治三五年）、『明治畸人傳』（阪井弁、内外出版協会、明治三六年）、『名士の父母』（安藤紫陽・箕輪無鬚編、文武堂、明治三六年）、『近世人傑傳』（山方香峰、実之日本社、明治四〇年）、『続先哲百家傳』（干河岸貫一編、青木嵩山堂、明治四三年）。

重礼《ちょうれい》、二六歳昌平黌に入校、「塩谷宕陰深ク其才ヲ愛シ配スルニ其孫女ヲ以テス」（『萬国古今碩学者列傳』）。多くの著書がある。*14

③蒲生重章《がもうしげあき》（越後村松　—明治三四年三月六九歳）士

有為塾（文久元年開業　盛隆　明治三年　最終明治二四年　飯田町一丁目）

越後村松藩仕官実現せず、各地漫遊数年後江戸麹町に開塾、常に数十人。明治元年医学館出仕・少史、のち修史局。同廃止後「思いを官途に絶ち、詩酒と著述」、「学問文章人後に落ちずと雖も、不遇、驥足を展ぶるに至らず」（『明治百傑傳』）。

④嶋田重礼（武蔵荏原郡天保九年生・明治三一年没）

（雙桂精舎《そうけいせいしゃ》、明治二〇年代まで）

号篁村昌平黌に学び、同助教、明治二年雙桂精舎開塾、東京師範学校、修史局三等編修などを経て、明治一四年東京大学教授、明治一九年帝国大学文科大学教授、明治二一年文学博士、一〇月奏任官一等。「頗る書籍を好み、王白田の語を誦する」・書の「堆積万巻に及ぶ。書き表わすもの文集若干巻、編著数種、みな未だ上梓せず。一日も早く其印行のあらんことを望む」（萬国古今碩学者列傳』*15）。

⑤村《む》田《た》直景《なおかげ》（天保一一年一一月—）士

立志社（明治三年開業　最終明治一八年二〇年頃廃止）牛込区山伏町

長沼流兵学の家。叔父大橋訥庵《おおはしとつあん》。田安家に召され藩校で長浜流兵学を講ずる兄を助く。

---

*14　国立国会図書館図書、塩谷甲蔵二点・世弘二〇点・宕陰四四点・計六六点。

*15　刊行を期待されたが国立国会図書館蔵書検索で専著は検出できない。

大政奉還後、幕府関係者も新政府に登用される中、「堅く門を閉ざして物外に超然」。頼支峰の勧誘にも田安家旧恩から応ぜず。鋭意育英の事業に専念、門下「縉紳《しんしん》の列にあるもの頗る多し」(『名士の父母』)。

⑥渡邊重石丸《わたなべいかりまる》(　—明治末年健在)士

道生館《どうせいかん》(明治三年開塾　最終明治三九年)麹町区富士見町

豊前中津の人。祖父重名本居宣長の高弟著名、父重蔭《しげかげ》中津藩に聞こえたる人物、兄重《しげ》春《はる》国学書多し。漢学を学び、皇典研究に至り、平田篤胤没後の門人。明治維新前後家塾道生館を拡張専ら育英の業。従遊の士頗る多。改元後、「京都大学教官に徴せら」れて京都へ、「間もなく廃せられ」教部省設置、教官など多く教部省に転じ、上京教部省出仕。程なく辞し、香取神宮の小宮司、辞して東京に戻る。「亦仕へず」、「帷を下して育英の業に従ふ」。西南戦争で門人増田栄太郎など門下七〇人余中津の官衙襲撃、薩摩軍に加わり全員城山で陣没。「意を政海に絶ち隠居して志を養ひ、道生館に講義するの外、名利を求め」ず。結髪を貫いた唯一の人(『明治畸人傳』)。

渡辺先生著書目録　天御中主神考一巻　古史傳備考　校訂古語拾遺　学海針路　固本策五巻　同附録一巻　弁学小言二巻　読論語十巻　憫盲慨言二巻　真教説源一巻　道生館講義筆記　巻数未定　皇学所問答次第一巻　京都大学講義次第第一巻　千字文一巻(『固本策』奥書)

⑦小《こ》永《なが》井《い》八郎《はちろう》（濠西精舎）（—明治二一年一二月六〇歳）

濠西精舎（明治一二年　最終明治二四年）下谷区西三筋町

号小舟。考佐倉藩家老平野重美、少壮江戸に学ぶ。幕臣小永井蒔左衛門の嗣となる。海軍操練所属吏、万延元年使節団米国渡航に従う。帰国後、調役、徒目付、大阪調役。幕府廃止「乃病と称して致仕」。朝廷に列した旧松山藩士川田甕江の文部省任官の勧めを固辞し雇員として編修に従事、数年ならずして辞す。晩年居を浅草新濠に移り「皐皮業を講ず」。濠西塾の名遠く迄及ぶ。客あれば「置酒風月を談ず、一切世間の栄枯得失、耳を掩て聞かず」（『続先哲百家傳』）。著書に中国の歴史書『漢史一般』（一—四巻一八八二年）がある。*16

⑧三《み》島《しま》中洲《ちゅうしゅう》（二松学舎）（天保元一二月九日—大正八年五月一二日没　享年九〇歳）

二松学舎（明治一〇年—現、二松学舎大学）

天保元年備中窪野屋郡中島村生れ。諱は毅。十四年松山で山田方谷に学ぶ。安政四年松山藩出仕。安政六年藩學会頭、文久元年同学頭となる。同年虎口渓舎を設ける。明治元年松山開城、藩主板倉勝静東北、さらに函館へ行く。明治二年勝静函館脱出し自首して安中藩に預けられ終身禁錮、高梁藩復活勝弼《かつすけ》藩知事となる。松山を高梁に改称。明治三年、中洲を号す。知事家令。明治四年家令を辞す。明治五年九月司法省七等出仕、一一月東京裁判所勤務、明治六年司法権少判事、新治裁判所長、明治八年東京裁 判所に転じ、

＊16　国立国会図書館デジタルライブラリー。

壱番町に邸を求めて移住。明治九年大審院民事課判事、明治一〇年六月廃官に伴い大審院判事免職、同一〇年一〇月一〇日二松學舎創設。明治一四年三月東京大学教授、明治一九年三月同退職、明治二一年大審院検事、明治二三年一〇月一六日判事に転じ、二二日休職。明治二九年三月東宮御用掛、勅任待遇。六月東宮侍講、勅任二等、大正元年年宮内省御用掛、職掌　天皇に侍講《じこう》。大正四年宮中顧問官、宮中顧問官、一等官に序す。一二月一日勲一等に叙せられ瑞宝章拝受。大正八年没・正三位・旭日大綬章。[*17]

これらの漢学塾主・漢学者をみるに、①林鶴梁、③蒲生重章、⑤村田直景、⑥渡邊重石丸のように、旧幕臣・佐幕系の儒者の多くは明治期に仕官せずに家塾を開いた。秘伝思想の流を受けて師弟の緊密な人間関係にもとづき、特定の学派や流派の奥義を伝授する私塾である。二松学舎と同じ麹町区にあり靖国神社を挟んで至近にある渡邊重石丸の漢学塾道生館は数少ない明治末まで存続したが、頑固に時代にあがないながらのものであった。

これに対して、④嶋田重礼は帝国大学教授となり栄達の傍ら漢学塾を開いていたが明治二〇年代（一八八七―）頃閉じたと思われる。⑧三島中洲は明治社会に新たな仕官を得た、まさしく時代潮流に適合した栄達の人である。明治一〇年に開塾した漢学二松学舎は学年制、学期制のもとに教科科目を配列した教育課程の近代漢学学校であった。

＊17　『三島中洲―二松学舎の創立者―』（山口角鷹編、二松学舎、一九七七年）の「中洲年譜」。

第五節　三島中洲、漢学二松学舎

すでにみたように、明治初期に設立された多数の漢学塾の多くはやがて消滅し、存続するのは明治三九年四校、明治四一年は三校のみである。それらの内で設立年代が最も早く、そしてこの時期の教員数、生徒数、授業料収入も大きく、内容的にも優れた漢学塾で、抜群、確固たる存在である。幾多の問題を抱えながら乗り切り、されている、やがて専門学校に転換し、大学となり、今日に至っている。すべての漢学塾が消滅していくなかで二松学舎が唯一、存続・発展したのである。この漢学二松学舎の学校としての特質を検討しよう。

目指した漢文漢学学校

先にみた漢学塾は明治一二年までは「学制」にもとづく中学校であるが、その教科は、下等中学：国語・数学に始まる一六教科、上等中学は一五教科とは異なり、「…在来ノ書ニヨリテ之ヲ教ルモノ、或ハ学業ノ順序ヲ踏マスシテ洋語ヲ教ヘ…」という変則中学である。その教科は、設立に際して提出する「私学開業願」にいくつかが紹介されているが[*18]、その一例、貝崖《はいがい》学校（宮原確　学科：漢学）は、四書、小学、五経、通鑑綱目、二十一史略、本朝史類、唐宋十大家文、というように、漢籍による四書五経などの儒学、歴史、文章である。また若

＊18　東京都公文書館に正本収蔵。

き日に東京日本橋の本屋の丁稚となった田山花袋が『東京の三十年』（博文館、一九一七年の岩波文庫版、一九八一年）一九頁で「読書の声は湧くように中から聞こえた。それは昔の大名の屋敷のようなところで、なまこじっくいの塀の上に、処々街頭の塵にまみれ、西日の暑い光線に焼けた小さい窓がつづいて見られた。包荒義塾という大きな招牌がそこにかかっていた」と記す包荒《ほうこう》学舎の私学開業願（明治一二年九月一日）における教科は、「校則　四級：素読・四書五経・国史略・十八史略・元明史略・古文真宝、三級：素読・日本政記・日本外史・逸史・史記・前漢書・文章規範、二級：素読・大日本史・春秋左氏伝・資治通鑑・唐宋八大家文読本・詩作・文章、一級：素読・四書五経・荘子・管子・詩作・文章[19]」である。

これに対して二松学舎は、私立漢学設立願（明治一〇年一〇月六日）における教科は、「教則　四書　五経　左伝　史記　資治通鏡　十八史略　元朝史略　唐宋八大家文　文章規範　日本史　日本政記　日本外史　国史略　西欧各国歴史及ヒ経済法律書ノ翻訳書」で、歴史関係がより多くかつ経済法律書に及び中学に相応しく教科を盛り込んでおり、さらに同年一一月に洋算一科の増設を認可されるが[20]、正則の中学に近付けようとしているようにみられる。このように目指したのは唯なる漢学塾ではなく漢文漢学学校ともいうべき近代学校である。

明治一〇年大審院判事免官となった三島中洲は「一ハ漢学再興ノ為、一ハ自活ノ為、二百円ノ涙金」をもって二松学舎を設立[21]。すべてを傾注して二松学舎の設立、教育・運営に当ったが、やがて明治一三年東京大学文学部教授となり、帝国大学成立・文学部廃止となるにと

＊19　＊3同書。三三四頁。

＊20　『二松學舍百年史』（二松学舎、一九七七年）七六―七七頁。

＊21　中洲の渋沢栄一宛の書簡・町泉寿郎釈文（二松学舎大学附属図書館季報第六四号・一九九五年）。

もない退職するが、やがて大審院検事・判事となりそして休職、「終身現俸の三分の一を賜る」、を受け、さらに明治二九年（一八九六）東宮御用掛、東宮侍講、明治四五年宮内省御用掛、大正四年（一九一五）宮中顧問官、となるなど、有為の職に就き続けた。生活のためにもすべてを傾注した創立時と異なり、近代的学校創設とその運営という目途を追うこともなくなり、明治一九年の諸学校令公布・近代学校制度が確立後には運営は門弟たちが担うものとなったのである。

二松学舎の社会的役割

明治一〇年、「学制」による中学校として設立された二松学舎は、明治一二年の教育令により、中学校ではなくなり、制度外の各種学校となった。学校制度が未整備で進学のための教育階梯が確立していない当時はそれにも関わらず上級学校への進学にあたっての受験資格上の制限はなく、どこへでも受験できた。当時は漢学塾が洋学塾とともに青年の進学意欲、学習要求を受け入れる中等教育の役割を果たした[*22]、というように、それは明治一二年までと変わりはない。そして当時、上級学校の入試科目は東京英語学校を再編した東京大学予備門は英語を課したが、「司法省法学校」は二松学舎からの入学の國分三亥は「資治通鑑の白文訓点と論語の弁書」であったと記しているが[*23]、当時の文書に遡って記すと、陸軍士官学校は入試科目「原ト体漢数ノ三科ナリシガ逐年改正本年七月ニ至リテ加フルニ史・地・歴・化・算・

＊22　マーガレット・メール「明治時代の教育における漢学塾の役割」（楊儒賓・張宝三編『日本漢学研究初探』勉誠出版、二〇〇二年）。
＊23　『二松學舍百年史』（二松学舎、一九七七年）二四一頁。

画・図・幾ノ目ヲ以テシ凡十四科ニ至レリ」[*24]、東京大学古典講習科は「国語課入学試業課目　一古語拾遺弁書二章、一土佐日記答弁三条本文ヲ白読セシメ其文中ノ文理又ハ語釈ヲ問フテ答弁セシム、一白文唐八家文句読ヲ施シ句点ヲ附セシムル．漢学課入学試業課目　一経書弁書経、一歴史答弁左傳・史記、一席上作文三百字以上五百字以内」[*25]であって、いずれも和漢文を課した。各種学校という正規の学校の枠外に追いやられたにもかかわらず漢学の二松学舎は、司法省法学校、陸軍士官学校、東京大学文学部古典講習課への少なからぬ入学者を出し上級学校進学の学校としての役割を果たした。[*26]

明治一九年の諸「学校令」の公布により近代日本の学校制度は成立し、各種学校はその多くは正規の学校への転換を図り、それを成しえない学校は次々に消滅していく。そういう中で二松学舎は昭和三年（一九二八）に専門学校となるまで各種学校・漢学二松学舎として存続した。それは、学校階梯の学校の有する権利・特権もなく、徴兵猶予の恩典も無い中で、存続し得たのは二松学舎がその時代の日本社会と結びつていたということによる。この二松学舎の社会的連繫についてはすでに考究しているが[*27]、それをいっそう深めたい。

なお、漢学二松学舎の各種学校としての特質究明は、和漢学系とは対照的な洋学系各種学校を対比的に検討することによっていっそう鮮明となるであろう。そのことの故に、洋学系各種学校の推移・動向を検討し、英語・英文類の例として国民英学会、数理・工学類の例として東京物理学校についての検討を行なっている。[*28]終始各種学校であった国民英学会、大正

＊24　納富忠一編『陸軍士官学校志願者必携』（東崖堂、一八八七年）緒言。

＊25　『東京大学法理文三学部一覧　従明治十六年至明治十七年』二〇〇―二〇一丁。

＊26　神立春樹「『二松學舎明治十年設立』の歴史的意義」（『三島中洲研究』ＶＯＬ３、二〇〇八年）。

＊27　神立春樹「漢学二松学舎の社会的連繫―日本近代学校史における二松学舎の特質究明の一試み―」（『三島中洲研究』ＶＯＬ６、二〇一四年）。

＊28　神立春樹「明治期の洋学系制度外学校の動向―二松学舎の特質剔抉」（『三島中洲研究』ＶＯＬ７、二〇一八年）。

六年（一九一五）専門学校令による専門学校になるまでの長期にわたり各種学校であった東京物理学校、この両校の当該社会との連携を究明し、これによって漢学二松学舎の特質を剔抉したい。

【参考文献】
『日本教育史資料　八』（文部省官房統計課、一八九二年）
『東京教育史資料　第三巻』（東京都立教育研究所、一九七二年）
『文部省年報』
『東京府学事年報』
『東京府年報』
神立春樹『二松学舎史断章―近代日本私立諸学校の特質究明の一試み―』（教育文献刊行会、二〇一一年）
神立春樹『近代日本制度外学校史論―各種学校の社会的連携―』（教育文献刊行会、二〇一八年）
国分三亥編『二松學舎六十年史要』（一九三七年）
二松学舎編『二松學舎九十年史』（二松学舎、一九六七年）
二松学舎編『二松學舍百年史』（二松学舎、一九七七年）
幕末維新期漢学塾研究会・生馬寛信編『幕末維新期漢学塾の研究』（溪水社、二〇〇三年）

第二章　二松学舎の漢学教育

町　泉寿郎

第一節　江戸後期の漢学教育がもたらしたもの

一八世紀後半から一九世紀後半にかけて、全国的に武士階級を対象とした公的な学校（いわゆる藩校）が建設されるようになり、朱子学による普通教育が形成された。ただし、諸藩の学問奨励策は豪農・豪商階級を巻き込む形で行われることも珍しくなかった。

二松学舎を開設した三島毅《みしまき》（一八三一―一九一九、中洲《ちゅうしゅう》と号す）は、備中中島《びっちゅうなかしま》村（現、倉敷市）の豪農層の出身である。三島が仕官した備中松山藩において、幕末維新期には、三島やその師山田方谷《ほうこく》をはじめとして、武士階級以外の豪農豪商クラスから登用された人材が、藩政に重要な役割を果たした。彼らに共通するのは、学問的優秀性によってその経歴をスタートしていることである。

藩主板倉勝静《いたくらかつきよ》の支持を得た山田方谷のもと、藩政改革に取り組んだ備中松山藩では、全藩士子弟が学ぶ藩校有終館のほかに、下級武士子弟と町人らが学ぶ教諭所が藩校附属施設とし

図1　三島中洲の肖像　二松学舎大学蔵

て設置され、それ以外に町人らや遊学者には藩儒らの家塾で学ぶ道が開かれていた。身分を問わず学術優等者には、他郷遊学のための「修行《しゅぎょう》扶持《ぶち》」と言われる給費制度が設けられており、学問成業のあかつきには農商階級から藩士への取立ても可能であった。幕末期すでに武士階級以外の農商層にも学問による立身出世の可能な環境が、地域差はあるにせよ、整いつつあったと言える[*1]。

第二節　三島中洲と陽明学

三島は自身の学問的変遷を三期に分けて次のように語っている[*2]。

第一期・備中松山の山田方谷の家塾牛麓《ぎゅうろく》舎での修学内容―朱子学。方谷が講義時に陽明《ようめい》学《がく》や仏説に及ぶことはなかったと言う。

第二期・津藩や昌平坂《しょうへいざか》学問所の遊学時の修学内容―朱子学を絶対視せず古学や清朝考証《しんちょうこうしょう》学《がく》も取り入れた折衷《せっちゅう》学となった。三島は備中松山藩校「有終館」の学頭となった当初、考証学を講じたいと考えたが、方谷の反対を受けて、藩校での講義には朱子学を採用した。その後、彼の職掌が拡大するなかで、財政や外交など「俗務に就て方谷先生に質問し、又指導を受け、先生の実地運用の妙の陽明学に本づくことを悟」ったと語っている。

第三期・二松学舎開設後の学問―「書生に教授するにあたって再び道学に復し、陽明学を

＊1　『日本教育史資料』弐、六〇七―六一六頁。

＊2　「余の学歴」（『中洲講話』、一九〇九年）所収。

図2　山田方谷画像　平木政次筆　個人蔵

主張し、傍ら訓詁を折衷した」、教育のために道学に復帰し、特に陽明学を主張し、字義の解釈には訓詁《くんこ》の知識も併用したという。つまり三島の学問には変遷があり、かつそのどの時期を通しても単純に陽明学と言い切れるものではない。

一方、明治五年（一八七二）以降、晩年の方谷は岡山藩士らに懇請されて閑谷《しずたに》学校の再興に協力し、従来の姿勢とは変わって積極的に陽明学を唱道しはじめた。方谷の閑谷出講と同年に明治政府に徴命を受けた三島は、方谷晩年の思想を親しく聞く機会がなかった可能性がある。三島が方谷晩年の陽明学傾斜を全く知らなかったとは考えにくいが、その詳細については、三島の高弟で方谷の義孫でもある山田準《やまだじゅん》（一八六七―一九五二）の手で進められた方谷の年譜や遺稿の整理を通して、あるいは数多くの方谷の講義筆記をのこした岡本巍との論争[*3]などを通して、認識を深めたものと考えられる。

開設期の漢学塾二松学舎

三島は明治一〇年（一八七七）一〇月に「私立漢学設立願」を提出し、公立中学校が未整備な時期にあって、明治五年制定の学制の規程による「中学私塾」[*4]として認可されて二松学舎を開設する。続く教育令（一八七九年）・改正教育令（一八八〇年）によって多くの私学・私塾とともに二松学舎も中学校としての認可を失い各種学校となるが、依然として公立中学校の未整備な状況が続き、一方で、中学校教則大綱（一八八一年）によって、中学校の修学

＊3　三島「答岡本天岳書」（『中洲文稿　第三集』巻一上）、岡本巍書簡（一九〇五年一〇月一九日付、二松学舎大学附属図書館所蔵、『三島中洲と近代―其三―』所収）など参照。

＊4　『学制百年史』（二〇六頁）によれば、「中学私塾」は「私宅において中学の教科を教えるもので教員の免許証をもつ者が行なう場合は中学私塾」と称した。

内容が具体的に定められる中で、和漢文・英語・数学理科の学科を学習するための教育施設として、漢学塾・英学塾・算学塾がなお生徒を集めた。これらの塾に学んだ生徒たちは、複数の塾に併行して通学することによって、中学校程度の学科を修得したのである。多様な塾が発達している大都市において、複数の塾に通学して必要な学芸を修得するという、江戸時代以来の学習様態を残しつつ、新しい教育課程・学習内容が法的に整備されつつある過渡期的状況がここによく表れている。

三島の二松学舎開設が、こうした状況をよくとらえた上でのものであったことは、開設当初に三島が草した「漢学大意」[*5]からも読み取ることができる。内容に従って適宜段落を分けて全文を示せば次のとおりである。

（第一段）漢学ノ目的タル、己ヲ修メ人ヲ治メ、一世有用ノ人物トナルニ在テ、記誦詞章ノ一儒生トナルニ在ラス。

（第二段）故ニ仁義道徳ヲ以テ基本トナサヽル可ラス。是経書ノ課アル所以ナリ。

（第三段）又古今時勢ノ変遷制度ノ沿革ヲ知リ、変通ノオヲ長セサル可ラス。是歴史ノ課アル所以ナリ。

（第四段）然ルニ其学ヲ事業ニ施サント欲スレハ、文章ヲ借テ、之ヲ暢達セサル可ラス。若シ又当時ニ不遇ニシテ事業ニ施ス能ハサルモ、文章ヲ借テ其学フ所ヲ伝へ、天下後世ノ用ニ供セサル可ラス。故ニ文章ハ遇不遇ニ関セス、其学ヲ

＊5　『二松学舎舎則』所収。現存する最古の『二松学舎舎則』は、一八七九年六月改正のもので、国立国会図書館所蔵。

活用スルノ器具ナレハ、必ス之ヲ学ハサル可ラス。是文章ノ課アル所以ニシテ、之ヲ学ヘハ軌範ヲ古今ニ取ラサル可ラス。是諸子又ハ文集ノ課アル所以ナリ。

（第五段）詩ニ至テハ、必用ナラサルカ如シト雖トモ、是亦文章ノ一端ニテ言志ノ用アレハ、其課ヲ廃ス可ラス。於是経史子集、及ヒ詩文ノ諸課備ハリテ、其目的タル、亦唯世間有用ノ人物トナルニアレハ、書ヲ読テ尋常摘句ニ陥ラス、詩文ヲ作テ彫虫篆刻ニ流レサルヲ肝要トス。

（第六段）且漢籍汗牛充棟、右諸課僅々ノ数書ニ尽ルニ非スト雖モ、今也洋学大ニ行レ、其窮理法律技術等ノ精密ニ至テハ、漢学ノ能ク及フ所ニ非ス。苟モ有用ノ学ニ志スモノハ、洋籍モ亦兼学ハサル可ラス。故ニ漢学ノ課ヲ簡易ニシ、洋籍ヲ学フノ余地ヲ留ルノミ。

（第七段）若シ漢学ヲ専業ト為サントスルモノハ、群書渉猟固ヨリ望ム所ニテ、課外質問ノ設ケアル所以ナリ。

（第八段）凡テ本舎ニ入リ学問スルモノハ、此大意ヲ了シ、然ル後順次課業ヲ修メ、一世有用ニ人物タランコトヲ、是希望ス。

冒頭の「漢学ノ目的タル、己ヲ修メ人ヲ治メ、一世有用ノ人物トナルニ在テ、記誦詞章ノ一儒生トナルニ在ラス」は、現在、二松学舎大学において「建学の精神」と呼んでいる「己ヲ修メ人ヲ治メ、一世有用ノ人物ヲ養成スル」の、初出形である。「漢学大意」の内容は、伝統的な経・史・子・集に分けて修学内容を解説した内容であるが、分量から言えば作文・作詩に関する内容が多くを占めていて、これが修学の中心であることを思わせる。「漢学ノ目的」が「一世有用ノ人物トナル」ことにあり、洋学が諸分野において漢学より優れている以上、洋書の兼学は必須であり、そのためには漢学の課を簡易にしておいたと述べる第六段は、生徒たちが英学・算学・法学などを兼修する状況を積極的に肯定するものであり、開塾時点の三島にとって漢学が洋学と対立するものでなかったことを示している。もっとも、漢学が洋学を吸収する基礎として有効であり、また人間形成の上で有効であるという考え方は三島に独自のものではなく、東京大学に古典講習科が附属設置され、一八八三年に乙部（漢書課）が増設された時の中村正直《なかむらまさなお》教授の講演[*6]にも同様な見解が見られ、この時期の漢学者に広くみられるものであった。

三島には『史記』『唐宋八家文』『文章軌範』や、『日本外史』などに関する「段解」と名付けた著作があり、日常の講義でも大段落・小段落など段落ごとの趣旨と文章の構成を分析的に解説したといわれている。[*7] 三島の教育目的が、漢文の講読や作詩文という「読み書き」を通して、論理性や分析力を身に着けさせようとする極めて実用本位のものであったことがうかがえる。

＊6　中村正直「古典講習科乙部開設ニ就キ感アリ書シテ生徒ニ示ス」（『東京学士会院雑誌』四編五冊）所収。

＊7　山田準「追懐談」（『二松学舎六十年史要』、一九三七年）二三九頁。

第三節　明治後半における二松学舎存続の努力

漢学塾が未発達な中等教育を補完するものであった以上、明治一九年（一八八六）をひとつの画期とする近代的学校制度の整備と共に、二松学舎の入学者が激減したのは当然のことであった。しかし一方で、一八八〇年代には小学校・中学校の学科・教科の刷新が進み、国語と並んで漢文の教科が形成され、新しい教育制度の中に漢文が位置づけられていく。

元田永孚《もとだながざね》が主導した明治一二年（一八七九）の「教学聖旨《きょうがくせいし》」、明治一五年（一八八二）の『幼学綱要《ようがくこうよう》』などの徳育重視の風潮のなかで、明治一三年（一八八〇）の改正教育令を受けて明治一四年から小学校・中学校の筆頭学科として「修身」が置かれた。明治一九年からは中学校の学科としてそれまでの「和漢文」から「国語及漢文」が創始される。一八九九年の中学校令改正によって、「漢文」は「国語及漢文」の併記から「国語」の中へ包含されることになり、[*8]小学校の「読書」「習字」が「国語」に改められて、初等・中等の一貫した「国語」の教科教育が出来上がるのは明治三三年（一九〇〇）のことである。この間、明治二三年（一八九〇）一〇月三〇日に「教育勅語」が発布され国民道徳の基礎に儒教倫理が据えられると、それまでほとんど陽明学を説くことがなかった三島は、この時期を境にして陽明学を積極的に唱道するようになる。[*9]陽明学を道徳涵養《かんよう》のための簡易方と説く三島の趣旨は、前

*8　この時に漢学者たちは漢文存続の請願運動を展開したが、二松学舎の細田謙蔵は運動の中心として活動した。『二松学舎大学九十年史』（一九六七年）一一三―一一四頁。

*9　「陽明四句訣略解」（一八九〇

掲「漢学大意」の「漢学ノ課ヲ簡易ニスル」の延長線上にあるものである。これはかつて重視されていた漢作文が「漢学」の中から脱落し、漢学教育の目的が道徳涵養に限定されてきていることを示してもいる。井上毅が明治二七年（一八九四）の「漢文意見」[*10]で「漢字は国語の材料として」「儒教は道徳の教材として」必要であると述べたように、「漢文」は国語教育における「国主漢従」の主客の分を守りつつ、他方、「修身」を補完する教科としての位置を獲得していくのである。

さらに、日本の大陸侵出が日清戦争という形で現実のものとなるなか、那《な》珂《か》通《みち》世《よ》（第一高等中学校教授）の発議により、明治二七―二八年（一八九四―九五）にかけて、中学校の学科のうち本邦歴史と外国歴史が本邦史・東洋史・西洋史に改められた。東洋史がカバーする範囲は、広く朝鮮半島・インドを含む東洋諸地域に及び、日本との影響関係や各種民族の盛衰等を包摂するものとされ、従来の古典中国の伝統的学術を対象とした漢学とは異なる新たな東洋学が興隆するのである。

この時期の三島周辺に目を転ずれば、明治二七年に三島は個人資産を桂・広・復の三子に分与したが、それがかえって仇となって長男桂が財産を蕩尽し、一時は三島の本邸まで抵当に入った[*12]。各種学校となった二松学舎の経営状態は漸次厳しく、二〇世紀に入る頃から文部省検定試験受験者のための課程を開設したり[*13]、夏期講座（一九〇一年―）・冬期講座（一九〇六年―）・公開講座（一九〇六年―）を開催したりして、現職教諭などの新たな需要を開拓する

年五月一九日、斯文学会における講演）など。

＊10　『井上毅伝　資料編第五』（國学院大學、一九七五年）所収。

＊11　「文学博士那珂通世君伝」（『那珂通世遺書』大日本図書、一九一五年）所収、三一―三三頁。

＊12　『二松学舎大学附属図書館季報』六四号所収の町泉寿郎「三島中洲の手紙（五）」参照。

＊13　一九〇〇年七月に「国語科」、一九〇一年四月に「受験科」を開設し、「師範中学校等ノ国語漢文科検定試験ニ応スルコトヲ得へキ学力ヲ養成」することをうたい、講師としては落合直文・尾上八郎・吉丸一昌・小豆沢英男・難波龍介・田森長次郎・高橋万次郎らが出講した。『二松学舎大学九十年史』（一九六七年）一〇一―一〇二頁。

ともに、他方では有力門人を中心に二松《にしょう》義会《ぎかい》という運営組織を作ってその存続に努めた。明治二九年（一八九六）以降の三島は、川田甕江《かわたおうこう》の後任として拝した東宮侍講の職務のために他出がちで、学舎の教学も細田謙蔵《ほそだけんぞう》（一八五八―一九四五）をはじめとする高弟たちが分担するようになっていた。

細田を中心に明治三六年（一九〇三）に設立し、明治四二年（一九〇九）に財団法人化した二松義会がその設立目的として掲げている「東洋固有の道徳文学の維持拡張」は、二松学舎大学において「建学の精神」と呼んでいるもう一つの条文「東洋固有の道徳による人格の陶冶」の初出形である。国語への包含によって漢文の地位が低下するなか、学舎存続のために、東洋学興隆の時世に広く訴えかけようとしたことがうかがえる。

第四節　戊申詔書と渋沢栄一の経済道徳合一

細田謙蔵ら関係者の努力にも拘らず、基金は思うように集まらず、彼らは有力者に働きかけて醵金を図ろうとした。その際に、阪谷芳郎《さかたによしろう》*14（一八六三―一九四一）の他人に出資を募るには先ず自ら出資せざるべからずとの意見に従い、明治四三年（一九一〇）一月、三島は所有する学舎敷地を財団法人二松義会に譲渡した。同五月には、土方久元《ひじかたひさもと》、股野琢《またのたく》、細川潤《ほそかわじゅん》次郎《じろう》、馬越恭平、阪谷芳郎、牧野伸顕《まきののぶあき》、小松原英太郎《こまつばらえいたろう》、福島安正《ふくしまやすまさ》、山県伊三郎《やまがたいさぶろう》、三島とともに、

*14　大蔵官僚。備中国の一橋領の郷校興譲館に学問を講じていた儒者阪谷朗廬（一八二二―一八八一）の四男。渋沢栄一の女婿でもある。三島にとって朗廬は旧知の親しい仲であり、芳郎は東京大学文学部（一八八四年政治学理財学科卒）における学生でもあった。二松学舎の維持存続や孔子祭典会などを通じて、三島と芳郎の交流は長く続いている。

*15　「二松義会第八回会報」（『二松学舎学友会誌』二七号）所収。

財界の巨頭渋沢栄一が義会の顧問となった。[15] これが、渋沢が三島との個人的な関係を[16]越えて、二松学舎との関係をもった最初である。続いて小松原文相[17]は明治四四年（一九一一）一月に実業家を華族会館に招いて義捐金の醵出を依頼し、[18] 三月には財団法人二松義会の活動を伝え聞いた東宮から三〇〇円が下賜され、同月末に二松学舎では拝戴式が挙行された。

顧問中、股野・細川は三島の旧知の学者、阪谷・牧野は東京大学時代の元学生、福島・山県は二松学舎の元生徒である。これらに比して、小松原は岡山出身の同郷人とは言え、従来、三島との関係は特に知られない。したがって、小松原による醵金の働きかけは彼の私的な活動ではなく、政府の方針として漢学振興に協力した可能性が高い。時の第二次桂太郎内閣は、明治四一年（一九〇八）一〇月一四日に戊申詔書を公布し、次いで地方改良運動を推進し、日露戦後の疲弊した地方財政の立て直しをはかるとともに、「自由競争に伴ふ流弊を抑制」[19] するために、「教育勅語」の趣旨を徹底するべく国民道徳の涵養に努めたことが知られているからである。財団法人二松義会が小松原らの関与によって、ようやく始動するこの明治四三―四四年の時期は、大逆《たいぎゃく》事件や南北朝正閏《なんぼくちょうせいじゅん》問題といった天皇制イデオロギー強化のための言論封殺の時期ともほぼ重なりあうのである。

阪谷は拝戴式の式辞において、東宮下賜の意図を忖度し、徳育の基礎は教育勅語にあること、日本国民が他国に勝る三特長として節義・愛国心・醇樸《じゅんぼく》をあげそれが動揺しつつあること、二松学舎が国民道徳の恢復《かいふく》に奮励する責任があることを説いていて、まさに、政府の方

＊16　三島と渋沢の関係は、一八七七年、三島が備中高梁での第八十六国立銀行（中国銀行の前身）設立にあたり渋沢らから情報収集した時に始まる。ついで渋沢の初婚の妻千代（一八八二年七月一四日没）の墓碑文を三島が撰文した時に、渋沢は三島の漢文作家として実力を認識し、以来、漢文の代作などを依頼する親しい関係が始まった。

＊17　第二次桂太郎内閣時の文部大臣。在任期間は一九〇八年七月一四日から一九一一年八月三〇日。

＊18　「二松義会第九回会報」（『二松学舎学友会誌』二八号）所収。

＊19　『教育時論』一九〇八年一〇月二五日号所収の、第二次桂太郎内閣の施政方針「第九教育」。

針を代弁していることが分かる。[20]

一方、渋沢栄一もまたこの時期、転機を迎えていた。日糖疑獄事件《にっとうぎごく》[21]も誘因となって、明治四二年六月、古稀を機に実業の一線から退いた渋沢は、同年一月に龍門社の社則を変更して、「青淵先生ノ常ニ唱道セラル、主義ニ基ツキ、商工業者ノ智徳ヲ進メ人格ヲ高尚ニスルヲ以テ目的」とした。[22]「青淵先生ノ常ニ唱道セラル、主義」とは、言うまでもなく道徳経済合一主義を指しているが、これが戊申詔書が国民に求めている二途、すなわち経済発展と道徳涵養、とよく照応する考えであったことは見逃せない。[23]

加えて、三島もまた明治一九年に発表した「義利合一論《ぎりごういつろん》」[24]が、詔書の趣旨と合致することが念頭をよぎったに違いない。それまでは交差することのなかった、三島と渋沢が各々抱いていた考えが、戊申詔書が契合点となってこの時に交差したということができるだろう。

第五節　専門学校設立への道のり

大正四年（一九一五）、転倒負傷して侍講職を辞し、御用掛・宮中顧問官となった八五歳の三島に対して、大正天皇は約二〇年に及んだ侍講勤続に対するねぎらいをこめて、二松学舎維持費として一万円を下賜した。しかし、翌年には再び資金難に陥り、募金に難渋した入江為守《いりえためもり》会長が辞任したため、その後任に渋沢が擬せられた。渋沢は一旦は固辞したが、大正

＊20　『二松学舎学友会誌』二七号所収「二松義会第八回会報」。

＊21　大日本製糖株式会社による大がかりな不正経理、政界工作事件。同社の相談役であった渋沢栄一に対する批判も高まったため、渋沢は同社顧問だけでなく、第一銀行頭取などの役職を除く六〇余りの役職を辞任した。

＊22　『渋沢栄一伝記資料』二六、四四五―四五三頁。

＊23　戊申詔書は、「宜ク上下心ヲ一ニシ忠實業ニ服シ勤儉産ヲ治メ、惟レ信惟レ義、醇厚俗ヲ成シ華ヲ去リ實ニ就キ、荒怠相誡メ自彊息マサルヘシ」という勤倹による経済発展を説いた前半部分と、「我カ忠良ナル臣民ノ協翼ニ倚藉シテ、維新ノ皇猷ヲ恢弘シ祖宗ノ威徳ヲ對揚セムコトヲ庶幾フ」という皇室への忠誠心を説いた後半部分からなっている。

六年（一九一七）三月、三島から懇請されて、ついに承諾した。同七月五日、三島は渋沢に長文の手紙を認め、主要門人の人物識見、二松義会の由来、個人資産の現況、学舎改築に関する私案などを書き送り、渋沢に二松学舎の経営一切を託した。[*26] 大正七年（一九一八）の理事改選によって細田謙蔵らが落選し、新たに尾立維孝《おだてこれたか》[*26]・佐倉孫三《まごぞう》が選任され、渋沢は会長理事に再任された。大正八年（一九一九）、五月一二日に三島が数え年九〇歳で亡くなると、財団法人二松義会は財団法人二松学舎に改称され、渋沢指揮下の体制が作られていく。

三島没後の二松学舎は、いくつもの問題を抱えていた。一つは三島家の資産をめぐる問題である。先に三島の三男復《また》（一八七八―一九二四）[*27]が二松義会に寄贈し、舎長・学長として寄寓している土地を抵当に長男桂が借金し、復が住居を失う事態に瀕したため、財団法人二松学舎は借金償却と住居建築の後始末をせねばならなかった。こうしたことから、桂だけでなく、復もその学識や人間性はともかくとして、学校組織の運営責任者としての信望を失っていくのである。そして関東大震災の翌大正一三年（一九二四）、復が四七歳で跡継ぎのないまま急逝すると、桂はまたもや未亡人に対して、その財産の譲渡を強要し、財団法人側との摩擦を生じた。[*28]

学舎の外に視線を移せば、第一次世界大戦中の社会主義革命はわが国でも衝撃をもって受け止められ、戦後、国民道徳涵養が課題となるなか、漢学振興が大きな運動となっていった。大正一〇―一二年（一九二一―二三）の帝国議会衆議院で審議可決された「漢学振興ニ関ス

---

*24　一八八六年一〇月一〇日の東京学士会院における講演。『東京学士会院雑誌』八編五冊所収。後に『中洲講話』（文華堂書店、一九〇九年）に収録。

*25　『二松学舎大学附属図書館季報』六四号・六六号所収の町泉寿郎「三島中洲の手紙（五）・（六）」を参照。

*26　尾立維孝（一八六〇―一九二七）は、豊前国宇佐郡尾立村の庄屋に生まれ、二松学舎を経て、司法省法学校を一八八三年に卒業。各地で判事を勤め、退官後に財団法人二松学舎の理事等を勤めた。渋沢栄一と近く、渋沢の『論語講義』も尾立が三島の『論語講義』を土台に、渋沢のコメントを挿入再編したものであることが知られている。

*27　三島復、字は一陽、雷堂と号す。城北中学校、第一高等学校を経て、一九〇四年東京帝

ル建議案」によれば、数年前から貴衆両院議員・実業家をはじめ東西の私学まで網羅した大東文化協会（任意団体）ができていることから、衆議院議員木下成太郎《きのしたなりたろう》らはこれに予算を割いて漢学振興策を実行するよう求めた。木下は東西私学のなかに三島塾（すなわち二松学舎）、斯文会、藤澤塾、東洋文化学会、漢学院の名を挙げていて、従来からの漢学塾などの組織を糾合し運動組織が一本化していることを強調してみせた（必ずしも実態はそうではなかった）。漢学振興を目的とする組織の予算化が実現すると、早速、大正一二年九月に運営団体として財団法人大東文化協会が設置され、翌大正一三年一月に教育機関として大東文化学院が設立された。その学則の第一条は「本邦固有ノ皇道及国体ニ醇化セル儒教ヲ主旨トシテ東洋文化ニ関スル教育ヲ施ス」ことを目的に掲げている。予算委員会での審議内容から、文部省がこの予算化の目的を「古典保存」のために古典研究者を養成することに設定していたことがわかる。[*29]

大正末期の二松学舎は混迷の度を深めていたが、[*30]渋沢の指導力のもとで尾立が実務を取り仕切り、山田準[*31]を教学の核に据え、創立五〇周年記念事業として専門学校設立が立案された。[*32]大東文化学院が、漢学と皇学の古典研究者の養成を目的とする学校として創設されたのに対して、二松学舎は国語漢文の中等教員の養成を目的とする専門学校として歩み出すのであり、その目的には明確な相違があった。二松学舎専門学校の設立趣意書には次のように記されている。

大文科大学漢学科を卒業。陽明学を中心とした宋明性理学を考究、著書『哲人山田方谷』『陸象山の哲学』『王陽明の哲学』。

＊28　『三島中洲と近代―其三―』（二松学舎大学附属図書館、二〇一五年）七六―七九頁所収の山田準宛尾立維孝書簡を参照。

＊29　帝国議会での漢学振興に関する審議内容や、大東文化学院設立の経緯については、尾花清編『大東文化学院創立過程基本資料』（二〇〇五年）が便利である。

＊30　小川運平・高橋秀臣らが三島敬慕の名目のもと「中洲会」を立ち上げて、田中舎身や黒龍会会員ら二松学舎とは関係の薄い人物たちを引き入れて、風紀が紊乱していた（『三島中洲と近代―其三―』四九―五〇頁）。

＊31　山田準は、備中松山藩士

近年一般の人心物質に偏重し階級闘争を是認する等悪化の兆候著しく、殊に青年子弟は国体の尊厳を弁へず忠孝仁義の大道を陋視し軽佻詭激の風漸く瀰漫せんとするに至る。本舎は茲に従来の目的を弘布且つ徹底せしむるには、専門学校を設置し国語科を併置して国体及国民道徳の真義を研修体得せしめ、国語漢文に通ずる多数の堅実なる中等教員を養成して、之を各地の中等教育に従事せしめ、以て人心の匡救正道の宣揚を勉めんとするものなり。*33

二松学舎専門学校の理念には、前記「漢文振興」の時代を反映して、国家主義的な主張が明確に打ち出されているが、少数の選良や特殊な専門家の養成ではなく、全国各地の中学校の教育現場で教育に従事する中等教員を養成することを通して、社会の中間層を充実拡張することを目的とした教育機関であった。

また、学則第一条には、「漢文学及国文学ニ関スル専門教育ヲ施シ東洋固有ノ道徳ニ基キ人格ヲ陶冶シ併セテ中等教員ヲ養成スルヲ目的トス」とその設立目的が明示され、国文学が漢文学と並ぶ専門教育科目として位置づけられた。就学期間は三年で国語科・漢文科・普通科が毎週各一〇時間のカリキュラムが組まれた。入学資格は中学校卒業者。教員資格は高等教員免許状を必要とした。国語科教員は橘《たちばな》純一《じゅんいち》・塩田《しおだ》良平《りょうへい》ら東京帝大国文科出身者が占めたが、漢文科では山田準校長以下、池田《いけだ》四郎次郎《しろじろう》・佐倉孫三・那智《なち》佐典《すけのり》ら三島の高弟たちが中核をなした。卒業生には中等教員免許の無試験検定資格が附与されたため*34、これによっ

で山田方谷門下の木村豊の三男。上京して二松学舎に入塾し、山田方谷の養嗣子知足斎（一八三九―一八八一）の次女春野を娶って山田家を相続。東京大学古典講習科（漢書課後期）を卒業し、五高・七高の教授を歴任し、退官後、二松学舎専門学校の初代校長となって一九四三年まで在職。陽明学者として知られた。

*32　二松学舎専門学校は、大正一五年（一九二六）に設立計画が決定し、昭和三年（一九二八）から開設された。

*33　『二松学舎大学九十年史』一九六七年、二九九頁。

*34　一期生卒業の昭和六年（一九三一）には漢文科のみの資格が付与され、昭和一〇年（一九三五）には国語科の資格も付与された。

て順調な学校運営が可能になった。ただし専門学校開設後も、従来からあった漢学専修二松学舎（各種学校としての漢学塾二松学舎）が存続していたことは忘れてはならない。[*35]

第六節　新制大学への歩み

山田準が昭和一八年（一九四三）三月末で専門学校長を辞任して郷里高梁に隠退した後、二代目校長となったのは那智佐典（一八七三―一九六九）であった。同年一〇月には、那智はいわゆる学徒出陣による在学生の入隊を送り出している。[*36]

昭和二〇年（一九四五）三月一〇日の大空襲によって、書庫を除く校舎が焼失した後、昭和二二年（一九四七）一一月の新校舎建設まで、二松学舎専門学校は日本歯科医学専門学校、日本キリスト教団代々木教会堂、名教中学校に間借りして運営を続けた。[*37]この間、昭和二一―二二年（一九四六―四七）には各教員が教員適格審査を受け、審査終了後に大学昇格に向けた動きが本格化する。周知のようにGHQの占領政策では師範教育解体の意向が強く、文部省ではこれを受けて、昭和二二年三月に教員養成を大学で行う方針を発表した。このため中等教員養成を目的とした二松学舎専門学校では、大学昇格に向けて、急速な改革を進める必要があった。この学校改革の中心にいたのは塩田良平である。塩田は、漢文科教授を核とする旧態依然たる学校運営を批判し、国分三亥理事長・奥忠彦常任理事に代わって、宇都宮

＊35　漢学塾二松学舎の廃止は昭和二二年（一九四七）三月のこと。

＊36　学内の壮行会において、那智校長は学生の生還と復学を願う訓話をしている。戦時下の二松学舎が「リベラル」であったと言われる一端が垣間見える。

＊37　戦火焼失から新校舎再建までの時期の動向については、『那智佐典日記』（『三島中洲研究』三、二〇〇八年）を参照のこと。

徳馬・明石元長・塩田の三常任理事体制を作り、「六・三・三・四制」に対応した教育体制作りを強引に進めた。

昭和二四年（一九四九）に文学部のみの単科大学として開学する際、国文学科と中国文学科の二学科が設置され、それぞれ三講座が開かれた。国文学科は第一講座―上代文学・主任橘純一、第二講座―中古文学・主任池田亀鑑、第三講座―近世文学・主任藤村作。中国文学科は第一講座―中国文学・主任塩谷温、第二講座―中国哲学・主任那智佐典、第三講座―中国語学・主任奥野信太郎で、主任教授の中にも専任教員と兼任教員がいた。

大学院の開設は昭和四一年（一九六六）のことで、当初は修士課程は国文学・中国学の両専攻で、博士課程は中国学専攻のみであった。付置研究所として、東洋学研究所（一九六九年開設）、陽明学研究所（一九七八年開設）があり、統合されて東アジア学術総合研究所として今日に至っている。

【参考文献】
『二松学舎六十年史要』（一九三七年）
見城悌治ほか責任編集『渋沢栄一と「フィランソロピー」第一巻　渋沢栄一は漢学とどう関わったか』（ミネルヴァ書房、二〇一七年）

第三章　泊園書院の近代

吾妻重二

第一節　東の二松、西の泊園

日本の漢学、および漢学塾は江戸時代後期に発展し、幕末から維新初期にかけて最盛期を迎えた。全国津々浦々に漢学塾が設けられ、漢字と漢文の学習が盛んに行われたのである。漢学塾では一般に、四書・五経や歴史、文学、漢詩など、中国の古典が学ばれたわけだが、「読み書き」やしつけを習う子供たちの手習い所（寺子屋）においても『論語』の素読をはじめ、漢字・漢文の学習は積極的に行われていた。

もちろん、江戸時代後期には和歌や国文学を教える国学塾が営まれ、さらに蘭学を中心とする洋学塾も設けられるようになるが、全国的に普及するとまではいかず、その影響力は限定的であった。当時の知識人にとっては、漢文こそが正統な学問用語であり、また、漢文は外国語ではなく日本語の一部と見られて広く定着していたのである。

ところが、明治維新以降、西洋文化の移入が進むにつれ、このような知のあり方は変化を余儀なくされる。教育制度の面で決定的だったのは明治一二年（一八七九）に公布された「教育令」と翌年の「改正教育令」、および明治一九年（一八八六）に公布された「学校令」と明治二三年（一八九〇）公布の第二次「小学校令」であって、これら近代的学校制度の規定の中で私塾は「各種学校」に格下げされ、青少年の正規の教育ルートから外されるのである。こうして明治二〇年代になると、漢学塾はほとんどが閉じられてしまう。

そのような中でも少数の漢学塾は時代の流れに抗して、なお学問所として存続していた。その代表的存在が東京の二松学舎と大阪の泊園書院《はくえんしょいん》である（図1）。これらは近代漢学塾の東西の双璧であり、まさに「東の二松、西の泊園」であった。

図1　泊園書院（本院）　関西大学蔵

そのことを示すのが、財団法人斯文会《しぶんかい》が昭和四年（一九二九）に刊行した『斯文六十年史』の「私塾」の記述である。この書は中山久四郎を代表として編まれた一種の日本近代儒学史として今なお参照するに値する。そこに次のようにある。

> 徳川時代の教育は、幕府に昌平坂学問所あり、各藩に藩校郷校ありて、教育の事を掌りしと雖も、固より天下の学徒を悉く収容したるには非ず、是に於て

当時の儒者は大抵家塾を開きて子弟を教育して、以て国家教育の欽を補ひたりき。此等の家塾は明治維新の後も、其の儘之を継続しえ、従来の漢学教育を施したり。明治三年大学の廃せられ、四年藩学の廃せらるゝや、世の漢学を修めむとする者は、私塾に入るより外に途無きに至れり。是に於て儒者の私塾を開く者頗る多く、一時私塾全盛の時代を現出せり。然れども老儒の凋落と共に、私塾の数も亦次第に減じ、二十年後に至りては、寥々たること晨星の如く、大正以後昭和の今日に至るまで、其の旧業を継続せるものは、僅に二松学舎、泊園書院の二塾あるのみ。*1

漢学塾が江戸時代、昌平坂学問所や藩校などを補うかたちで発達したこと、幕末から明治維新期に全盛期を現出したこと、しかし、明治二〇年代に至って衰退していったこと、そして、大正・昭和の時代に存続していた私塾としてはわずかに二松学舎、泊園書院を数えるのみになったことなどが説明されている。

ここに述べられていることはほぼ事実と見てよいが、一つ、二松学舎を私塾と称している点について補足しておく。明治一〇年（一八七七）三島中洲《みしまちゅうしゅう》によって開かれた私塾・二松学舎は明治四二年（一九〇九）、財団法人二松《にしょう》義会《ぎかい》となって学校としての体制を整備・拡充し、昭和三年（一九二八）には専門学校を開設するに至る。当時、専門学校とは大学に準ずる高等教育機関であって、二松学舎は正規の学校教育体系の中に確固とした位置づけを持つことになった。二松学舎では一方、これと並行して私塾「漢学専修二松学舎」を存続させていた

*1　財団法人斯文会『斯文六十年史』（財団法人斯文会、一九二九年）一二五頁。

*2　『二松学舎百年史』（学校法人二松学舎、一九七七年）四三六頁以下、五〇八頁。町泉寿郎「三島中洲と二松学舎の漢学教育」（吾妻重二編著『泊園書院と漢学・大阪・近代日本の水脈』所収、関西大学創立

ため、明治末期以降は学校部分と私塾部分を併設していたのである。[*2]

なお、漢学に特化された学校としては大正一二年（一九二三）設立の大東文化学院がある。戦後、大東文化大学となる同学院だが、設立当初から高等科・本科をもつ専門学校であって漢学塾ではなかった。[*3]

このように見てくると、民間の漢学塾であり続けた泊園書院は日本近代において稀有な例であった。正規の教育ルートから外れた前近代的とも見える漢学塾が、近代においても長く維持されたのは、きわめて興味深いことといわなければならない。もちろん、漢学者が自宅などで学生を教えていた例は大正・昭和においても見受けられるが、その規模はごく小さなものにすぎなかった。[*4]

ここでは、多くの門人が学んだ漢学塾泊園書院につき、主に近代に焦点をあてて述べ、その特色を考えてみたい。

第二節　院主と歴史

歴代の院主たち

泊園書院は江戸時代後期の文政八年（一八二五）、四国高松藩出身の藤澤東畡《とうがい》（一七九四―一八六四）によって大坂市中の淡路町に開かれた。[*5]

一三〇周年記念泊園書院シンポジウム論文集、関西大学出版部、二〇一七年）。

＊3　『大東文化大学五十年史』（学校法人大東文化学園、一九七三年）二三頁以下。

＊4　なお、大正二年（一九一三）大阪では漢学を講ずる場として重建懐徳堂が設立されたが、学問所というよりも、今でいう市民講座・教養講座の色彩が強かったと思われる。

＊5　泊園書院は当初「泊園塾」といい、明治初期は「泊園舎」といったが、明治一一年（一八七八）頃、門人が増加して淡路町に分舎を設けた時に「泊園書院」が正式名称となったようである。「近代学制のなかの泊園書院」（吾妻重二編著『文化交渉学のパースペクティブ』〈関西大学出版部、二〇一六年〉）三一三頁の表二を参照。

東畡、名は甫《はじめ》、通称は昌蔵あるいは健蔵、字は元発、東畡および泊園はその号である（図2）。荻生徂徠《おぎゅうそらい》の古文辞学《こぶんじがく》を受けつぎ、経書や諸子、歴史、文学にわたる該博な知識をもっていた東畡は高松藩から士分にとりたてられるとともに、豊岡藩主の京極高厚《たかあつ》、尼崎藩主の松平頼胤《よりたね》の賓師となり、大阪城代により「御城入《おしろいり》儒者」に選ばれた。その名望により、幕末期、泊園塾は懐徳堂をしのぐ大坂最大の私塾となり、多くの門人を集める。

こうして泊園塾は大阪における漢学の拠点となった。学統を示せば、荻生徂徠—菅甘谷《かんかんこく》—藤川東園—中山城山《じょうざん》—藤澤東畡という系譜になる。

東畡の長子の藤澤南岳（一八四二—一九二〇）もすぐれた人物であった。名は恒《つね》、通称は恒太郎、字は君成、号は南岳のほか盤橋、七香斎、香翁、醒狂子などがある（図3）。慶応元年（一八六五）、二四歳で家督を継ぎ、講学にいそしんでいた南岳は、慶応四年（一八六八）高松に戻り、藩の方針を佐幕から勤皇へと劇的に転換させて藩滅亡の危機を救い、名声とみにあがった。またこの頃、高松に泊園塾を開くが、明治六年（一八七三）、三二歳の時に大阪の地に泊園塾を再興する。のちに友人の島田篁村《こうそん》から東京帝国大学文科大学漢学科教授の就任を要請されるものの、教育方針の違いなどからこれを断わったことは有名なエピソードである。南岳は当代随一の碩学として知られ、その学問と人徳を慕って全国から学生が集まり、その著作もきわめて多数にのぼる。

南岳は大阪の「通天閣」や森下「仁丹」、日本最初の民間幼稚園「愛珠幼稚園」の命名者

図2　藤澤東畡　関西大学蔵

図3　藤澤南岳　関西大学蔵

でもあり、まさに大阪文化の顔であった。

南岳の長子黄鵠《こうこく》（一八七四―一九二四）、次子黄坡《こうは》（一八七六―一九四八）も書院の活動をよく継承し、漢学振興と漢詩文普及のために尽くした。黄鵠は名は元造、字は士亨。清国に留学して見聞を広め、帰国後の明治四一年（一九〇八）、三五歳のとき衆議院議員に当選するが、南北朝における皇室の正統に関する「南北朝正閏《せいじゅん》問題」をめぐって桂太郎内閣に質問状を出して世論を沸騰させ、議員を辞職した。

黄坡は、名は章次郎、字は士明。東京高等師範学校・国語漢文専修科の第一期生で、卒業後、大阪にもどり、明治四四年（一九一一）年、三六歳のとき南区竹屋町の泊園書院分院を主宰する。のちに南岳が亡くなり黄鵠が引退したあとはここが書院の本院となり、大正末から昭和にかけて書院が維持された（図４）。また、黄坡は関西大学専門部教授としても長く教鞭をとり、戦後、関西大学最初の名誉教授になった。

図４　泊園書院（分院、のち本院）　関西大学蔵

このほか、黄坡義弟の石濱純太郎（一八八八―一九六八）の存在も重要である。号は太壺という（図５）。石濱は少年時代、南岳に漢学を学び、東京

図５　石濱純太郎　関西大学蔵

帝国大学文科大学支那文学科を卒業後、大阪にもどって内藤湖南に師事した。黄坡と力を合わせて書院の講学にとりくむとともに、東洋の諸言語に精通し、ニコライ・ネフスキーとともに西夏語研究の先駆者となった。富永仲基をはじめ大阪文化の研究者としても著名である。戦後、関西大学文学部教授。石濱は泊園書院の学問を伝統的漢学から近代的アジア学に転換させた功労者といえる。

なお、最近の調査でわかったことだが、大阪を中心とする関西地区には彼ら院主、とりわけ南岳と黄坡が漢文で書いた顕彰碑や墓碑がおびただしく残っている。現在知られるだけでもゆうに二〇〇基を超え、今後、さらに増える勢いにある。[*6] 時期は江戸時代後期から昭和前期にわたり、関西地区における泊園書院の声望がいかに大きなものだったか、また漢文の文章が戦前まで人々にいかに重んじられていたかを示す指標ともなっている。

歴史

以上、院主を中心に述べてきたが、その長い歴史を改めて整理すると、次の四期に分けることができると思われる。[*7]

第一期　江戸時代後期から幕末　文政八年（一八二五）―慶応四年（一八六八）

——東畡による泊園塾開設と隆盛、南岳による継承

第二期　明治初期　明治三年（一八七〇）―同五年（一八七二）

＊6　泊園記念会『泊園書院関係碑文調査報告書』（関西大学東西学術研究所内泊園記念会、二〇一二年）。

＊7　吾妻重二編著『泊園書院資料集成一　泊園書院歴史資料集』（関西大学出版部、二〇一〇年）解説を参照のこと。

——南岳による讃岐高松「泊園塾」の開設

第三期　明治・大正時代　明治六年（一八七三）―大正九年（一九二〇）

——南岳および黄鵠・黄坡による書院の発展

第四期　大正末期・昭和前期　大正九年（一九一〇）―昭和二三年（一九四八）

——黄坡による書院の継承と石濱純太郎による新展開

第一期は東畡による泊園塾の開設と発展、そして幕末の南岳による継承時期である。上述したように、この時期、泊園塾は大坂における徂徠学派の中心として儒学と文芸の発展に寄与するとともに、幕末期に至って勤皇の志士を数多く輩出した。この時期は四三年と、かなり長い。

第二期は讃岐高松に新たに泊園塾が開かれた時期で、わずか二年間しかないが、一つの段階として数えるべきであろう。明治維新期における騒乱のさなか、南岳が再度大阪に出ることは必ずしも予期されていなかったからである。南岳によるこの時期の塾経営は、第三期の大阪における泊園書院に継承されるという点でも重要である。

第三期は大阪にもどった南岳によって泊園書院が再興され、最も隆盛をみた時期であり、四七年の長きにわたっている。鴻儒南岳の名声と学問、人徳によって、畿内をはじめ全国から学生が雲集したのであって、最近の調査によれば、特に明治九年から一五年頃にかけて、塾生は寄宿生だけでも百名を超え、通学生を合わせて数百人に及んだ。明治一一年（一八七八）

にはこうした塾生の増加に合わせて分舎を設けている。[*8] あとに見る出身者の活躍ぶりを合わせ見れば、この頃の泊園書院は、名実ともに大阪最大にして最高の学問所であったといえる。泊園書院の多くの門人は、いわば近代日本社会の発展に大きく寄与したのであって、壮年期の黄鵠・黄坡も南岳を支えることで泊園書院は黄金時代を迎えた。

なお、明治一九年、関西法律学校が大阪に専門学校としてを支設立されている。関西法律学校はその後発展を続け、大正一一年（一九二二）大学令により関西大学として認可され、大阪唯一の文系大学となる。大阪最大にして最高の学問所だった泊園書院はこうしてその地位を譲ることになる。

第四期は、大正九年（一九二〇）二月における南岳の死去、大正一三年（一九二四）九月における黄鵠の死去をうけて、黄坡と石濱純太郎が書院を主宰した時期である。とりわけ大正九年五月、南岳死去直後に石濱が設立した「泊園書院学会」、および石濱が黄坡の協力のもとに刊行した新聞『泊園』は重要である。[*9] このうち新聞『泊園』は昭和二年（一九二七）一二月から同一八年（一九四三）九月まで、当初は毎月、のちに隔月のペースで合計七八号を出した。このように新聞を出し続けられるのも活動が常に行われていたからこそであって、昭和時代における書院の様子をよく伝えている。この時期における特色の一つは、先にもふれたように、石濱によって漢学から近代的アジア学への転換がはかられたことであった。

しかし、昭和二〇年（一九四五）六月の大阪大空襲によって書院の建物は灰燼に帰し、つ

---

*8　*5同書、吾妻重二「近代学制のなかの泊園書院」二九〇頁以下。

*9　吾妻重二編著『新聞「泊園」附 記事名・執筆者一覧人名索引』（泊園書院歴史資料集三、関西大学出版部、二〇一七年）。

*10　なお、黄坡死去の翌年の昭和二四年（一九四九）、石濱は関西大学文学部史学科教授となる。その石濱の努力により昭和二六年（一九五一）、関西大学に「泊園文庫」が寄贈され、また泊園書院の学統を受け継ぐべく、文学部に東洋文学科（現在の中国学専修）が開設されるとともに、泊園文庫の整理を主要な目的として東西学術研究所

いで昭和二三年（一九四八）、黄坡の死去によって書院の活動は終わりを告げた。この時期は二八年にわたっている。ただし、その蔵書は事前に疎開していたため消失を免れ、戦後「泊園文庫」としてゆかりの深い関西大学に寄贈された。[*10] また昭和三六年（一九六一）には書院の学統を受け継ぐ「泊園記念会」が関西大学内に設立され、記念講座など諸活動を続けて現在に至っている。

第三節　近代における学則・教育方針

次に、泊園書院が近代においてどのような教育方針のもとに運営されていたのかを見てみよう。[*11]

教育方針とその特色

教育方針（学制）は時代によって少しずつ違っているが、明治五年（一八七二）の「泊園学則及塾則」には、

唯其日用実践。固非易事。故経以正其徳。宇内諸史以博其識。子集及西洋雑誌以長其聞見。可以報大恩。可以尽大分。謂之学則。然人殊其材。又殊其職。此天所賦而人所任。不可強一之。故宜自量其材。竭力于其所長。[*12]

が設立された。そして昭和三六年（一九六一）年に泊園記念会が作られ、現在に至っている。これらは石濱を通して泊園書院の伝統が引き継がれたと見ることもでき、そうであれば、昭和二四年以降は泊園書院の第五期といえるかもしれない。

＊11　本章に関しては、吾妻重二「泊園書院の隆盛とその教育」（『関西大学東西学術研究所創立六十周年記念論文集』所収、関西大学出版部、二〇一一年）で論じたことがある。

＊12　＊7同書、二三八頁。

（唯《た》だ其れ日用の実践は、固《もと》より易事に非ず。故に経以て其の徳を正し、宇内の諸史以て其の識を博め、子集及び西洋雑誌以て其の聞見を長ずれば、以て大恩に報いるべく、以て大分を尽すべし。……然れども人其の材を殊《こと》にし、又た其の職を殊にす。此れ天の賦する所にして人の任ずる所なれば、強《し》いて之を一にすべからず。故に宜しく自ら其の材を量《はか》り、力を其の長ずる所に竭《つく》すべし。）

とある。また明治一三年（一八八〇）の「泊園書院学制」には次のようにいう。

今ノ学者、口ヲ開ケハ利用厚生ヲ説キ、実益時務ヲ唱フ。利厚掲テ三事ノ中ニアリ、固ヨリ吾道ノ重ンズル処ナリ。然レドモ其重特ニ正徳アルナリ。夫財利ヲ貪リ父子相訟ル、豈時務ニ通スト云ンヤ。家ニ千金ヲ積ムモ、仁義ニ依ラザレバ必悖出ノ憂アリ。豈実益ヲ得ルト云ンヤ。蓋徳ノ正シカラザル、百事皆敗ル。故ニ正徳ヲ重トス。然リト雖ドモ、性理ヲ坐談シ世務ヲ鄙棄スルハ古学ノ旨趣ニ非ズ。今吾書院、正徳ヲ主トシ、知識ヲ広メ、経済ヲ練明シ、天下有用ノ人タラシム。生員宜シク朋友ニ信ゼラレ、以テ上穫ラル、ノ効ヲ得テ、天地ニ参シ、天地ヲ霊ニシ、退テハ一郷ノ善士タルヲ失ハザル可ヲ期スベシ。[*13]

もう一つ、昭和初期の「学則略掲」には次のようにある。

徳ハ万人ニ接スルノ軸ナリ。識ハ万事ニ処スルノ舵ナリ。徳ヲ成シ識ヲ達スル、コレ教学ノ本旨ニアラズヤ。今ヤ学校林立ス、文運歳ニ開ケ、学術日ニ進ム。然モ其ノ教フル所、

＊13　＊7同書、二四一頁。

徒ラニ技藝ノ末ニ馳セ、智能是レ事トシ、文明ヲ物質ニ求メ、修養ヲ実際ニ怠ル者、比々皆然リ。国体ノ精華ヲ発揮シ、教育ノ淵源ヲ闡明センニハ、豈和漢ノ学ヲ講ゼザルベケンヤ。惟フニ此学ハ、実ニ百科ノ基本ナリ。吾書院、専ラ和漢ノ学ヲ課シ、子弟ヲシテ日ニ進ミ月ニ就リ、徳ヲ成シ識ヲ達シ、以テ天下有用ノ材タラシメンンコトヲ期ス。*14

ここで主張されているのは、第一に博学である。いわゆる経史子集、すなわち儒教経典や歴史書、諸子文献、詩文集、さらに「西洋雑誌」などを通じて学習し見聞を広めることが要請されている。漢学を核としつつ西洋の新知識をその中で活かしていこうとする方針といえる。

第二に個性の重視である。人は才能や職分がそれぞれ異なるため、これを強いて一つすることはできない、よって何よりも自己の個性・長所を伸ばすべきだという。「此れ天の賦する所にして人の任ずる所なれば、強いて之を一にすべからず」といわれるとおりである。

第三に、仁義という「正徳」の倫理的自覚である。「家ニ千金ヲ積ムモ、仁義ニ依ラザレバ必悖出ノ憂アリ」、「蓋徳ノ正シカラザル、百事皆敗ル」という語にそれが示されている。

第四に、実社会への貢献を重視することである。「性理」すなわち哲学的議論に埋没して「世務」を放棄するのは誤りであり、学問を通して「天下有用ノ人」となることが目指されている。あわせて注意されるのは「退テハ一郷ノ善士タルヲ失ハザル可ヲ期スベシ」というように、市井や地域社会の中ですぐれた人物として生きることを勧めていることである。「天下有用ノ人」とは単なる出世栄達ではなく、めいめいが各自の立場や地位にもとづいてしかる

＊14　この「学則略掲」は、＊1の『斯文六十年史』の泊園書院の項に引用される。同書、一三五頁。

べき役割を果たすこと、そのことによって国家社会に有用な人材になることを意味しており、そのことを通じて自己実現をはかることが求められているのである。

このような理念の底流に見出されるのはやはり徂徠学の精神であろう。かつて徂徠は、

荀能識先王之道要帰於安天下、而用力於仁、則人各随其性所近、以得道一端。……皆能成一材、足以為仁人之徒、共諸安天下之用焉[*15]。

（苟《いやし》くも能く先王の道、要は天下を安んずるに帰するを識《し》りて、力を仁に用うれば、則ち人各《おの》おの其の性の近き所に随いて、以て道の一端を得ん。……皆な能く一材を成し、以て仁人の徒と為《な》り、諸《これ》を天下を安んずるの用に共するに足る。）

と述べていた。人々がみずからの「性の近き所」すなわち個性にもとづき、それぞれが道の一端を得てその才能を成就させることで「天下の用」に貢献できるというのである。博学を重んじるのも徂徠学の学統にふさわしい。こうした徂徠学の理念が泊園書院にも受け継がれているのである。

ただし、徂徠学と違う点もある。それは、学生に高い倫理性を求めていることである。そのことは明治一三年の「泊園書院学制」がまず「正徳」を掲げて「利用」「厚生」の基本としていること、昭和初期の「学制略掲」が「徳ハ万人ニ接スルノ軸ナリ。識ハ万事ニ処スルノ舵ナリ」と、まず「徳」を優先させていることからはっきりと知ることができる。「今吾書院、正徳ヲ主トシ、知識ヲ広メ、経済ヲ練明シ、天下有用ノ人タラシム」とうたわれると

＊15　荻生徂徠『弁道』第七条。吉川幸次郎・丸山真男ほか『荻生徂徠』（日本思想大系三六、岩波書店、一九七三年）一八頁、二〇二頁。

おりである。

そうであれば、徂徠学によって分離されていた学問と道徳がここで再び結合されたことになろう。そもそも徂徠は修身が必要なのはもっぱら為政者であるとし、自己修養にさほど意義を認めていなかったのであったが、そうした道徳的な自己修養を改めて重んじたのである。言い換えれば、実用のみではなく、また倫理のみでもなく、倫理的自覚に裏づけられた実学こそが泊園書院の教育理念であったことになる。

泊園書院は多くのすぐれた人材を生んだ理由の一つは、そのような倫理的自覚に根ざした実学が講じられていたことにあったと考えられる。

等級制

学制に関しては、学力レベルにもとづく等級制がとられていることが注意される。明治三年（一八七〇）の『泊園塾則』では七等であるが、上にもふれた明治一三年の「泊園書院学制」では次のように九等に分けられている。

壱等生　業崇行修、志立識定
弐等生　能通壱経、兼善文章
三等生　畧通諸子、摛藻可観
四等生　概覧諸集、議論可聴

五等生　能読無副墨之書
六等生　了解意義、少修文辞
七等生　知諸史一斑、志文藻
八等生　稍解意義
九等生　句読未了[*16]

また、明治二七年（一八九四）の「書院ノ学制畧掲」には、

学科　学級ヲ分チテ九等トス　一等ヨリ四等ニ至ルヲ高科トシ五等ヨリ九等ニ至ルヲ初科トス　初科ハ素読ニ始リ無点ノ書ヲ了解スルニ畢ル高科ハ諸子ニ通スルヨリ徳業ノ修リ識ノ定ルニ畢ル　八等始メテ詩ヲ学ヒ七等始メテ文ヲ学フ[*17]

と説明している。これに関連して、泊園書院では月旦評《げったんひょう》を採用している。月旦評とは、毎月塾生の成績を評価し、そのつどランクを決めていく方式をいう。泊園文庫には『勤惰表』『月旦評』と名づけられた月ごとの成績表が多数所蔵されている。

このような等級制および月旦評は咸宜園《かんぎえん》に見られるものが有名だが、日本の私塾ではあまり採用されなかったものであった。[*18]泊園書院は等級制の採用によって段階的学習を組み立てるとともに、塾生の学習成績をたえず評価していた。所属する等級が毎月変わるわけであるから、当然そこには塾生間の競争が行なわれたであろう。言い換えれば、塾生どうしの切磋琢磨による実力主義が徹底されていたことになる。

＊16　＊7同書、二四二頁以下。
＊17　＊7同書、二五七頁。
＊18　海原徹『近世私塾の研究』（思文閣出版、一九八三年）三九頁以下。

そのような実力主義は当然、教育上の厳しさを生む。そのことは、当時の塾生の証言からも知られるのであって、永田《ながた》仁助《にすけ》（一八六三―一九二七）は明治後半から大正にかけて大阪経済界の重鎮となった人物だが、その伝記は泊園書院における学問の厳しさを次のように伝えている。

青年儒者南岳は大阪に立ち帰り、諸士讃仰の的となりつゝ、護国安民の大道を講述したのであつた。則ち塾則は極度に厳守されたのは勿論にて、塾生の起床は五時であつた。洗面を済ますや既に開講の鈴が鳴つて静座すべきを報ずる。厳冬の暁、大気は凍つて冷寒身に泌む。塾生は木綿の着物に小倉の袴、手に石油ランプを翳して順次講座に着くさまは粛然たるものであつた。やがて咳ひとつ聞えぬ昧爽の冷気は破られ、南岳師の朗々たる大声は発せられて君子の道を説き始める。その声余韻あり、嫋々として絶えざる縷の如くである。斯くの如き雰囲気にあつて塾生は心胆を練つたのである。[*19]

これは明治一〇年（一八七七）前後の様子で、若い塾生たちが塾則を厳守し、日々厳しい研鑽に励んだことがよく示されている。

普通一般の私塾とは異なるこうした実力主義もまた、青雲の志をもつ青少年を駆り立て、有為な人材に成長させるのにあずかって力があったといえる。

＊19　野田広二『磐舟永田翁伝』（著作兼発行人は野田広二、非売品、一九二九年）所収の「永田仁助伝」による。＊7同書、二五二頁以下に引用。

第四節　門人たち

泊園書院からは多くのすぐれた人材が育った。そもそも、一二〇年あまりの間にどれだけの門人が学んだのか、その数を算出するのは容易ではない。それは一つには、私塾というものが修学年限をもたず、入塾随時、退塾随時だったからで、一〇年学ぶものもいれば、一か月で辞めるものもいたからである。あくまでも概数であるが、上述の第一期の東畡時代に三〇〇〇名だったと伝えられ、近代になってからは第二・第三期だけで五〇〇〇名を超え、第四期の昭和初期には累計一〇〇〇〇名を超えたと見られる。[*20] その多くの門人のうち、近代に活躍した主な人物を列挙してみよう（項末表1）。

この顔ぶれを見ると、実にさまざまな分野にわたっているのに驚かされる。政界・官界・法曹界・実業界・教育界・ジャーナリズム・学術・文芸などの各界で広く活躍しているのである。なかでも特徴的なのは企業家がほかの分野に劣らず多いことで、泊園書院が漢学を核とする人間教育・思想鍛錬の場であったこと、伝統的学問を守るとともに政治社会問題に強い関心をいざなう学問所だったことがわかる。[*21]

＊20　＊7同書、解説、五三五頁以下。

＊21　近代における泊園書院出身の実務家・実業家については近年の横山俊一郎『泊園書院の明治維新　政策者と企業家たち』（清文堂出版、二〇一八年）が有益である。

第五節　小結――漢学塾と近代

さて、幕末・維新期における日本の指導者を多く輩出した塾として松下村塾《しょうかそん》がある。吉田松陰（一八三〇―一八五九）が松下村塾で講学した時期は実はたった一年あまりであり、松下村塾の名を受けつぐ前に私塾で講義していた安政三年（一八五六）九月頃から数えても二年程度にすぎないが[*22]、その間の松陰の感化力にはきわめて巨大なものがあった。

泊園書院は松下村塾よりもはるかに長く続いた私塾であり、学問について、一方は徂徠学を主とし、一方は陽明学を主としている。しかし、よく見ると両者には似たところがある。何よりも学生が塾主の個人的魅力やカリスマ性のもとに集まったという私塾ならではの特色をもつ点で共通している。つまり塾主の感化力の役割がきわめて大きいのであって、松陰については改めていうまでもないが、東畡や南岳、黄坡、石濱純太郎らが人間的魅力にあふれる人物として慕われたことは多くの証言が伝えるとおりである。

しかし、もっと大きな類似点と思われるのは、おそらく政治社会に対する幅広い関心であろう。ひとまず『国史大事典』の説明を借りれば、松下村塾の学問の特色は次のようなところにあった。

松下村塾は、表向きは漢学塾であったが、松陰自身の強い実学指向の影響のもとで当時

＊22　海原徹『吉田松陰に学ぶ』（ミネルヴァ書房、二〇一〇年）一三〇頁以下による。

の世界情勢やわが国の実情について考究する実践的な思想鍛錬の場となったことに大きな特色がある。

松陰は清国の魏源（一七九四―一八五七）が、当時の西洋情勢を紹介した『海国図志』を読んでおり、西洋に強い関心を持っていたが、しかし、洋学塾だった適塾や慶応義塾に比べれば松下村塾の西洋理解は劣るのであって、それは、泊園書院についても同じである。歴代院主のうちでも南岳はきわめて博学な人物で、著作には西洋の書物や雑誌からの引用が見られるのも事実だが、明六社に属したいわゆる開明的知識人たちに見劣りすることは否めない。*23

このように見てくると、松下村塾や泊園書院がなぜ多くの逸材を輩出したのかがわかるだろう。すなわち、西洋文化の新知識そのものよりも、むしろ日本と世界の情勢を真摯に考え時事を論じる実践的エートスと時代変革の主体たらんとする強い精神が人々を引きつけ、多くの人材を育てたのである。

もう一つの特色として挙げられるのは、石濱純太郎による漢学から近代アジア学への脱皮である。詳しく論じることはできなかったが、これはほかの漢学塾にはほとんど見られない特色であって、石濱のアジア学における該博な研究は近代の泊園書院に独特の魅力を加えるものとなっている。

西洋化の荒波の中で孤塁を守ったように見える私塾・泊園書院であるが、実際には日本の

＊23　『国史大辞典』第十四巻（吉川弘文館、一九九三年）の「吉田松陰」の項。

近代とともに歩み、またその発展のために大きな足跡を残したのである。

【参考文献】

財団法人斯文会編『斯文六十年史』（財団法人斯文会、一九二九年）
齋藤希史『漢文脈と近代日本：もう一つのことばの世界』（NHKブックス、日本放送出版協会、二〇〇七年）
吾妻重二編著『泊園書院歴史資料集――泊園書院資料集成1』（関西大学出版部、二〇一〇年）
吾妻重二編『泊園記念会創立五十周年記念論文集』（関西大学出版部、二〇一一年）
吾妻重二編著『泊園文庫印譜集――泊園書院資料集成2』（関西大学出版部、二〇一三年）
藪田貫・陶徳民編著『泊園書院と大正蘭亭会百周年』（関西大学出版部、二〇一五年）
吾妻重二『泊園書院　なにわの学問所・関西大学のもう一つの源流』（関西大学泊園記念会、二〇一六年）
吾妻重二編著『新聞「泊園」　附　記事名・執筆者一覧　人名索引――泊園書院歴史資料集3』（関西大学出版部、二〇一七年）
吾妻重二編著『泊園書院と漢学・大阪・近代日本の水脈』（関西大学出版部、二〇一七年）
横山俊一郎『泊園書院の明治維新　政策者と企業家たち』（清文堂出版、二〇一八年）
吾妻重二編著『東西学術研究と文化交渉――石濱純太郎没後五十年記念国際シンポジウム論文集』（関西大学出版部、二〇一九年）

名　前		生没年	経　歴
高島　秋帆	たかしま・しゅうはん	1798―1866	砲術家、高島流砲術の創始者
中谷　雲漢	なかたに・うんかん	1812―1875	漢学者、尼崎藩儒
片山　冲堂	かたやま・ちゅうどう	1816―1888	漢学者、高松藩儒
田谷　ハル	たや・はる	1820―？	大阪の寺子屋の名師匠
雨森　精斎	あめのもり・せいさい	1822―1882	漢学者、松江藩校教授
天羽生岐城	あもう・きじょう	1825―1894	漢学者、教部省訓導
郷　　純造	ごう・じゅんぞう	1825―1910	幕末の志士、初代大蔵次官
妻鹿　友樵	めが・ゆうしょう	1826―1896	医師・文人、私塾「心遠舎」塾主
華岡　積軒	はなおか・せきけん	1827―1872	医師、華岡青洲の弟の鹿城の子
華岡　青洋	はなおか・せいよう	1828―1869	医師、華岡南洋（青洲の女婿）の子
京極　高厚	きょうごく・たかあつ	1829―1905	但馬豊岡藩主、貴族院議員
岸田　吟香	きしだ・ぎんこう	1833―1905	ジャーナリスト、実業家
安達　清風	あだち・せいふう	1835―1884	幕末の志士、北海道開拓使
日比野輝寛	ひびの・てるひろ	1838―1912	漢学者、名古屋藩校教授
藤本　煙津	ふじもと・えんしん	1838―1926	画家、篆刻家
日柳　三舟	くさなぎ・さんしゅう	1839―1903	教育者、大阪師範学校長
岡本　韋庵	おかもと・いあん	1839―1904	探検家、教育者、斯文会初代書記
伊藤忠兵衛	いとう・ちゅうべえ	1842―1903	伊藤忠商事・丸紅創業者
西　　薇山	にし・びざん	1843―1904	教育者、岡山県閑谷学校長
陸奥　宗光	むつ・むねみつ	1844―1897	政治家、駐米公使、外務大臣
坂田　諸潔	さかた・もろきよ	1845―1877	幕末・明治初期の志士
津田　　貞	つだ・てい	1845―1882	「朝日新聞」初代編集長
春木　義彰	はるき・よしあき	1846―1904	検事総長、貴族院勅選議員
松岡　康毅	まつおか・やすたけ	1846―1923	政治家・教育者、日本大学初代学長
松平　忠興	まつだいら・ただおき	1848―1895	尼崎藩主、日本赤十字社設立者
滝山　　瑄	たきやま・せん	1851―1931	実業家、愛珠幼稚園開設者
豊田宇左衛門	とよだ・うざえもん	1852―1926	金融業者、修斉小学校創設者
豊田文三郎	とよだ・ぶんざぶろう	1853―1896	衆議院議員、大阪電灯会社設立者
大城戸宗重	おおきど・むねしげ	1855―1921	官僚、朝鮮総督秘書官
黒本　稼堂	くろもと・かどう	1858―1936	漢学者、五高教授
小西　勝一	こにし・かついち	1858―1940	朝日新聞社専務取締役
山田喜之助	やまだ・きのすけ	1859―1913	大審院判事，東京弁護士会長
指原　安三	さしはら・やすぞう	1860―1903	ジャーナリスト、教育者
木村敬二郎	きむら・けいじろう	1861―？	地方史研究者、『大阪訪碑録』作者

名　前		生没年	経　歴
井上善次郎	いのうえ・ぜんじろう	1862—1941	医師、内科の権威、「仁丹」開発者
永田　仁助	ながた・にすけ	1863—1927	大阪銀行頭取、貴族院議員
牧野謙次郎	まきの・けんじろう	1863—1937	漢学者、早稲田大学教授
本多　政以	ほんだ・まさざね	1864—1921	石川県農工銀行頭取、金沢実業会会長
岡田　松窓	おかだ・しょうそう	1864—1927	大阪の豪農、実業家
鴨居　　武	かもい・たけし	1864—1960	東京帝大教授、日本化学会会長
川合孝太郎	かわい・こうたろう	1865—1940	漢学者、早稲田大学講師
島田　鈞一	しまだ・きんいち	1866—1937	漢学者、東京文理大学教授
福本元之助	ふくもと・もとのすけ	1866—1937	尼崎紡績（現：ユニチカ）社長
越智　宣哲	おち・せんてつ	1867—1941	正気書院（現：白藤学園）創設者
岡嶋　伊八	おかじま・いはち	1869—1932	社会事業家、盲人保護協会会長
森下　　博	もりした・ひろし	1869—1943	実業家、森下「仁丹」創業者
俵　　孫一	たわら・まごいち	1869—1944	三重県知事、商工大臣
植野徳太郎	うえの・とくたろう	1869—1950	軍人、陸軍中将
下岡　忠治	しもおか・ちゅうじ	1870—1925	衆議院議員、朝鮮総督府政務総監
幣原　　坦	しではら・たいら	1870—1953	東洋史家、台北帝国大学初代総長
武田長兵衛	たけだ・ちょうべえ	1870—1959	実業家、武田薬品株式会社創業者
水落　露石	みずおち・ろせき	1872—1919	俳人、関西俳壇の先覚者
篠田　栗夫	しのだ・くりお	1872—1936	漢学者、関西法律学校・関西大学講師
松本　　洪	まつもろ・こう	1876—1965	漢学者、早稲田大学教授
広岡　亀子	ひろおか・かめこ	1876—1973	大同生命第２代社長広岡恵三の妻
三崎驎之助	みさき・りんのすけ	1878—1935	南岳三男、軍医、陸軍１等軍医正
中村彌三郎	なかむら・やざぶろう	1883—1931	能楽師、ワキ方
尾崎　邦蔵	おざき・くにぞう	1884—1949	尾崎商店（現：カンコー学生服）創業者
山下　是臣	やました・これおみ	1891—1986	書家、書道史研究家
羽間平三郎	はざま・へいざぶろう	1895—1972	羽間文庫の創設者
田中　塊堂	たなか・かいどう	1896—1976	書家、日本書芸院理事長
植野　武雄	うえの・たけお	1897—1949	東洋史家、満鉄奉天図書館書目係主任
水田　硯山	みずた・けんざん	1902—1988	画家、日本南画院理事
川崎　直一	かわさき・なおかず	1902—1991	エスペラント学者、大阪外国語大学教授
多田　貞一	ただ・ていいち	1905—？	中国史家、『北京地名誌』の著者
吉永　　登	よしなが・みのる	1906—1989	国文学者、関西大学教授・文学部長
三原　研田	みはら・けんでん	1915—1996	書家、書道史研究家、滋賀大学教授

表１　近代に活躍した泊園書院門人一覧

第四章　近代の懐徳堂

竹田健二

第一節　本章における課題

懐徳堂と重建懐徳堂

懐徳堂《かいとくどう》は、享保九年（一七二四）、五同志《ごどうし》と呼ばれる大坂の大商人たちを中心として尼崎町一丁目（現、大阪市中央区今橋四丁目）に創設された学校である。享保一一年（一七二六）に幕府の公認を受けて「大坂学問所」とも称されたが、運営は以後も町人らによって行われた。中井竹山《なかいちくざん》が学主を務め、弟の履軒《りけん》が私塾・水哉館《すいさいかん》で活躍した頃に懐徳堂はその最盛期を迎えたが、明治二年（一八六九）に閉鎖された。

それからおよそ四〇年後、近代都市となった大阪において懐徳堂を顕彰する運動が勃興する。西村時彦《ときつね》らを中心として明治四三年（一九一〇）に設立された懐徳堂記念会は、明治四四年（一九一一）に懐徳堂の学者らを祭る懐徳堂記念祭を挙行、同会は大正二年（一九一三）に財団法人として認可を受け、大正五年（一九一六）に重建懐徳堂と呼ばれる講堂を建設した。

図1　重建懐徳堂　一般財団法人懐徳堂記念会蔵

近代が始まると共に姿を消した懐徳堂が、大阪の地に再建されたのである。

懐徳堂はどのような経緯をたどって再建されたのであろうか。また、重建懐徳堂は、一体どのような学校だったのであろうか。本章では、懐徳堂顕彰運動の勃興から大正期までの重建懐徳堂の活動を中心に述べる。

第二節　懐徳堂の閉鎖から再建まで

懐徳堂と中井家

町人らにより設立・運営され、町人が主に学んだ江戸時代の懐徳堂には、当初、学務の責任者である学主（のちに教授と呼ばれた）の世襲を禁ずる規定があった。[*1] このため学主は、三宅石庵《みやけせきあん》・中井甃菴《しゅうあん》・三宅春楼《しゅんろう》（石庵の子）・中井竹山（甃庵の子）と、三宅家と中井家とが交互に勤めたが、この規定は後に廃止され、竹山の没後は中井家の血縁者が学主を独占した。明治二年（一八六九）の懐徳堂閉鎖の後、最後の教授であった並河寒泉《なみかわかんせん》[*2]と最後の預人《あずかりにん》（校務の責任者）・中井桐園《とうえん》[*3]とは、本庄村（現、大阪市北区）に移り住んで私塾を開いたが、寒泉は明治一二年（一八七九）、桐園は明治一四年（一八八一）に没し、桐園の子・中井木菟麻呂《つぐまろ》が中井家の当主となった。

桐園・寒泉による教育を受けて漢学の素養を身につけた木菟麻呂（号は天生、黄裳《こうしょう》）は、

＊1　享保二〇年（一七三五）に定められた「懐徳堂定約」（「学問所定約」ともいう）第四条に、「学主たる人其子へ直に伝候事堅く無用に候」（学主たる者は、〔学主の地位を〕自分の子どもに直接受け継がせてはならない）とある。

＊2　寒泉の母は、並河尚誠に嫁いだ竹山の娘である。寒泉の妻は、竹山の没後教授となった中井碩果（竹山の子）の娘である。

＊3　碩果には男子がなく、竹山の弟・中井履軒の孫である桐園を養子とした。桐園の妻は寒泉の娘・霜で、霜が明治元年（一八六八）に没すると、桐園は碩果の外孫にあたる小笠原春を後妻に迎えた。

社会の変化が急激に進む中、明治一一年（一八七八）に正教に入信した。攘夷論者であった祖父・寒泉はその入信に激怒したという。

入信後、木菟麻呂は日本における正教布教の中心人物であるニコライ（のちに大主教）に見出され、明治一五年（一八八二）に家族を伴って上京、その後、ニコライとともに聖書や正教の祈祷書類の翻訳を行った。二人が心血を注いで翻訳した聖書や祈祷書類は、日本正教会において、今も用いられている。木菟麻呂はまた、正教会の設立した女子神学校で漢文や国語を教えた。

木菟麻呂は晩年、「余は孔教[*4]を尊崇すると共に基督正教を信奉して、教育上に特殊の意見を立て、基督正教を経となし、孔教を緯とするでなければ、完備なる教育は成立たない、今の世に当りて、孔教已《のみ》を死守して、他を顧みないものは、孔道の本旨を得た者でない、といふ意見を持つてゐた」と述べている。[*5] 懐徳堂の学問を受け継ぐ一方で、終生敬虔なキリスト教徒として生きた木菟麻呂は、懐徳堂・水哉館の遺書・遺物の保存や蒐集に尽力しつつ、その再興を望んでいた。明治二六年（一八九三）、木菟麻呂は「重建懐徳堂意見」と「重建水哉館意見」とを著し、懐徳堂・水哉館の再建を計画したが、その計画を実現するだけの力は木菟麻呂には無く、また支援する有力者も得られなかったために失敗に終わった。

重野安繹と幸田成友

＊4　「孔教」とは儒教を指す。

＊5　「已巳残愁録」（『懐徳』懐徳堂同友会、第一〇号、一九三二年、三四―四四頁）参照。

明治三〇年代に入ると、懐徳堂に関心を抱く二人の人物が木菟麻呂に接触する。その一人は、重野安繹《しげのやすつぐ》（号は成斎《せいさい》）である。鹿児島出身の重野は、藩校の造士館と江戸の昌平黌で学び、東京帝国大学の教授、そして、日本で初めての文学博士となった。明治三〇年（一八九七）、重野は懐徳堂関係資料を閲覧するために木菟麻呂を訪問している。

もう一人は、幸田成友《こうだしげとも》である。幸田露伴の実弟である成友は、明治三四年（一九〇一）、日本初の自治体の歴史書である『大阪市史』の編纂主任に就任し、東京から大阪に移り住んだ。懐徳堂に注目した幸田は、大阪市史編纂係には関係する資料がほとんどなかったことから、明治三五年（一九〇二）に自ら木菟麻呂の自宅を訪問して中井家所蔵の懐徳堂関係資料を実見し、「学問所建立記録」などの一〇種の資料と「履軒先生肖像」とを借用した。借用された資料は東京帝国大学において写本が二部ずつ作成され、大阪市史編纂係と東京帝国大学とに収蔵された。[*6]「履軒先生肖像」は写真が撮影されて大阪市史編纂係に送られ、焼き増しされた二枚のうちの一枚は木菟麻呂に献呈され、一枚は東京帝国大学に収蔵された。

幸田は明治四一年（一九〇八）四月にも、懐徳堂創設後の沿革や閉鎖前後の事情などに関する資料の提供を木菟麻呂に求めた。木菟麻呂は、漢文で記された資料を編集した『懐徳堂纂録』と、和文で記された資料を編集した『懐徳堂記録拾遺』とを作成し、明治四二年（一九〇九）二月、寒泉の著書である『拝恩志喜《はいおんしき》』とあわせて幸田に送付した。

木菟麻呂は、幸田から重ねて資料の提供を求められたことを、懐徳堂の再建に結びつく可

＊6　この時幸田が借用した資料は、「学問所建立記録」・「懐徳堂定約附記」・「懐徳堂内事記」・「懐徳堂外事記」・「学校公務記録」・「懐徳堂義金簿」・「三宅幸蔵変宅ニ付御同志中へ懸合候覚」・「逸史献上記録」・「義金助成金簿」・「御同志中相談覚」である。

能性のある好機の到来とおそらくは受け止めたのであろう。中井甃庵・竹山・蕉園《しょうえん》（竹山の子）の三人を祭る式典を大阪において挙行する計画を立て、明治四一年六月に重野を訪問して助力を求めた。賛成した重野が弟子の西村時彦らを紹介すると、木菟麻呂は同年八月に大阪を訪れて、幸田と二人で西村に会い、協力を要請した。賛同した西村は、年末に幸田と共に大阪府知事・高崎親章《ちかあき》に面談して働きかけたが、結局、木菟麻呂の計画を実現することはできなかった。[*7] しかし、この後西村を中心として、懐徳堂顕彰運動が大きく動き出すことになる。

西村時彦と大阪人文会

西村時彦（号は天囚《てんしゅう》、碩園《せきえん》）は、慶応元年（一八六五）に鹿児島の種子島に生まれた。幼くして父・城之助を失うが、郷里の漢学者・前田豊山《ほうざん》に学び、明治一三年（一八八〇）に上京すると、父の友人であった重野安繹に師事し、また、島田篁村の私塾にも学んだ。

明治一六年（一八八三）、西村は東京大学文学部古典講習科に一期生として入学し、給費生となる。古典講習科の一期生には、ほかに瀧川亀太郎・市村瓚次郎《さんじろう》・林泰輔《たいすけ》・岡田正之らがいる。明治二〇年（一八八七）に給費生の制度が廃止されると西村は退学し、小説『屑屋の籠』・『活髑髏』・『奴隷世界』などを次々と発表して好評を得た。そして複数の新聞社勤務を経たのち、明治二二年（一八八九）に大阪朝日新聞社に入社し、シベリアを横断した福島安正中佐の談話を独占取材した長期連載「単騎遠征録」を執筆するなど、ジャーナリストと

図2　大礼服姿の西村時彦　西村貞則氏蔵

*7　幸田は、後述する西村を中心とした懐徳堂顕彰運動とは距離を置いたようであるが、懐徳堂記念祭の挙行にあわせて、私費を投じて『懐徳堂旧記』（幸田成友、一九一一年）を出版した。『懐徳堂旧記』には、木菟麻呂が提供して『大阪市史』に収録された懐徳堂関係資料の翻刻や、中井家の家系図などが収められている。

して活躍した。朝日新聞の名物コラム「天声人語」は西村の命名によるとされる。

小説家・ジャーナリストとして世に出た西村だが、明治四二年に大阪朝日新聞に「宋学の首倡」（後に『日本宋学史』として出版）を連載するなど、後に漢学者としても活躍し、懐徳堂顕彰運動を推進する中心となった。*8 前述の通り、明治四一年に西村は木菟麻呂の訪問を受けて、中井甃庵・竹山・蕉園を祭る計画を府知事に働きかけたが失敗に終わった。すると西村は、木菟麻呂の計画を懐徳堂の顕彰へと転換する。明治四三年一月に開催された大阪人文会第二次例会において西村は、懐徳堂の助教を長く務めた五井蘭洲《らんしゅう》を中心とした「懐徳堂研究其の一」と題する講演を行った。大阪人文会（以下、人文会）とは、大阪の文化・教育の発展に寄与することを目的として、府立図書館館長の今井貫一を中心に、明治四二年八月に発足した団体である。西村はこの講演の中で、蘭洲の没後一五〇年にあたる翌明治四四年に、人文会が中心となって蘭洲・甃庵・石庵・竹山・履軒の諸先生を祭る懐徳祭を挙行したいと呼びかけた。会員は全会一致で賛成し、以後、人文会は祭典の実現に向けて準備を始めた。

明治四三年二月に、西村は大阪朝日新聞紙で「懐徳堂研究其二」と題する連載を執筆した。この連載は終了時に「懐徳堂考上巻」と改題され、翌三月に『懐徳堂考上巻』として出版された。ただし、その発行部数は僅か三五部である。これは、出版の目的が人文会の会員への配布であったためと考えられる。

大阪には懐徳堂に関する資料がほとんどなかったことから、懐徳堂顕彰運動を進める上で、

*8　西村は大正五年（一九一六）から京都帝国大学の講師を勤め、また同年文学博士の学位を得た。

懐徳堂学主を代々務めた中井家の子孫・木菟麻呂の協力は不可欠であった。西村は「懐徳堂研究其一」の連載終了直後、東京の木菟麻呂を訪問して協力を要請し、同時に『懐徳堂考下巻』の材料となる資料の提供を要請した。木菟麻呂はこの要請を受け入れて、以後西村らの活動に協力した。

懐徳堂記念会

明治四三年三月、人文会は第三次例会において、懐徳堂の諸先生を儒礼により祭る記念祭の挙行、学術講演会の開催、懐徳堂で活躍した諸学者の遺著・遺墨・遺物を展示する展覧会の開催、遺著の記念出版を行うことを決定した。もとよりそれらの企画を人文会の力だけで実現することは不可能であり、大阪の政財界・言論界・教育界からの協力を広く得て、懐徳堂記念会（以下、記念会）を組織し、実行することとなった。

西村らによる精力的な働きかけの結果、大阪府教育会・土居通夫《みちお》（大阪商業会議所会頭）・高崎親章（大阪府知事）・村山龍平（大阪朝日新聞社長）・植村俊平（大阪市長）・上野理一（大阪朝日新聞前社長）・小山健三（第三十四銀行頭取）・藤田平太郎（藤田組社長）・鴻池善右衛門《こうのいけぜんえもん》（鴻池家第十二代当主）・島村久《しまむらひさし》（鴻池銀行理事）・本山彦一（大阪毎日新聞社長）・住友吉左衛門（住友家第一五代当主）・鈴木馬左也《まさや》（住友総理事）が記念会の発起人となり、明治四三年九月に発起人会が開催された。発起人の互選により、会頭には住友吉左衛門、副会頭には小山健三が選出された。

この発起人会で承認された会則においては、会の目的は「明治四十四年十月五日ヲトシ懐徳堂記念祭ヲ執行スル」こととされ、また記念祭のほかに、記念講演会の開催・記念出版・展覧会の開催を行うこととともされた。人文会の計画した事業がすべて記念会の計画に盛り込まれたのである。

記念会の成立は一〇月五日付の大阪朝日新聞・大阪毎日新聞・大阪時事新聞・大阪新報・大阪日報において報じられ、また「懐徳堂記念会趣旨」が掲載された。この「趣旨」の中で記念会は、懐徳堂は江戸時代における「大阪唯一の学校」としてその文教を長くつかさどり、「大阪人を教育して、其の品性を養ひ、其の風俗を正し、以て世道人心を維持」したと賞賛し、そして「一は百四十余年教化の恩に報い、一は世道人心の振興に資する」ために懐徳堂記念祭を挙行すると、高らかに宣言した。

記念会の事業を行うための資金は、会員の会費と発起人や有志による寄付であった。記念会は特に教育関係者の入会を期待し、会員獲得のための活動を精力的に展開した。例えば、記念会の幹部は、当時の大阪市の東西南北四区の区長に直接面談して働きかけ、また、大阪府下の一市九郡の長に入会勧誘の依頼状を送付した。さらに、会員募集のための講演会も開催した。さまざまな努力が功を奏して、北は北海道から、南は九州まで、合計二〇〇〇人以上の会員が集まった。

上：図３　懐徳堂記念祭の会場準備
下：図４　懐徳堂記念祭の様子
共に梅花女子大学蔵

記念祭の準備が進む中、明治四四年五月から七月にかけて、西村は大阪朝日新聞に「懐徳堂考下巻」を連載した。この連載を執筆する際に西村が材料としたのは、木菟麻呂の執筆した『懐徳堂水哉館先哲遺事』全七巻である。連載は終了後に『懐徳堂考下巻』として出版されたが、その印刷部数は七五部とやはり少ない。これは、上巻と同様に一般向けの出版ではなく、この時の人文会の会員、あるいは記念会の役員への配布を目的とした出版であったためと考えられる。

懐徳堂記念祭

明治四四年一〇月五日、懐徳堂記念祭が挙行された。会場は明治三六年（一九〇三）の第

＊9　神位は、死者の名を記した「かたしろ」のことで、神主ともいう。

＊10　記念出版されたのは、三宅石庵の『論孟首章講義』、中井甃庵の『五孝子伝』・『富貴村良農事状』、中井竹山の『蒙養篇』・『貞婦さんの記録』・『奠陰集』・『竹山国字牘』、中井履軒関係の『論語逢原』、五井蘭洲の『勢語通』・『蘭洲茗話』である。木菟麻呂は、『論語逢原』の原稿を執筆した。

＊11　展覧会に出品された中井

五回内国勧業博覧会の際に建設された中之島公会堂である。会場内に設けられた祭壇には「懐徳堂師儒諸先生之霊」と墨書された神位[*9]が置かれ、式典ではこの神位に向けて拝礼や献饌《けんせん》（お供えを献げること）、会頭の住友吉左衛門らによる祭文の朗読などが行われた。人文会が計画した通り、式典は儒礼により執り行われたのである。

記念出版された懐徳堂関係者の遺著一〇種一五冊は、記念品として会員に配布された。[*10] また、一〇月六日・七日の二日間、同じく中之島公会堂で記念学術講演会が開催され、一〇月一日から六日までは大阪府立博物場美術館において、懐徳堂の学者らの遺書・遺墨・遺物を展示する展覧会が開催された。展示品の中心は木菟麻呂の提供した中井家所蔵のものであったが、一般公募によるものなども含まれていた。[*11]

こうして、懐徳堂記念祭が盛大に挙行され、計画されたほかの事業もすべて実現したことから大阪における懐徳堂の認知度が大いに高まった。その結果、もともと記念祭の挙行を目的として結成された記念会は、継続的な活動を行うために財団法人とされることとなり、懐徳堂再建への動きが更に展開していった。[*12]

財団法人懐徳堂記念会と重建懐徳堂

記念会は、明治四五年（一九一二）三月の余剰金処分協議会において、余剰金六〇〇〇円を基本資産として、記念会と同一の目的を有する財団法人を設立することを決めた。同一の

家の所蔵品は、展覧会の終了後は府立図書館に設けられた懐徳堂記念室に収蔵された。記念会の各種事業に対して木菟麻呂は大いに貢献したが、木菟麻呂と記念会とは、必ずしも深い信頼関係で結ばれていたわけではなかったようである。例えば、記念祭における祭文の朗読は、当初木菟麻呂ではなく旧門人が行うことが計画されていた。記念会の中に、木菟麻呂の信仰を問題視する者がいたためではなかったかと推測される。

＊12　人文会は記念祭の約一年前、明治四三年一一月に開催した第七次例会の後に活動を停止した。詳しい経緯は不明だが、人文会の会員が記念会の幹部となったことから、人文会としての活動を休止して記念会の活動に専念し、記念祭挙行後に再開することとしたが、記念会を財団法人化することになったため、結局そのまま解散したと推測される。

目的とは、「懐徳堂記念祭趣旨」にいうところの「一は百四十余年教化の恩に報い、一は世道人心の振興に資する」ことを指しているとみられる。

大正二年六月、財団法人の発起人役員の会合において寄附行為の案が認められ、設立者（設立後は理事）を永田仁助（浪速銀行頭取）・広岡恵三（加島銀行頭取）・西村時彦・今井貫一・水落庄兵衛の五名とすることとなった。同年八月二〇日、財団法人設立の出願が文部大臣により許可されると、永田仁助を理事長として、同年九月一日に法人登記が行われた。ここに財団法人会懐徳堂記念会（以下、財団記念会）が成立した。

財団記念会の寄附行為によれば、記念会は「国民道徳ノ進歩ニ力メ学術ノ発達ヲ図リ本邦文化ノ向上ニ資スルヲ以テ目的」として、学術講演会の開催・講演集等の図書の編纂出版の他に、「大阪先賢ノ事蹟及ビ著書ヲ調査表彰スルコト」・「奨学金ヲ支出シテ学術ノ研究ヲ奨励スルコト」を行うとされた。もっとも、そうした活動を展開するには当然多くの資金の獲得や拠点の整備が必要となる。永田理事長や西村理事らは寄付金集めに奔走した。

大正四年（一九一五）六月、財団記念会は大阪府から東区豊後町（現、中央区本町橋）の府有地使用の許可を得て、講堂の建築に着手した。この土地の使用料は無料とされた。これは、江戸時代の懐徳堂が幕府の公認を得た際、その校地が幕府から与えられた形とされて諸役が免除されたのに倣ったものである。

講堂は大正五年九月に完成し、一〇月一五日に儒礼による開堂式が行われた。重建懐徳堂と呼ばれたこの講堂こそ、近代によみがえった懐徳堂である。

第三節　重建懐徳堂における講義・講演

本節では、大正時代を中心に、重建懐徳堂で行われた一般市民を対象とする講義・講演、及びその担当者の学問について述べる。

重建懐徳堂の定日講義

まず講義であるが、重建懐徳堂で行われた講義の中心は定日講義である。徳性の涵養、つまり道徳性の向上を主な目的とされた定日講義は、専任の教授、助教授、そして外部から招いた講師により、曜日を定めて開講された。基本的に午後七時から午後九時まで、一年を三学期（一月から三月、四月から六月、九月から一二月）に区分して行われた。初代の専任教授には広島高等師範学校教授の松山直蔵が招聘され、大正五年一二月に松山が着任、翌月に定日講義が始まった。

明治五年（一八七二）に播州明石当津村（現、兵庫県明石市）に生まれた松山は、父親に素読を授けられ、後に郷儒・林芳信に漢学を学んだ。明治一九年（一八八六）に小学校を卒業、法学研究を志して明治二三年（一八九〇）に第三高等中学校に入学したが、中学在学中に病を得て、法学から経学研究に転じた。明治二七年（一八九四）、東京帝国大学文科大学漢学

図5　松山直蔵　『懐徳堂』六号（昭和二年（一九三七））より転載　一般財団法人懐徳堂記念会蔵

科に入学して島田篁村に師事し、明治三〇年（一八九七）に大学を卒業、明治三一年（一八九八）に東京帝国大学大学院に入学して、重野安繹や井上哲治郎の指導を受けた。

　近代学校教育制度の中で高等教育までを受けた松山の学問は、宋学を中心としたが、例えばその学位論文『北宋五子哲学』において松山は、程顥の説く「理」について、「アナキサゴラスの「ヌース」の如く物質的のものに非ずして、非物質的のものなり。されども又プラトーンの「イデア」の如く超絶的のものに非ずして、内在的のものなり。寧ろヘーラクライトスの「ロゴス」之に近きか。ヘーラクライトスの生成転化は、即ち程子の所謂易にして、生成転化の根本に内在せる「ロゴス」は、程子の所謂理に外ならず」と述べている。*13 松山は、西洋哲学をも学んだ、いわば近代的漢学者であった。

　重建懐徳堂の講義・講演は基本的に、学ぼうとする市民を広く受け入れた。定日講義には受講の資格が設けられておらず、各学期の始めに収める受講料（堂費）も一ヶ月につき二〇銭と低額だった。大正一〇年（一九二一）五月に開講されていた定日講義は以下の通りである。

　月曜日…大学衍義（松山直蔵教授）・荀子（武内義雄講師）・詩経（西村時彦講師）
　水曜日…諸子概説（武内講師）・古今学変（松山教授）
　木曜日…古事記抄（林森太郎講師）・近思録（松山教授）
　日曜日…孟子（松山教授）*14

　重建懐徳堂が活動した期間全般において、定日講義の中心は漢学に関する講義であった。*15

*13　松山直蔵『北宋五子哲学 附朱子晩年定論弁証』（財団法人懐徳堂記念会、一九三一年）。

*14　日曜日の講義（午前九時から午前一〇時まで）は、後に『孝経』や四書について講ずる日曜朝講と位置付けられて、定日講義から除かれた。その受講料は無料で、旧制中学校の学生が多数受講した。

*15　定日講義が漢学を中心としたことは、重建懐徳堂の教授がみな漢学の専門家であったことからも確認できる。松山が昭和二年（一九二七）に亡くなったあとは、大正一二年（一九二三）から講師を勤めていた大阪高等学校教授の財津愛象《あいぞう》が昭和四年（一九二九）に教授となった。財津が教授就任の二年後に亡くなると教授不在の状態が続いたが、大正九年（一九二〇）から素読科の教師、大正一二年から講師、大正一四年（一九二五）から助教授を務

大正一〇年も、林森太郎講師による『古事記』に関する講義以外はすべて漢学に関する講義であり、[16]それらを担当したのは、専任の松山教授と二人の講師である。二人の講師のうちの一人は、財団記念会の理事でもあった西村である。西村は定日講義が始まった時からの講師であった。[17]もう一人は武内義雄である。武内は大正八年（一九一九）三月に講師となり、その直後に中国に留学、大正九年（一九二〇）に帰国した後、大正一二年（一九二三）に東北帝国大学法文学部へ転ずるまで講師を務めた。

漢文に関する定日講義の内容は、講師それぞれの専門とするところであったが、全体としては、やはり専任の松山教授による宋学関係の講義が中心であった。[18]

重建懐徳堂の素読科と文科講義

重建懐徳堂の講義には、定日講義のほかに素読科と文科講義があった。

素読は、周知の通り漢文を学習する初期段階における必須の学習法であり、重建懐徳堂では、大正六年（一九一七）に「徳性の涵養並に漢学の学習に資する」ものとして素読科が設けられ、元大分師範学校教師の波多野七蔵が「教師」（「句読師」とも呼ばれた）を務めた。大正九年に波多野が退職した後は、吉田鋭雄が「教師」となった。素読科では『孝経』と四書とが読まれ、その課程は一年とされた。月謝は開始当初は月一円、後に無料となった。

文科講義は、大正一二年四月に始まり、「東西の名著を講じ文科に属する学術の研究に資

めていた吉田鋭雄《はやお》が、昭和二三年（一九四八）に最後の教授となった。

＊16　第三高等学校教授の林は、京都帝国大学助教授の吉澤義則が大正六年（一九一七）五月から大正八年（一九一九）二月まで講師を務めた後を受け継ぎ、同年二月に講師となった。

＊17　西村は大正一〇年（一九二一）八月に宮内省御用掛に任命されて、同年一〇月大阪から東京に移住し、大正一三年（一九二四）七月に東京で亡くなった。その後、西村と親交のあった関係者が故西村博士記念会を結成して、西村の遺書を遺族から購入し、「碩園記念文庫」と名付けて財団記念会に寄贈した。

する」ことを目的とした。松山も担当したが、主に京都帝国大学文学部の教授が担当した。当初は午後六時から三時間、金曜日に隔週で開講されたが、後に定日講義と同じく午後七時から午後九時となった。「東西の名著」として講じられたのは、朱子・白楽天・杜甫、西洋のカント・ゲーテなど、東洋西洋の哲学・文学である。文科講義の受講生は中等学校卒業程度以上の学力のある者とされ、また授業料も月二円と高額であった。しかし、昭和九年（一九三四）に文科講義は廃止され、定日講義に一本化された。

重建懐徳堂の講演

重建懐徳堂において、講義とともに重要な位置を占めたのが講演である。講演には、定期講演と通俗講演とがあり、いずれも受講料は無料であった。

京都帝国大学の教授・助教授を講師に招いて、毎週土曜日に行われた定期講演は、開堂式のあった翌月、大正五年一一月から始まった。[*19] その第一回は狩野直喜の「孟子概説」と三浦周行の「国史新話」とであり、二人の講演はともに一三回行われた。[*20]

定期講演の内容は、題目を見る限り定日講義と同じく漢学と日本に関するものが多いが、西洋哲学、仏教学、倫理学、心理学、美学に関するものなどもあった。幅広い領域に関する学術的な内容であるという点が、定期講演の特色といえよう。

当初定期講演は、二人の講師が並行して二つの講演を行ったが、大正九年四月以降、講演

＊18　松山は定日講義で張之洞の『輶軒語』を取り上げ、財津も『先哲叢談』を取り上げている。定日講義の内容は、古典に限定されていたわけではなかったようである。

＊19　定期講演は当初、定期学術講演と呼ばれた。

＊20　定期講演の回数は一定ではなく、一〇回に満たないこともあれば、一九回に及ぶものもあった。

の数が三つから四つに増やされている。その理由や経緯については、これまで不明であったが、二〇一八年に種子島の西村家に所蔵されていた資料を筆者らが調査したところ、「懐徳堂発展拡張方針私見」と題する大正七年頃の西村自筆と見られる資料が発見された。資料には「各科ノ講師ヲ増聘シテ、講演度数ヲ増加シ、或適當ナル時機ニ達セバ、資金ノ大募集ヲ行ヒ、単科大學ノ組織トナスベキナリ」と記されており、当時、西村が重建懐徳堂を「大阪文科大学」に拡大する構想を有しており、大正九年以降定期講演が増やされたのは、この構想を実現するための第一歩として「講師ヲ増聘シテ、講演度数ヲ増加」したためであった可能性の高いことが明らかとなった。*21 大正一二年に文科講義が始められたのも、同様に「大阪文科大学」化構想と関係した可能性があると考えられる。*22

　なお、文科講義が始まると定期講演の数は二つに減っている。また一つの定期講演の行われる期間が定日講義の学期に揃えられ、講演の回数が四回から六回になった。これは、定期講演と文科講義との講師を担当した、京都帝国大学の教授・助教授の負担を軽減するための配慮によるものであろう。

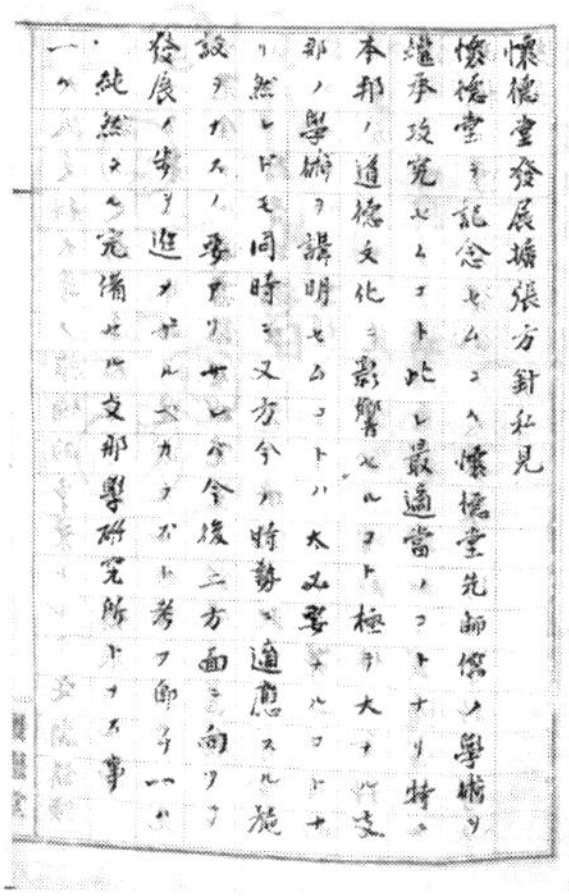
懐徳堂発展擴張方針私見
懐徳堂ヲ記念セムコトハ懐徳堂先師儒ノ學術ヲ
繼承攷究セムコト此レ最適當ノコトナリ特ニ
本邦ノ道徳文化ニ影響セルコト極テ大ナル支
那ノ學術ヲ講明セムコトハ太タ必要ナルコトナ
リ然レドモ同時ニ又方今ノ時勢ニ適應スル施

図６　「懐徳堂発展拡張方針私見」
西村貞則氏蔵

　通俗講演は、「一般市民の常識を養い

＊21　竹田健二「種子島西村家所蔵資料三点に見る西村天囚と重建懐徳堂」（『懐徳』第八七号、二〇一九年、二五―三六頁）参照。西村は「懐徳堂発展拡張方針私見」の中で、図書館と研究室の設置が急務であり、次いで給費研究生の新設と研究生のための学舎建設が望ましいとも述べている。西村が大正一三年（一九二四）に没したあと、翌大正一四年に永田理事長が、漢学奨励のため重建懐徳堂に五万円を寄附し、財団記念会は「懐徳堂漢学奨励規定并同給与規定」を定めた。また大正一五年、鉄筋コンクリート造りの書庫及び研究室が重建懐徳堂に増築された。西村の構想はその没後、部分的には実現を見たと理解してよかろう。

＊22　この構想が結局実現しなかった理由や経緯については不明である。

品性を向上せしむる」ことを目的としたもので、毎月一回か二回、概ね第三火曜日に行われた。ほとんどが単発の講演であった通俗講演は、当初講師の顔ぶれも演題も多彩であった。例えば、「尊敬すべき実業家夫妻」（京都帝国大学教授・坂口昂）、「子供の躾方に就て」（大阪控訴院検事・一松定吉）、「デモクラシーといふ事」（京都帝国大学教授・藤井健治郎）、「遺伝と眼病」（医博士・有沢潤）「都市計画に就て」（直木倫太郎）、「貿易の危機」（増田正雄）、「仁義」（鈴木馬左也）、「印度及南洋視察談」（大阪府商工課長・百濟文輔）などである。大正一一年（一九二二）頃から、京都帝国大学工学部・理学部・法学部の教授が講師を担当するようになったが、その詳しい事情は不明である。これも「大阪文科大学」化構想と関連していた可能性もあると考えられる。

重建懐徳堂――市民大学のさきがけ

以上、大正時代に重建懐徳堂において行われた多様な講義・講演を見たが、それらを全体として捉えるならば、以下の二点を特色として指摘することができよう。

第一に、重建懐徳堂においては、教授の松山直蔵や京都帝国大学教授など、当時最高の高等教育を受けた教師陣により、広く一般市民を対象に、漢学を中心とする幅広い講義・講演が継続して行われた点である。第二に、そうした講義・講演を行うことは「国民道徳ノ進歩ニ力メ学術ノ発達ヲ図リ本邦文化ノ向上ニ資スル」ものであるとして、財界をはじめとする大阪の各界が強力に支援して、財団法人懐徳堂記念会という民間の団体が設立・運営されたという点である。

重建懐徳堂は、近代学校教育制度の整備が進み、帝国大学をはじめとする各種の学校が既に存在する中にあって、江戸時代に五同志らが設立し運営した懐徳堂を近代大阪に復活させ、国民の道徳や学術を向上させようと、民間の力を集結して営まれた学校だった。重建懐徳堂において、学ぶ意欲のある多くの市民が学歴や資格とは関係なく、漢学を中心とする学術的水準の高い講演・講義を、幅広く、また低額の受講料で受講することができたことは、今日の市民大学のさきがけとして高く評価することができよう。[*23]

第四節　重建懐徳堂の焼失以後

昭和以降の財団記念会

重建懐徳堂では、昭和に入ってからも多くの市民が講義・講演を受講したが、昭和二〇年（一九四五）三月一四日、大阪大空襲により重建懐徳堂の講堂と事務室とが焼失した。幸いコンクリート造りの書庫は焼失を免れ、財団記念会の所蔵する貴重な資料は無事だった。[*24]しかし、終戦後の急激なインフレーションにより、財団記念会の基金は価値を失い、戦前のような活動を単独で行うことはできなくなった。

＊23　大正一二年一一月、重建懐徳堂で学んだ受講生により懐徳堂堂友会が結成され、同会は会誌『懐徳』を刊行した。『懐徳』は現在も、懐徳堂関係の学術論文等を掲載する一般財団法人懐徳堂記念会の機関誌として、継続して刊行されている。

＊24　前述の碩園記念文庫のほか、木菟麻呂が昭和七年（一九三二）と昭和一四年（一九三九）に財団記念会に寄贈した懐徳堂・水哉館の遺書遺品も無事であった。なお、木菟麻呂は、大正九年（一九二〇）に東京から大阪に移住し、異母妹の終子と共に梅花高等女学校の教師を務め、昭和一八年（一九四三）に亡くなった。

おりしも昭和二三年（一九四八）九月、大阪大学に初の文系学部である法文学部が新設された。[*25] 財団記念会は、昭和二四年（一九四九）一二月、戦災を免れた貴重資料三万六千冊を大阪大学文学部に寄贈した。[*26] 以後、財団記念会（現在は一般財団法人懐徳堂記念会）と大阪大学とは、今日に至るまで、一般市民向けの各種講座などを連携して展開している。

【参考文献】
竹田健二著『市民大学の誕生』（大阪大学出版会、二〇一〇年）
湯浅邦弘編『増補改訂版　懐徳堂事典』（大阪大学出版会、二〇一六年）
湯浅邦弘・竹田健二編著『懐徳堂アーカイブ　懐徳堂の歴史を読む』（大阪大学出版会、二〇〇五年）
懐徳堂記念会百年誌編集委員会編『懐徳堂記念会百年誌』（財団法人懐徳堂記念会、二〇一〇年）

＊25　この時設置された旧制の法文学部は、翌昭和二四年（一九四九）の学制改革により、新制の文学部と法経学部とに分離した。

＊26　この時寄贈された貴重資料は、その後大阪大学に寄贈された各種資料とあわせて、現在大阪大学附属図書館総合図書館に懐徳堂文庫として収蔵されている。

研究の窓

慶応義塾

伊藤晋太郎

現在、早稲田と並んで私学の雄となった慶応義塾は、安政五年（一八五八）冬、江戸築地鉄砲洲《つきじてっぽうず》の豊前《ぶぜん》中津藩中屋敷内に二五歳の福沢諭吉（一八三五―一九〇一）が開いた蘭学《らんがく》塾が起源である。その翌年、開港された横浜でオランダ語がもはや役に立たない現実を思い知らされた福沢は、一念発起して英語を猛勉強、さらに万延元年（一八六〇）の幕府による遣米使節団、文久二年（一八六二）の遣欧使節団への随行もあり、当初の蘭学塾は英書の講読をもっぱらにする洋学塾に転身した。つまり、慶応義塾はその始まりからして、すでに本巻が対象とする漢学塾ではない。

しかし、いくら英語、洋学といったところで、幕末期に誕生した慶応義塾がそれまで綿々と続いてきた漢学と無縁であることは不可能である。例えば、現在でも日常用いられる「演説」「討論」といった語は、それぞれ英語の〝speech〟〝debate〟を慶応義塾で訳したものであるが、これらの訳語は全く新しい造語ではなく、いずれも中国の古い文献に見える言葉に新しい意味を与えたものである。西洋の概念に漢語の訳語を当てるのは何も慶応義塾や福沢の専売特許ではなく、幕末から明治にかけては「経済」「社会」「自由」など多くの訳語が作られている。この背景にあったのは、言うまでもなく漢学の素養である。慶応義塾とてその点においては何ら特殊性はない。事実、福沢も江戸時代の武士の例にもれず、洋学を始める前は漢学塾に通っており、漢文に習熟していた。また、生涯にわたって漢詩を作り続けた。

本項では、福沢の学んだ漢学と、慶応義塾の教育課程における漢学について見ていきながら、洋学塾の中で漢学がどのように位置づけられていたかを探りたい。

福沢諭吉の漢学

福沢諭吉は天保五年一二月一二日（一八三五年一月一〇日）、豊前中津奥平藩士で藩の大坂蔵屋敷に務めていた福沢百助《ひゃくすけ》の次男として大坂に生まれた（百助は二年後に死去）。父百助は儒学者で、伊藤東涯《とうがい》（一六七〇―一七三六）を崇拝しており、東涯の書き入れのある『易経集註《えききょうしっちゅう》』一三冊を架蔵していたが、その一方で頼《らい》山陽《さんよう》（一七八〇―一八三二）は無視しており、京都に会いに行こうと思えば行けたはずだが行かなかった。百助の死後もその遺風は残り、福沢の家の教育は儒教主義であった。

儒学者の父が没したため、家に教える人がおらず、福沢は読書をしてこなかったが、外聞が気になって一四、五歳から塾に通い始めた。『福翁自伝』によれば、天性の「文才」により、ほかの子供よりも遅れていたにもかかわらず、漢籍の解釈は先生よりも優れていたという。[*1]

塾は何度か替えたが、最も長く教わったのは白石照《しょう》山《ざん》（常人《つねと》、一八一五―一八八三）である。白石は亀井南《なん》溟《めい》（一七四三―一八一四）・昭陽《しょうよう》（一七七三―一八三六）の流れをくむ儒学者で、作詩は教えず、広瀬《ひろせ》淡窓《たんそう》（一七八二―一八五六）や頼山陽を見下していた。福沢によれば、亀井は「朱子学を取らずに経義に一説を立てた」から、「その流を汲《く》む人々は何だか山陽流を面白く思わ」ないのだそうだ。だから、弟子も先生と同じ気分になり、福沢も頼山陽『日本外史』などは馬鹿にしていたという。[*2]この辺りは父百助にも通じる。

福沢が白石の塾である晩香堂で学んだ漢籍は多い。『福翁自伝』には、『論語』『孟子』『詩経』『書経』『春秋左氏伝』『蒙求《もうぎゅう》』『世説新語《せせつしんご》』『戦国策』『老子』『荘《そう》子《じ》』『史記』『漢書《かんじょ》』『後漢書《ごかんじょ》』『晋書《しんじょ》』『五代史』、そして和刻本漢籍の『元明史略《げんみんしりゃく》』が挙がっている。[*3]中でも特に『左伝』が好きだったらしい。『左伝』に見える鄭《てい》の子産の政策が、のちに「国の独立」という福沢の主張につながったともいう。*4

　数え二一歳での長崎遊学を機に洋学に転向した福沢だが、洋書を読むにあたって大きく物をいったのは漢文を読む力であった。後年福沢は、

> 吾人《ごじん》の始て洋書を学びたるは僅《わずか》に数年前のことなれども、字を読み義を解するの教育は遙《はるか》に数十百年、……其《その》横文を読むの力は本来無一物より始造したるに非ず、唯《ただ》僅に縦行文に代るに横行文を以《もっ》てし、縦に慣れたる資力を横に変形したるもの、み。*5

と、福沢をはじめ日本人が「横行文」の洋書を読めるのは、それまでの「縦行文」による学問、すなわち漢学の蓄積があったからだと述べている。

　しかし、福沢はのちに漢学や儒教を徹底的に排撃する。それは漢学が福沢の重視する「実学」と対極の位置にあることによる。また、儒教は尚古《しょうこ》主義であるから、その所説を近代の日本社会や国際情勢に当てはめるには無理があり、これから日本が新たに西洋列強と並ぶ文明国として生まれ変わるにあたって障害になると考えたからであった。このように漢学を攻撃する福沢が開いた慶応義塾に漢学の居場所はあったのだろうか。

慶応義塾における漢学

　慶応義塾において漢学がどのように位置づけられていたのかを見る前に、その塾名について触れておきたい。塾名を「慶応義塾」と称したのは、塾が鉄砲洲から芝新銭座に移った慶応四年（一八六八）のことで、「慶応」が時の年号から取られたことはいうまでもないが、「義塾」の方には一体いかなる意味があるのか。「義塾」という語は中国に古くからあり、学費を取らなかった私塾を指す。明清《みんしん》時代には孤児のために私費を投じて運営されたりしていた。しかし、「慶応義塾之記《けいおうぎじゅくのき》」には、西洋の「共立学校の制に倣」って創設したことが書か

れており、[6] それはイギリスのパブリック・スクール（公共団体の基金によって運営される私立学校）を指しているらしい。[7]「義塾」も既存の漢語に新しい意味を与えた訳語であった。

それでは、かかる慶応義塾の中で漢学はどのように扱われていたのか。『慶応義塾百年史』[8] から漢学に関わる内容を拾っていきたい。慶応義塾に大学部が創立される前の明治一四年（一八八一）の教育課程によれば、学科は予科と本科に分かれており、さらにその外側に「漢書」（漢籍）・「作文」「習字」「図画」などの科目が設けられ、随意に学ぶことができた。ただし、「童子中年生」は「漢書」と「作文」が必修であった。その後、明治一八年（一八八五）になると、正科と別科（計五年）とに分かれ、正科には予科と本科があって、予科に「漢書講義」という科目が置かれていた。

明治二三年（一八九〇）に三年制の大学部が創立され、法律科・理財科と共に文学科が設置される。「実学」重視の慶応義塾に文学科が置かれたのはいかなるわけか。実は福沢の『学問のすゝめ』[9] によれば、「実学」には「人間普通日用に近き実学」（『学問のすゝめ』初編）と「其志を高遠にして学術の真面目に達」すべき「真の学問」（『学問のすゝめ』十編）とがあるという。福沢がしきりに前者の「実学」を説いたのは、当時の学者が世事に疎く、「衣食の何物たるを知らず、富有の由《よっ》て来る所を弁ぜ」ざるがためであった（『学問のすゝめ十編』）。福沢の理想としては、前者に飽き足らず、後者にまで努めることが求められた。後者には文学も含まれていたのである。文学科には全学年で「漢文学」「和漢作文」という科目が設置されているが、教育課程全体を見る限り、やはり西洋由来の学問に基づく科目が中心であり、福沢が学ぶべきと考えた文学はやはり西洋のそれであって、漢学ではなかった。ただ、入学試験科目には「漢書」があり、白文訓読《はくぶんくんどく》が課された。

福沢没後の明治三七年（一九〇四）に専門学校令によ

る新学制が開始されるが、慶応義塾は予科二年と本科三年とに分かれ、本科に文学科が置かれた。予科一年で「漢文」、本科の文学科一・二年で「漢文学」を学んだ。明治四三年（一九一〇）に文学科は文学・哲学・史学の三専攻に分かれる。文学専攻には一―三年に「漢文」「支那文学史」が置かれているものの、やはり外国文学（英・仏・独）に割かれるコマ数が圧倒的に多い。

ここまで見てきて分かるのは、明治時代の慶応義塾において漢学はあくまでも今でいうところの基礎学力として位置づけられていたということである。現代と違い、まだ漢学の素養が普遍的な時代であったから、当然身につけているべき教養とされたということだ。福沢が横文字を学ぶにあたって「縦に慣れたる資力」が物をいったこともかかる教育課程の背景にあろう。ただし、漢学よりも西洋由来の中国学（シノロジー）に属する「支那文学史」という科目が現れていることは、慶応義塾が中国を新たな形で学問・研究の対象とする次の時代につながる動きである。

大正九年（一九一八）、慶応義塾は新たな大学令に基づいた四学部からなる総合大学となり、文学部の文学科には国文学・支那文学を主とする専攻が置かれる。昭和三年（一九二八）には文学部が一五の専攻学科に再編され、その中には支那文学科・東洋哲学科・東洋史学科が置かれたが、昭和一三年（一九三八）には再び文学科・哲学科・史学科の三学科に戻り、文学科に支那文学専攻、史学科に東洋史学専攻が設けられた。

日本の大陸進出や日中戦争にともない、塾生の大陸への関心が高まって、諸団体が朝鮮・満州・大陸に調査旅行をするようになった。昭和一三年には考古学調査団（文学部史学科）が、一五年（一九四〇）には上海現地研究団（地政学的研究および憲政資料収集）が派遣されている。さらに、慶応義塾として北京と上海に学生の寄宿舎を設営し、夏期休暇を利用した現場教育の体制も整えた。欧米語中心だった語学教育にも変化がもたらされ、東アジアの諸言語を主とした研究と教育のため、昭和一七年（一九四二）に慶応義塾大学語学研究所が設置された。そして政府がアジアの諸言語に通じた人材を求めていたため、語学研究所の附属語学校として慶応義塾外国語学校も設立する。昭和一八年（一九四三）には時勢に鑑みてアジアに関する全面的研究を行なうべく慶応義塾大学亜細亜研究所も設置される。

しかし、戦況の悪化や日本の敗戦はこれらの活動を頓挫させることになる。渡航制限によって大陸での現場教育は成果を上げられなかったし、空襲が激しくなると外国語学校は休校に追い込まれた。亜細亜研究所も終戦によって廃止された。漢学から中国学への移行は、不可欠な近代学術への転換であったが、それが時勢や国策に迎合したものであっては頓挫するのも必然であったろう。

昭和二四年（一九四九）、慶応義塾大学は新制大学として新たなスタートを切る。中国学関連では文学部史学科に東洋史学専攻が、文学科に中国文学専攻が置かれた。その中国文学専攻の中興の祖といわれるのがラジオやテレビでも活躍した奥野信太郎（一八九九―一九六八）である。奥野は学術論文を書くことを好まず、大上段に構えなくてすむ随筆の形で発表することを好んだ。大真面目に論じることは野暮だとし、さらりと流すのが粋だと考えていたからだという。[*10] 奥野のこのスタイルはそのまま慶応義塾の中国文学専攻の性格を決めることになった。今でも中国文学専攻ではその成果を論文や学会で対外的に発表することに禁欲的である。もっとも、これこそが福沢には排撃されて基礎学力程度にしか扱われず、戦中期には時勢や国策に翻弄された慶応義塾の漢学・中国学の生き方なのかもしれない。

【註】

＊1　福沢諭吉著、富田正文校訂『新訂福翁自伝』（〈岩波文庫〉岩波書店、一九七八年）一五頁。

＊2　＊1同書、一六頁。

＊3　＊1同書、一五頁。

＊4　坂本慎一「福沢諭吉と亀井学の思想—福沢における『縦に慣れたる資力』とは何か—」（『近代日本研究』第二〇巻、二〇〇三年）。

＊5　福沢諭吉『時事小言』第一編「内安外競之事」、慶応義塾編纂『福沢諭吉全集』第五巻（岩波書店、一九五九年）一一六頁。なお、旧字体は新字体に改めた。以下同じ。

＊6　「慶応義塾之記」（慶応義塾編纂『福沢諭吉全集』第一九巻、岩波書店、一九六二年）。

＊7　慶応義塾編『慶応義塾百年史』上巻（慶応義塾、一九五八年）二四五頁。

＊8　慶応義塾編『慶応義塾百年史』上巻・中巻（前）・中巻（後）・下巻・別巻（慶応義塾、一九五八—一九六八年）。

＊9　慶応義塾編纂『福沢諭吉全集』第三巻（岩波書店、一九五九年）所収本によった。

＊10　岡晴夫「奥野先生の随筆」（奥野信太郎『奥野信太郎 中国随筆集』慶応義塾大学出版会、一九九八年）。

【執筆者一覧】（掲載順）

吾妻重二（あづま・じゅうじ）
早稲田大学大学院文学研究科博士課程後期課程修了。博士（文学、早稲田大学）、博士（文化交渉学、関西大学）。現在、関西大学文学部教授。
主な著作に『朱子学の新研究』（創文社、二〇〇四年）、『宋代思想の研究――儒教・道教・仏教をめぐる考察』（関西大学出版部、二〇〇九年）、『家礼文献集成　日本篇』一―八（編著、同上、二〇一〇―二〇一九年）、『泊園書院歴史資料集』（編著、同上、二〇一〇年）、翻訳に『馮友蘭自伝』一・二（平凡社東洋文庫、二〇〇七年）などがある。

前田勉（まえだ・つとむ）
東北大学大学院博士後期課程単位取得退学。文学博士（東北大学）。現在、愛知教育大学特別教授。
主な著作に、『江戸教育思想史研究』（思文閣出版、二〇一六年）、『江戸の読書会』（平凡社ライブラリー、二〇一八年）などがある。

江藤茂博　別掲。

安居總子（やすい・ふさこ）
東京教育大学文学部文学科卒。元岐阜大学教授、現在、日本国語教育学会理事、全国漢文教育学会理事。
主な著作に、『授業開きの構造』（光村図書、一九八七年）、『授業づくりの構造』（大修館書店、一九九六年）、『「学び」をひらく国語教室』（東洋館出版社、一九九七）、『朗唱漢詩漢文全三冊（東洋館出版社、二〇〇五年）、『今、「国語」を問う――中学校国語教師のプロフェッショナリズム』（東洋館出版社、二〇一三年）などがある。

竹原伸之（たけはら・のぶゆき）
東海大学文学部史学科日本史学専攻卒。現在、岡山県立博物館総括参事（学芸課長事務取扱）。
主な著作に、「山田方谷の書簡―新出資料を中心に―」（岡山県立博物館研究報告三五号、二〇一五年）、「山田家所蔵資料について」（岡山県立博物館研究報告三八号、二〇一八年）などがある。

溝田直己（みぞた・なおき）
奈良大学大学院文学研究科博士前期課程修了。現在、文化庁文化資源活用課 行政実務研修生（前日田市咸宜園教育研究センター職員）。
主な著作に、「廣瀬旭荘の堺開塾と門下生のネットワークについて」（『浄土真宗と近代日本』勉誠出版、二〇一六年）、「「広瀬青邨文庫」（国文学研究資料館所蔵）にみる咸宜園関係の新出史料について」（『研究紀要』第7号、日田市教育庁咸宜園教育研究センター、二〇一八年）、「咸宜園と慶應義塾の関係について」（『研究紀要』第8号、日田市教育庁咸宜園教育研究センター、二〇一九年）などがある。

亀田一邦（かめだ・かずくに）
二松学舎大学大学院文学研究科（中国学専攻）修士課程修了。博士（文学）。現在、九州国際大学客員教授。
主な著作に、『幕末防長儒医の研究』（知泉書館、二〇〇六年）、『叢書・日本の思想家五〇　高杉晋作　久坂玄瑞』（共著、明徳出版社、二〇一一年）『久坂玄瑞全訳詩集　久坂天籟詩文稿併録』（共著、明徳出版社、二〇一九年）などがある。

安藤智重（あんどう・ともしげ）
早稲田大学教育学部卒。安積国造神社第六十四代宮司、学校法人安積幼稚園理事長、全国神社保育団体連合会副会長。
著作に、『安積艮斎 艮斎文略 訳注』（村山吉廣氏監修、明徳出版社、二〇一三年。福島民報出版文化賞正賞）、『安積艮斎 艮斎詩略 訳注』（明徳出版社、二〇一〇年）、『洋外紀略 安積艮斎』（同、二〇一七年）、『遊豆紀勝・東省続録 安積艮斎』（同、二〇一八年）、『安積艮斎 近代日本の源流』（歴史春秋社、二〇一〇年）、『東の艮斎 西の拙堂』（同、二〇一一年）、『安積歴史入門』（同、二〇一四年）がある。

町泉寿郎　別掲。

加藤国安（かとう・くにやす）
東北大学大学院文学研究科博士課程（中国学専攻）満期退学。文学博士（京都大学）。現在、二松学舎大学東アジア学術総合研究所特命教授。
主な著作に『明治漢文教科書集成』第Ⅰ～Ⅲ期（編者、不二出版、二〇一三—二〇一五年）、『子規蔵書と『漢詩稿』研究—近代俳句成立の過程』（研文出版、二〇一四年）、『越境する庾信—その軌跡と詩的表象』（研文出版、二〇〇四年）などがある。

神立春樹（かんだつ・はるき）

東京大学大学院農学系研究科博士課程修了。農学博士（東京大学）、学術博士（岡山大学）、文学博士（岡山大学）。現在、岡山大学名誉教授、二松学舎名誉舎友（附属高等学校元校長）。

主な著作に、『明治期農村織物業の展開』（東京大学出版会、一九七四年）、『産業革命期における地域編成』（御茶の水書房、一九八七年）、『明治文学における明治の時代性』（同、一九九九年）、『近世の一農書の成立―徳山敬猛「農業子孫養育草（文政九年）の研究―」』（同、一九九五年）、『明治高等教育制度史論』（同、二〇〇五年）、『近代日本制度外学校史論―各種学校の社会的連携―』（同、二〇一八年）などがある。

竹田健二（たけだ・けんじ）

大阪大学大学院文学研究科博士課程前期修了。現在、島根大学学術研究院教育学系教授。

主な著作に、竹田健二編『懐徳堂研究第二集』（編著、汲古書院、二〇一八年）、湯浅邦弘編『懐徳堂研究』（共著、汲古書院、二〇〇七年）、竹田健二著『先秦思想與出土文獻研究』（単著、台湾・花木蘭文化出版社、二〇一四年）などがある。

伊藤晋太郎（いとう・しんたろう）

慶応義塾大学大学院文学研究科博士課程単位取得退学。文学博士（早稲田大学）。現在、二松学舎大学文学部教授。

主な著作に、『「関帝文献」の研究』（汲古書院、二〇一八年）、「洪邁と関帝信仰――『容斎四筆』巻八「寿亭侯印」を手がかりに――」（『狩野直禎先生追悼三国志論集』三国志学会、二〇一九年）、「関羽と貂蟬」（『日本中国学会報』五六、二〇〇四年）などがある。

あとがき

中国語学・中国文学の開拓者として知られる―その反面、「日本漢学」「日本漢文学」の排除者と見なされてきたきらいのある―倉石武四郎（一八九七―一九七五）は、「日本漢文学史の諸問題」（「国語と国文学」四〇二、一九五七年）において「日本漢学」の進むべき方向について次のように記した。

わたくしは最近能登の某素封家の二代にわたる碑文をよんだが、一つは亀井南冥の撰文、一つは皆川淇園の撰文で、それぞれが相当の漢文であることはいうまでもないとして、この海産物を回漕する問屋の主人が、そのしごとの余暇に、あるいはその社会的地位のバックとして漢文学に努力したさまがよくうかがわれた。そうしたことは、江戸時代にはほとんど日本の津々浦々にまで浸透したと思われる。わたしはかの優秀な人材の「創造という名の模擬」にたいし敬意を表するとともに、こうして浸透する漢文学の影響について考えることが今後の、もっと大きな課題になるのではないかと思う。

「浸透する漢文学の影響」は、さまざまな分野において見られるわけであるが、「漢学と漢学塾」と題した本巻では、一九世紀を中心に近世から近代にいたる時間の中で、日本全国各地にほとんど無数と言ってよいほど存在した「私塾」を取り上げ、その教育内容や各私塾の主催者や出身者など、具体的な事例を紹介して、当該時期の日本における「漢学」の広がりと連続・不連続を明示しようとした。

したがって、本巻において事例の蓄積は必要不可欠であるが、同時にキリのない作業でもあり、小著の網羅できる範囲はおのずから限られる。本書によって明示した課題（および明示できなかった問題点）を最後に記しておこう。

厖大な国内伝存資料に基づく事例紹介は貴重であるが、その反面、視点が日本国内にとどまりがちになる。その点に配慮して、東アジアの視点から私塾・書院を比較した論考を巻頭においた（第Ⅰ部第一章・吾妻重二論文）。同時代の漢字文化圏以外の地域との比較も念頭に上るが、その点は今後の課題である。

私塾を中心に論ずる一方で、官学については昌平坂学問所に関する論考（第Ⅰ部第二章・前田勉論文）を用意し、私塾と官学の近世社会における構造について概観した（第Ⅰ部第三章・江藤茂博論文）。

各組織への配慮という点では、松下村塾と陽明学の関係（第Ⅱ部第三章・亀田一邦論文）について論じ、閑谷学校（第Ⅱ部第一章・竹原伸之論文）と咸宜園（第Ⅱ部第二章・溝田直己論文）では明治以降の歩みに視点を置くことによって、特色を出した。近代教育機関の母体となった漢学塾の事例としては、懐徳堂（第Ⅳ部第四章・竹田健二論文）、泊園書院（第Ⅳ部第三章・吾妻重二論文）、二松学舎（第Ⅳ部第二章・拙稿）のそれぞれの歩みが説かれている。また、英学塾を前身とする慶應義塾における漢学に関する研究の窓（第Ⅱ部・伊藤晋太郎論文）を用意してバランスを取った。

そのほか、地方への配慮という点では、東海地方と四国地方についての論考と研究の窓（第Ⅲ部第二章ほか・加藤国安論文）と新潟地方に関する論考（第Ⅲ部第一章・拙稿）を用意し、また、儒者・漢学者個人に関しては漢学塾とその塾主についての概説（第Ⅳ部第一章・神立春樹論文）と、漢籍国字解『経典余師』の著者、渓百年に関する研究の窓（第Ⅰ部・安居總子論文）、安積艮斎とその多くの門人に関する研究の窓（第Ⅱ部・安藤智重論文）を用意した。これからの「漢学」の可能性に関しては、加藤国安論文の第五節に言及がある。

日本における近代教育のアウトラインを、帝国大学を頂点とした「上からの近代化」「西洋化」だけで捉えることは出来ない。藩校や漢学塾から旧制中等学校の国漢・修身道徳教科へと変遷しつつも、「漢学」の浸透が中間層の形成発展に一定の役割を果たしたという意味において、近世近代の日本にもたらしたものは小さくないと改めて思う。

最後に、貴重な論考をお寄せいただいた各位に深甚なる感謝の意を表する。

二〇一九年一〇月

第二巻 責任編集　町 泉寿郎

【編者略歴】

江藤茂博（えとう・しげひろ）

立教大学大学院文学研究科博士後期課程満期退学。文学博士（二松学舎大学）。現在、二松学舎大学文学部教授・学長。

主な著作に、『「時をかける少女」たち』（彩流社、2001年）、『文学部のリアル、東アジアの人文学』（編著、新典社、2019年）、『フードビジネスと地域』（編著、ナカニシヤ出版、2018年）、また『横溝正史研究』創刊号～6（共編著、戎光祥出版 2009～2017年）などがある。

町 泉寿郎（まち・せんじゅろう）

二松学舎大学大学院文学研究科博士後期課程国文学専攻修了。博士（文学）。

現在、二松学舎大学文学部教授。SRF研究代表者。

主な著書に『日本漢文学の射程―その方法、達成と可能性』（編著、汲古書院、2019年）、『渋沢栄一は漢学とどう関わったか』（編著、ミネルヴァ書房、2017年）、『曲直瀬道三と近世日本医療社会』（編著、武田科学振興財団杏雨書屋、2015年）、『近代日中関係史人名辞典』（編著、東京堂出版、2010年）などがある。

装丁：堀 立明

講座《こうざ》 近代日本《きんだいにほん》と漢学《かんがく》 第《だい》2巻《かん》

漢学《かんがく》と漢学塾《かんがくじゅく》

二〇二〇年二月一〇日　初版初刷発行

編　者　江藤茂博
　　　　町 泉寿郎

発行者　伊藤光祥

発行所　戎光祥出版株式会社
東京都千代田区麹町一－七
相互半蔵門ビル八階
電　話　〇三－五二七五－三三六一（代）
ＦＡＸ　〇三－五二七五－三三六五

編集協力　株式会社イズシエ・コーポレーション

印刷・製本　モリモト印刷株式会社

https://www.ebisukosyo.co.jp
info@ebisukosyo.co.jp

ISBN978-4-86403-342-8